操盘手专项技术实训教材

均线选牛股
看图操盘轻松赚钱（2）

金娃娃 ◎ 著

Jun Xian Xuan Niu Gu

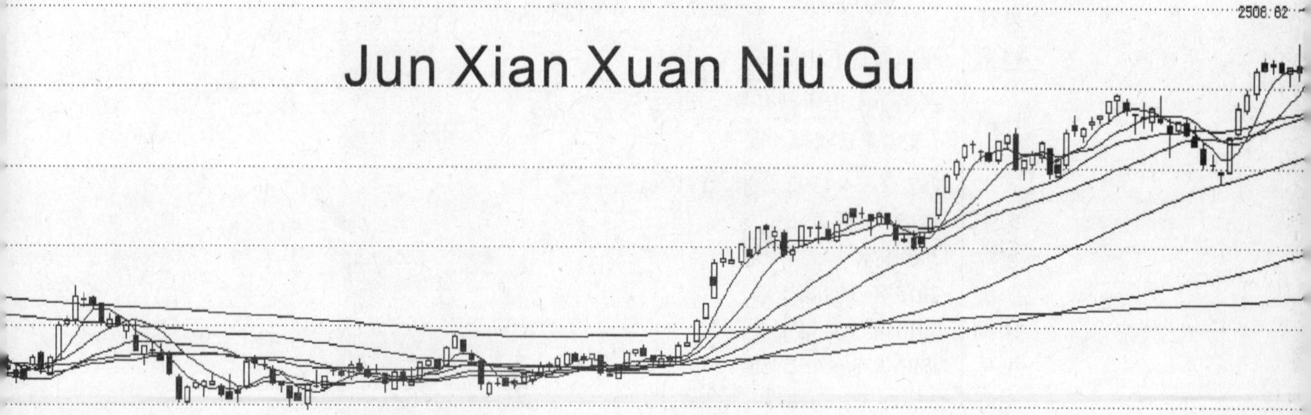

SPM
南方出版传媒
广东经济出版社
·广州·

图书在版编目（CIP）数据

均线选牛股／金娃娃著. —广州：广东经济出版社，2015.3
（看图操盘轻松赚钱；2）
ISBN 978-7-5454-3714-0

Ⅰ.①均… Ⅱ.①金… Ⅲ.①股票投资-基本知识 Ⅳ.①F830.91

中国版本图书馆CIP数据核字（2014）第295787号

出版 发行	广东经济出版社（广州市环市东路水荫路11号11~12楼）
经销	全国新华书店
印刷	茂名市永达印刷有限公司 （茂名市计星路144号）
开本	787毫米×1092毫米　1/16
印张	12.5　1插页
字数	296千字
版次	2015年3月第1版
印次	2015年3月第1次
书号	ISBN 978-7-5454-3714-0
定价	30.00元

如发现印装质量问题，影响阅读，请与承印厂联系调换。
发行部地址：广州市环市东路水荫路11号11楼
电话：（020）38306055　37601950　邮政编码：510075
邮购地址：广州市环市路水荫路11号11楼
电话：（020）37601980　邮政编码：510075
营销网址 http：//www.gebook.com
广东经济出版社常年法律顾问：何剑桥律师
·版权所有　翻印必究·

目　　录

入门篇　均线基础知识图谱

第 1 节　移动平均线的基本含义 ⋯⋯⋯⋯⋯⋯⋯⋯⋯⋯⋯⋯⋯⋯ 3
 1. 常规均线的含义 ⋯⋯⋯⋯⋯⋯⋯⋯⋯⋯⋯⋯⋯⋯⋯⋯⋯⋯ 3
 2. 常规均线的作用 ⋯⋯⋯⋯⋯⋯⋯⋯⋯⋯⋯⋯⋯⋯⋯⋯⋯⋯ 3
 3. 常规均线的计算公式 ⋯⋯⋯⋯⋯⋯⋯⋯⋯⋯⋯⋯⋯⋯⋯⋯ 3
 4. 常规均线的分析周期 ⋯⋯⋯⋯⋯⋯⋯⋯⋯⋯⋯⋯⋯⋯⋯⋯ 3
第 2 节　移动平均线所表示的市场意义 ⋯⋯⋯⋯⋯⋯⋯⋯⋯⋯⋯ 4
 1. 均线可以揭示上升趋势 ⋯⋯⋯⋯⋯⋯⋯⋯⋯⋯⋯⋯⋯⋯⋯ 4
 2. 均线可以揭示下跌趋势 ⋯⋯⋯⋯⋯⋯⋯⋯⋯⋯⋯⋯⋯⋯⋯ 5
 3. 均线可以揭示多头行情 ⋯⋯⋯⋯⋯⋯⋯⋯⋯⋯⋯⋯⋯⋯⋯ 6
 4. 均线可以揭示空头行情 ⋯⋯⋯⋯⋯⋯⋯⋯⋯⋯⋯⋯⋯⋯⋯ 7
 5. 均线具有助涨作用 ⋯⋯⋯⋯⋯⋯⋯⋯⋯⋯⋯⋯⋯⋯⋯⋯⋯ 8
 6. 均线具有助跌作用 ⋯⋯⋯⋯⋯⋯⋯⋯⋯⋯⋯⋯⋯⋯⋯⋯⋯ 9
 7. 均线可以揭示趋势拐点 ⋯⋯⋯⋯⋯⋯⋯⋯⋯⋯⋯⋯⋯⋯⋯ 10
 8. 葛兰维移动平均线八大法则 ⋯⋯⋯⋯⋯⋯⋯⋯⋯⋯⋯⋯⋯ 11
第 3 节　移动平均线的买进时机 ⋯⋯⋯⋯⋯⋯⋯⋯⋯⋯⋯⋯⋯⋯ 13
 1. 下跌趋势已经确立，超跌性买入法 ⋯⋯⋯⋯⋯⋯⋯⋯⋯⋯ 13
 2. 上升趋势已经确立，短期均线交易系统多头排列买入法 ⋯⋯ 14
 3. 上升趋势突破盘整买入法 ⋯⋯⋯⋯⋯⋯⋯⋯⋯⋯⋯⋯⋯⋯ 15
 4. 关键技术位买入法 ⋯⋯⋯⋯⋯⋯⋯⋯⋯⋯⋯⋯⋯⋯⋯⋯⋯ 16
 5. 下跌趋势均线偏离过远买入法 ⋯⋯⋯⋯⋯⋯⋯⋯⋯⋯⋯⋯ 17
第 4 节　移动平均线的卖出时机 ⋯⋯⋯⋯⋯⋯⋯⋯⋯⋯⋯⋯⋯⋯ 18
 1. 上升趋势短期均线死叉卖出法 ⋯⋯⋯⋯⋯⋯⋯⋯⋯⋯⋯⋯ 18
 2. 暴跌反弹无力突破关键技术位卖出法 ⋯⋯⋯⋯⋯⋯⋯⋯⋯ 19
 3. 下跌趋势断头铡刀卖出法 ⋯⋯⋯⋯⋯⋯⋯⋯⋯⋯⋯⋯⋯⋯ 20
 4. 高位盘整向下突破卖出法 ⋯⋯⋯⋯⋯⋯⋯⋯⋯⋯⋯⋯⋯⋯ 21
 5. 中期均线系统空头排列卖出法 ⋯⋯⋯⋯⋯⋯⋯⋯⋯⋯⋯⋯ 22

第一章 分时均线交易系统

第1节 分时均线系统买入法则 ·················· 25
1. 分时图上均价线买入法则 ·················· 25
2. 1 分钟图上均线买入法则 ·················· 34
3. 5 分钟图上均线买入法则 ·················· 36
4. 15 分钟图上均线买入法则 ·················· 38
5. 30 分钟图上均线买入法则 ·················· 40
6. 60 分钟图上均线买入法则 ·················· 42

第2节 分时均线系统卖出法则 ·················· 44
1. 分时图上均价线卖出法则 ·················· 44
2. 1 分钟图上均线卖出法则 ·················· 50
3. 5 分钟图上均线卖出法则 ·················· 52
4. 15 分钟图上均线卖出法则 ·················· 54
5. 30 分钟图上均线卖出法则 ·················· 56
6. 60 分钟图上均线卖出法则 ·················· 58

第3节 分时均线系统止盈原则 ·················· 60
1. 分时图上均价线止盈法则 ·················· 60
2. 1 分钟图上均线止盈法则 ·················· 62
3. 5 分钟图上均线止盈法则 ·················· 64
4. 15 分钟图上均线止盈法则 ·················· 65
5. 30 分钟图上均线止盈法则 ·················· 66
6. 60 分钟图上均线止盈法则 ·················· 67

第4节 分时均线系统止损原则 ·················· 68
1. 分时图上均价线止损法则 ·················· 68
2. 1 分钟图上均线止损法则 ·················· 69
3. 5 分钟图上均线止损法则 ·················· 70
4. 15 分钟图上均线止损法则 ·················· 71
5. 30 分钟图上均线止损法则 ·················· 72
6. 60 分钟图上均线止损法则 ·················· 73

第二章 日线均线交易系统

第1节 日线均线系统买入法则 ·················· 77
1. 1 根均线穿越买入法则 ·················· 77
2. 2 根均线金叉买入法则 ·················· 78
3. 3 根均线多头排列买入法则 ·················· 79

第2节　日线均线系统卖出法则 ………………………………… 80
　　1. 1根均线穿越卖出法则 ………………………………… 80
　　2. 2根均线死叉卖出法则 ………………………………… 81
　　3. 3根均线空头排列卖出法则 …………………………… 82
第3节　日线均线系统止盈原则 ………………………………… 83
第4节　日线均线系统止损原则 ………………………………… 84

第三章　周线均线交易系统

第1节　周线均线系统买入法则 ………………………………… 87
　　1. 1根均线穿越买入法则 ………………………………… 87
　　2. 2根均线金叉买入法则 ………………………………… 88
　　3. 3根均线多头排列买入法则 …………………………… 89
第2节　周线均线系统卖出法则 ………………………………… 90
　　1. 1根均线穿越卖出法则 ………………………………… 90
　　2. 2根均线死叉卖出法则 ………………………………… 91
　　3. 3根均线空头排列卖出法则 …………………………… 92
第3节　周线均线系统止盈原则 ………………………………… 93
第4节　周线均线系统止损原则 ………………………………… 94

第四章　月线均线交易系统

第1节　月线均线系统买入法则 ………………………………… 97
　　1. 1根均线穿越买入法则 ………………………………… 97
　　2. 2根均线金叉买入法则 ………………………………… 98
　　3. 3根均线多头排列买入法则 …………………………… 99
第2节　月线均线系统卖出法则 ………………………………… 100
　　1. 1根均线穿越卖出法则 ………………………………… 100
　　2. 2根均线死叉卖出法则 ………………………………… 101
　　3. 3根均线空头排列卖出法则 …………………………… 102
第3节　月线均线系统止盈原则 ………………………………… 103
第4节　月线均线系统止损原则 ………………………………… 104

第五章　经典均线交易系统

第1节　经典136均线的基础元素 ……………………………… 107
　　1. 什么是136均线 ………………………………………… 107
　　2. 10日均线的技术意义 …………………………………… 108

    3. 30日均线的技术意义 …………………………………… 109
    4. 60日均线的技术意义 …………………………………… 110
    5. 经典均线交易系统的市场意义 ………………………… 111
  第2节 136均线交易系统起涨买入法 ………………………… 112
    1. 60分钟136均线交易系统起涨点买入法 ……………… 112
    2. 日线136均线交易系统起涨点买入法 ………………… 114
    3. 周线136均线交易系统起涨点买入法 ………………… 116
    4. 月线136均线交易系统起涨点买入法 ………………… 118
  第3节 136均线交易系统起跌卖出法 ………………………… 120
    1. 60分钟136均线交易系统起跌卖出法 ………………… 120
    2. 日线136均线交易系统起跌卖出法 …………………… 121
    3. 周线136均线交易系统起跌卖出法 …………………… 122
    4. 月线136均线交易系统起跌卖出法 …………………… 123
  第4节 136均线交易系统止盈法则 …………………………… 124
    1. 60分钟136均线交易系统止盈法则 …………………… 124
    2. 日线136均线交易系统止盈法则 ……………………… 125
    3. 周线136均线交易系统止盈法则 ……………………… 126
    4. 月线136均线交易系统止盈法则 ……………………… 127
  第5节 136均线交易系统止损法则 …………………………… 128
    1. 60分钟136均线交易系统止损法则 …………………… 128
    2. 日线136均线交易系统止损法则 ……………………… 129
    3. 周线136均线交易系统止损法则 ……………………… 130
    4. 月线136均线交易系统止损法则 ……………………… 131

第六章 均线交易系统训练图谱

第1节 60分钟均线系统操盘训练 ……………………………… 135
  1. 如何选择60分钟均线系统的买点 ……………………… 135
  2. 如何选择60分钟均线系统的卖点 ……………………… 136
  3. 如何利用60分钟均线系统去止盈 ……………………… 137
  4. 如何利用60分钟均线系统来止损 ……………………… 138
第2节 日线均线系统操盘训练 …………………………………… 139
  1. 如何选择日线均线系统的买点 ………………………… 139
  2. 如何选择日线均线系统的卖点 ………………………… 140
  3. 如何利用日线均线系统去止盈 ………………………… 141
  4. 如何利用日线均线系统来止损 ………………………… 142

第 3 节　周线均线系统操盘训练 …………………………… 143
　　1. 如何选择周线均线系统的卖点 …………………………… 143
　　2. 如何选择周线均线系统的卖点 …………………………… 144
　　3. 如何利用周线均线系统去止盈 …………………………… 145
　　4. 如何利用周线均线系统来止损 …………………………… 146

第 4 节　月线均线系统操盘训练 …………………………… 147
　　1. 如何选择月线均线系统的买点 …………………………… 147
　　2. 如何选择月线均线系统的卖点 …………………………… 148
　　3. 如何利用月线均线系统去止盈 …………………………… 149
　　4. 如何利用月线均线系统来止损 …………………………… 150

第七章　学员疑难问题解答

问题 1　135 均线和 136 均线谁更好 ……………………………… 153
问题 2　超短线的均线参数如何设置 ……………………………… 155
问题 3　有没有一定会涨的均线信号 ……………………………… 157
问题 4　三线开花是不是必涨的均线组合 ………………………… 158
问题 5　哪种周期组合的均线最靠谱 ……………………………… 159
问题 6　什么叫均线背离 …………………………………………… 160
问题 7　关于均线的基本定律 ……………………………………… 162
问题 8　用均线判断一只股票有没有大机构 ……………………… 163

第八章　均线操盘口诀图解

口诀 1　牛熊线走平，老熊要变频 ………………………………… 167
口诀 2　牛熊线上拐，回踩逢低买 ………………………………… 168
口诀 3　牛熊线下行，尽快把仓清 ………………………………… 169
口诀 4　趋势线暧昧，空仓等机会 ………………………………… 170
口诀 5　跌穿牛熊线，至少熊半年 ………………………………… 171
口诀 6　站上牛熊线，曙光在眼前 ………………………………… 172
口诀 7　一阳穿三线，神仙帮数钱 ………………………………… 173
口诀 8　趋势线下拐，千万不要买 ………………………………… 175
口诀 9　趋势线上拐，逢低果断买 ………………………………… 176
口诀 10　季度线下穿，后市不乐观 ………………………………… 177
口诀 11　季度线上行，大波段行情 ………………………………… 178
口诀 12　月线向上走，行情比较久 ………………………………… 179

口诀 13	突破生命线，大胆做波段	180
口诀 14	跌穿生命线，不跑会亏钱	181
口诀 15	突破决策线，主力在送钱	182
口诀 16	跌破决策线，中级大调整	183
口诀 17	决策线走平，很快有行情	184
口诀 18	魔鬼线走平，暂时没行情	185
口诀 19	魔鬼线上行，很快有行情	186
口诀 20	主升加速点，很快就见顶	187
口诀 21	紧扣十日线，天天都赚钱	188
口诀 22	要做超短线，就看滚动线	189
口诀 23	牛熊线上翘，短线快有料	190
口诀 24	低位做平台，一起来发财	191

入门篇

均线基础知识图谱

本章学习要点

1. 了解均线的基本含义,并掌握它的基本用法。
2. 了解均线的主要特征,并学会在实战中熟练运用。
3. 掌握运用均线买卖的基本要领,并在实战中熟练运用。
4. 对照软件,学会根据实战需要自行调整均线系统的参数。
5. 对照软件,学会根据个股的走势特征调出适合它的参数。

第1节　移动平均线的基本含义

1. 常规均线的含义

什么是均线？均线是移动平均线（MA）的简称，它是以道·琼斯的"平均成本概念"作为理论依据，采用统计学中"移动平均"的数学原理，将某一段时期内股票的价格加以平均，把得出的平均值连成一条曲线，这条曲线就是移动平均线。

2. 常规均线的作用

根据上边的定义，我们知道，均线可以用来记录或解释股票价格的历史波动情况，分析市场参与者的平均成本，并且根据这些参与者平均成本曲线变化的趋势，估算未来趋势可能出现的套利机会。因此，均线作为一种技术分析方法，它的主要作用有两方面：

第一，揭示市场参与者在某一阶段的平均成本。

第二，测算价格走势可能出现的趋势性变化。

3. 常规均线的计算公式

均线的计算公式如下：

$MA = (C_1 + C_2 + C_3 + \cdots + C_n) \div N$

在上边的公式中，MA 是指均线，C 是指当前的收盘价，N 是指计算的天数。

例如，计算 5 天的均价，可以用函数表示如下：

五日均线：MA（CLOSE，5）。

4. 常规均线的分析周期

根据移动平均线计算周期的长短，均线分为短期均线，例如 3 日均线、5 日均线、10 日均线，中期均线，例如 20 日均线、30 日均线、60 日均线，长期均线，例如 90 日均线、120 日均线、250 日均线等。这些不同周期的均线构成了不同的均线交易系统，构成判断短期、中期和长期趋势的主要依据。具体的使用方法，将在后边详细说明。

第2节 移动平均线所表示的市场意义

均线所表示的市场意义，归纳起来，有以下几点：

1. 均线可以揭示上升趋势

【技术特征】

在上升行情的初期，短期移动平均线从下向上突破中长期移动平均线，形成的交叉叫黄金交叉，简称金叉。金叉表示股价可能即将上涨。如图【1】所示。

【实战图谱】

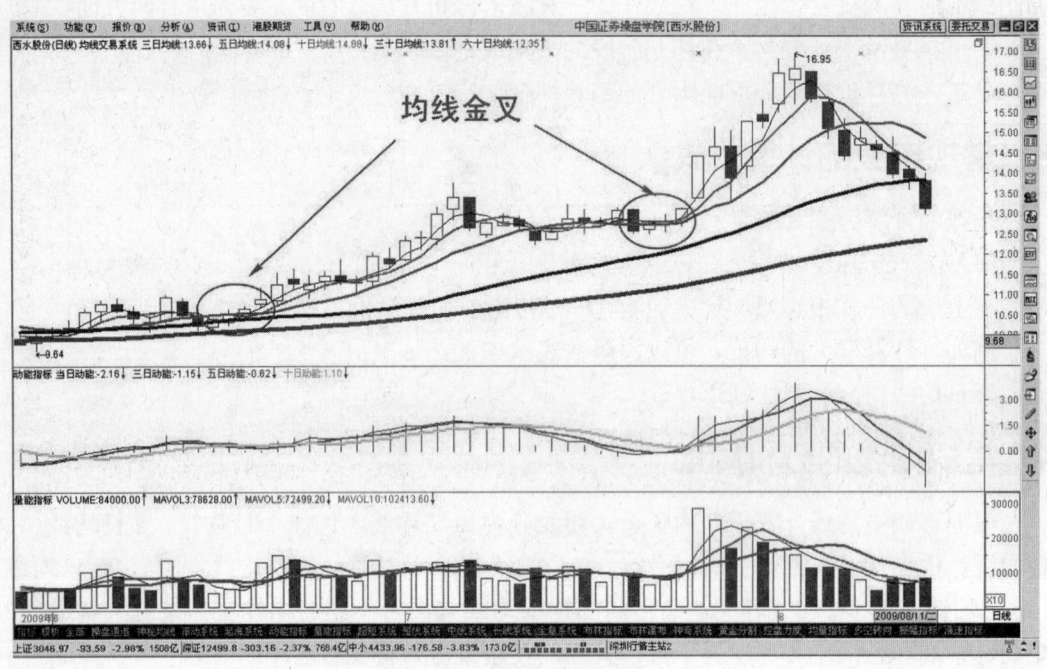

图【1】均线金叉示意图

2. 均线可以揭示下跌趋势

【技术特征】

在下跌的初中期，短期移动平均线向下跌破中长期移动平均线，形成的交叉叫死亡交叉，简称死叉。死叉表示股价可能即将下跌。如图【2】所示。

【实战图谱】

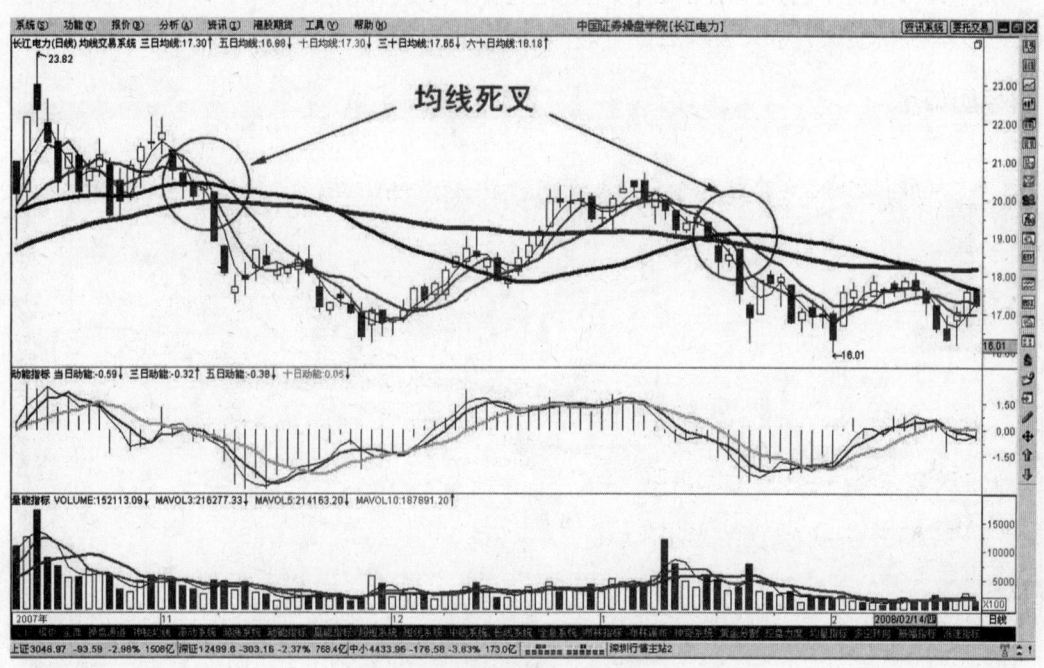

图【2】均线死叉示意图

3．均线可以揭示多头行情

【技术特征】

　　主力建仓完成后，进入第一阶段的拉升，短期反弹上升行情进入稳定初期，3日均线、5日均线、10日均线从上而下依次顺序排列，向右上方移动，开口渐次向上放大，称为短期多头排列。这种多头排列表明股价即将小幅上涨，可以初步定义为反弹市，上涨的幅度有限。如图【3】所示。

【实战图谱】

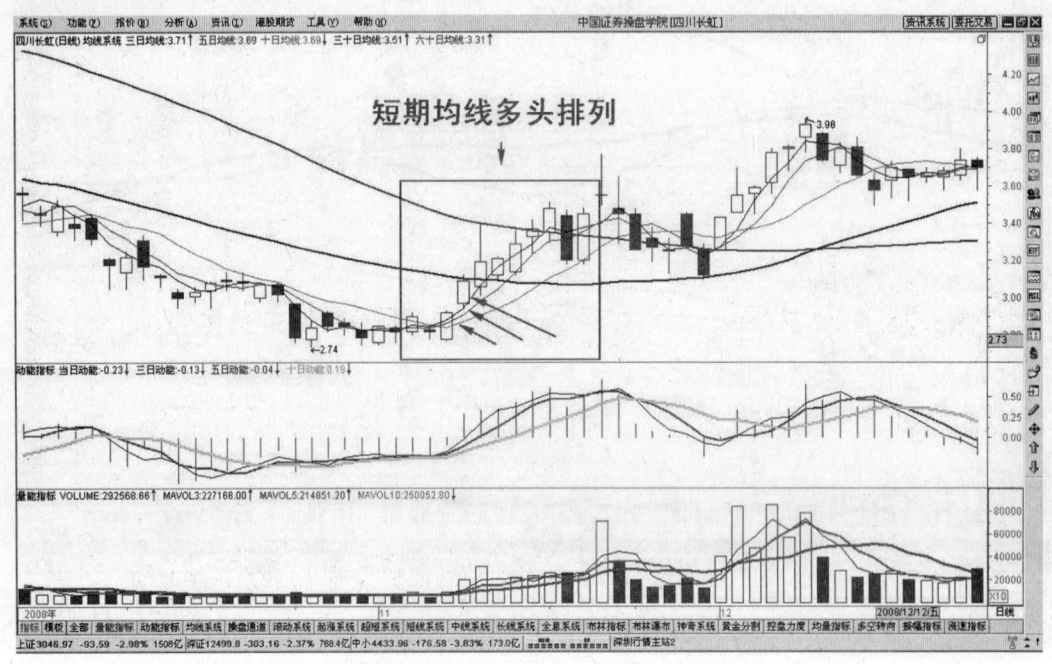

图【3】短期均线多头排列示意图

4．均线可以揭示空头行情

【技术特征】

　　股价经过盘头阶段之后，趋势逆转，拐头下跌，在下跌行情中，3日均线、5日均线、10日均线自下而上依次顺序排列，向右下方移动，开口渐次向下放大，称为短期空头排列。这种短期空头排列表明股价即将小幅度下跌。至于是否会大幅度下跌，暂时无法估计，需要观察后续走势才能做出判断。如图【4】所示。

【实战图谱】

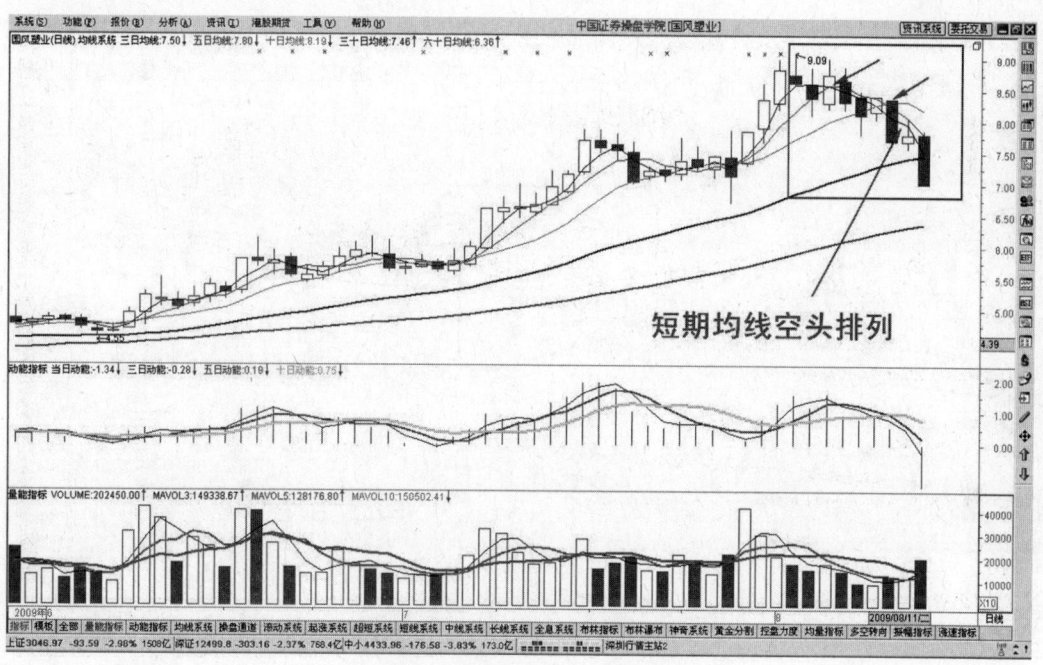

图【4】短期均线空头排列示意图

5. 均线具有助涨作用

【技术特征】

当明显的上升趋势确立之后，股价位于移动平均线之上，中期均线系统呈现多头排列，即20日均线、30日均线、60日均线构成的交易系统呈现为多头排列，那么这种多头排列可视为多方的防线。当股价回调至移动平均线附近，称为回调至关键的技术位，这时20、30、60等各条移动平均线依次产生支撑力量，阻止股价进一步下跌，推动股价再度上升，这就是移动平均线的止跌助涨作用。如图【5】所示。

【实战图谱】

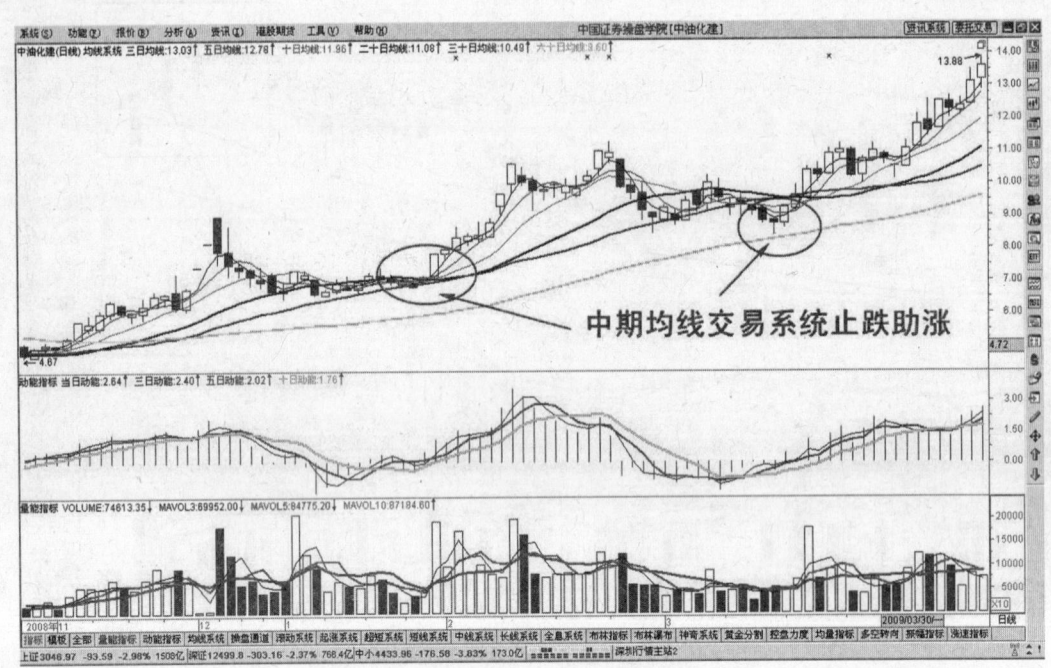

图【5】中期均线交易系统止跌助涨示意图

6. 均线具有助跌作用

【技术特征】

在明显的下跌趋势确立之后，股价在移动平均线的下方，中期均线交易系统呈现空头排列，即20日均线、30日均线、60日均线构成的交易系统呈现为空头排列，那么这种空头排列可以视为空方的防线，当股价反弹到移动平均线附近时，称为反弹至关键的技术位，便会遇到上行阻力压制，导致股价拐头向下转为下跌，这就是移动平均线的止涨助跌作用。如图【6】所示。

【实战图谱】

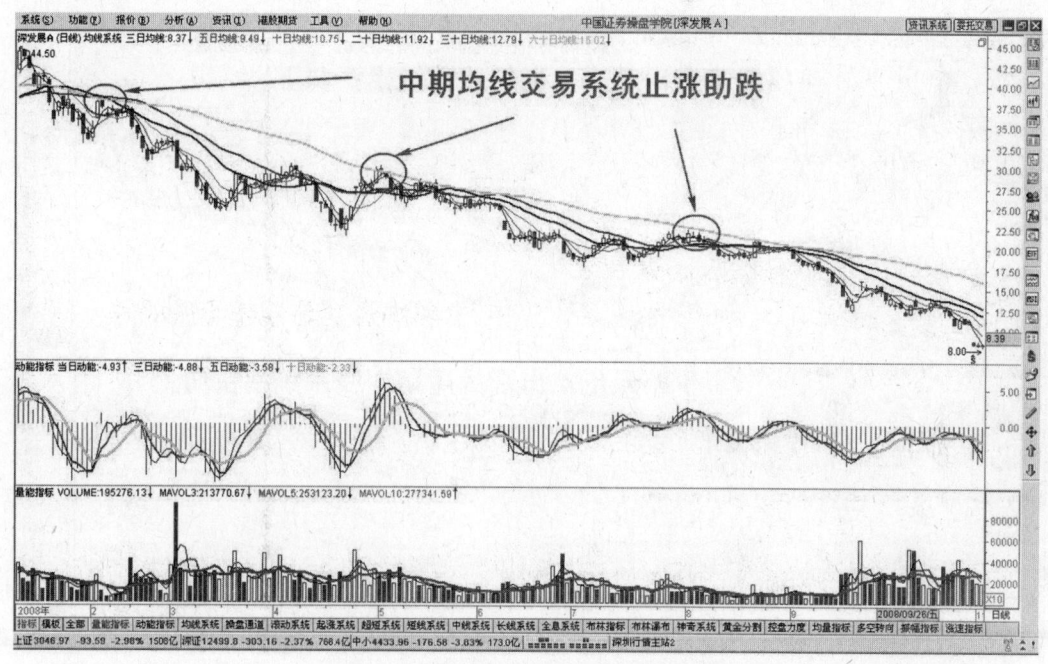

图【6】中期均线交易系统止涨助跌示意图

7. 均线可以揭示趋势拐点

【技术特征】

　　这是移动平均线非常重要的内容。股价由上升转为下跌出现最高点，和由下跌转为上升出现最低点时，是移动平均线的转折点。这种价格拐点出现在头部和底部，预示着股价走势将发生重要变化，原来的趋势即将反转。在研判上，首先考虑的是短期均线系统 3 日均线、5 日均线、10 日均线的拐点，这是趋势逆转的预演，而中期均线系统 20 日均线、30 日均线、60 日均线出现拐点属于对趋势逆转的确认。如图【7】所示。

【实战图谱】

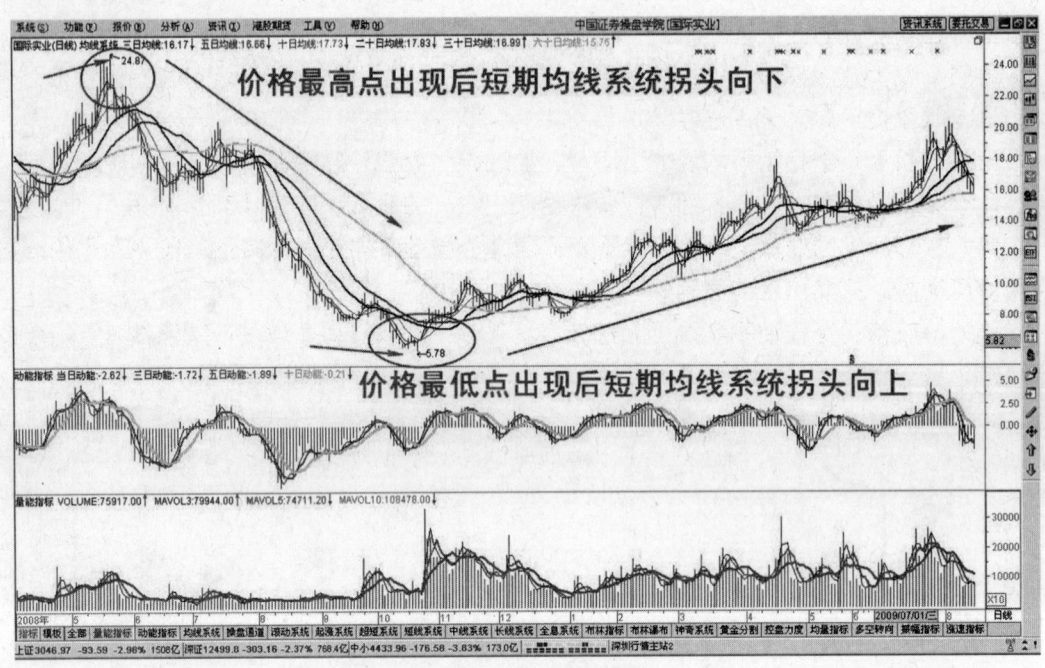

图【7】均线交易系统揭示趋势拐点示意图

8. 葛兰维移动平均线八大法则

【技术特征】

葛兰维移动平均线八大法则简称葛兰维法则，流传甚广，为了读者查阅方便，收录在这里。对于他的观点，可以持怀疑态度，在实际操作中，需要学会根据盘面变化随时调整自己的操盘策略，不可教条主义。如图【8】所示。

第一，移动平均线从下降逐渐走平并且略向上方抬头，而股价从移动平均线下方向上方突破，为买进信号。

第二，股价位于移动平均线之上运行，回调时并未跌破移动平均线后又再度上升时为买进时机。

第三，股价位于移动平均线之上运行，回调时跌破移动平均线，但短期移动平均线继续呈上升趋势，此时为买进时机。

第四，股价位于移动平均线以下运行，突然暴跌，距离移动平均线太远，极有可能向移动平均线靠拢，此时为买进时机。

第五，股价位于移动平均线之上运行，连续数日大涨，离移动平均线越来越远，说明近期内购买股票者获利丰厚，随时都会产生获利回吐的卖压，应暂时卖出持股。

第六，移动平均线从上升逐渐走平，而股价从移动平均线上方向下跌破移动平均线时说明卖压渐重，应卖出所持股票。

第七，股价位于移动平均线下方运行，反弹时未突破移动平均线，并且移动平均线跌势减缓，趋于水平后又出现下跌趋势，此时为卖出时机。

第八，股价反弹后在移动平均线上方徘徊，而移动平均线却继续下跌，宜卖出所持股票。

【实战图谱】

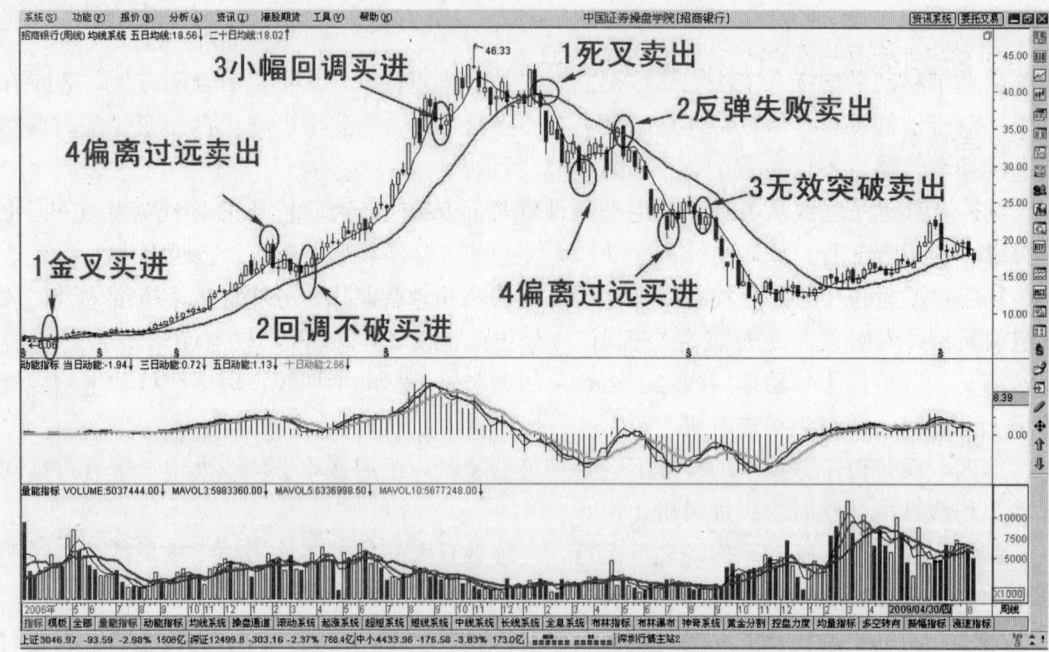

图【8】葛兰维移动平均线八大法则示意图

第3节 移动平均线的买进时机

1．下跌趋势已经确立，超跌性买入法

【技术特征】

　　这是属于超跌反弹买入法，采用超短均线交易系统进行操盘。5 日均线开始走平，3 日均线由下向上突破 5 日均线，并且 3 日均线上穿 5 日均线形成金叉，表明多方力量短暂增强，能在极短的时间内有效突破空方的压力线，后市保持 8 个小时上涨的可能性很大，是超跌反弹买入时机。此时宜轻仓操作，仓位控制在 10％以内，权当娱乐。如图【9】所示。

【实战图谱】

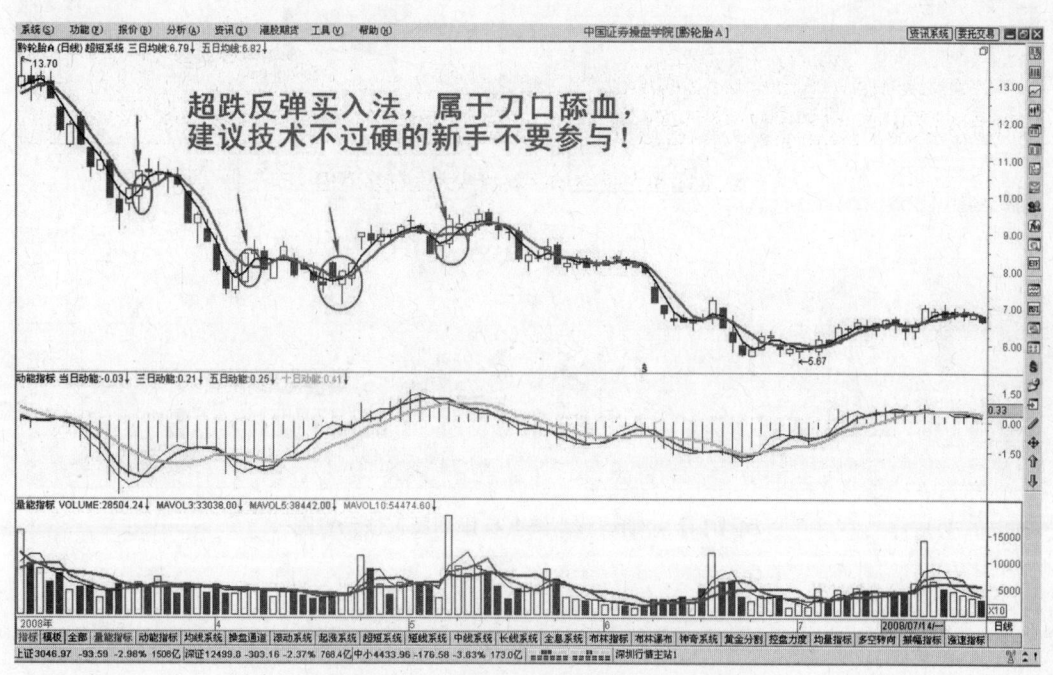

图【9】下跌趋势中超跌反弹买入法示意图

2. 上升趋势已经确立，短期均线交易系统多头排列买入法

【技术特征】

股价由下向上突破 5 日均线、10 日均线、20 日均线压制，并且这三条移动平均线呈现为多头排列态势，说明多方攻击力量强盛，操盘力度比较大，短期内上涨已经成为定局，强势特征明显，此时是极佳的短线买入时机。此时可以适当放大仓位，控制在 30％以内。如图【10】所示。

【实战图谱】

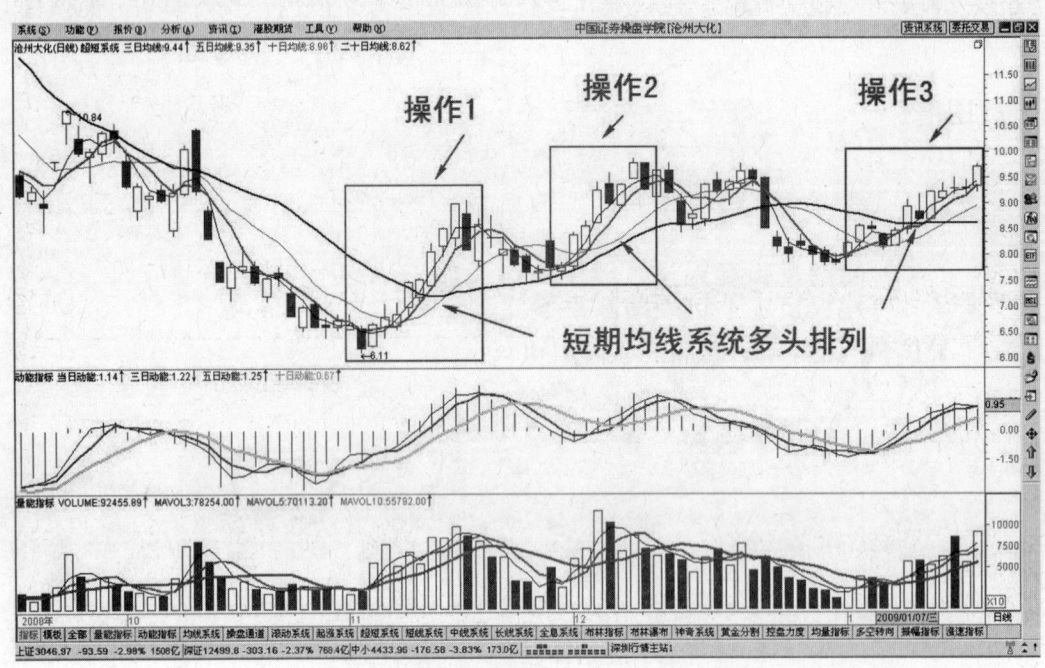

图【10】短期均线系统多头排列买入法示意图

3. 上升趋势突破盘整买入法

【技术特征】

在强势上升行情中,股价出现短期盘整,5日均线与10日均线纠缠在一起,呈现为整理态势。当股价有效突破盘整区,5日均线、10日均线、30日均线再次呈现多头排列时,属于第二波拉升买入时机。如图【11】所示。

【实战图谱】

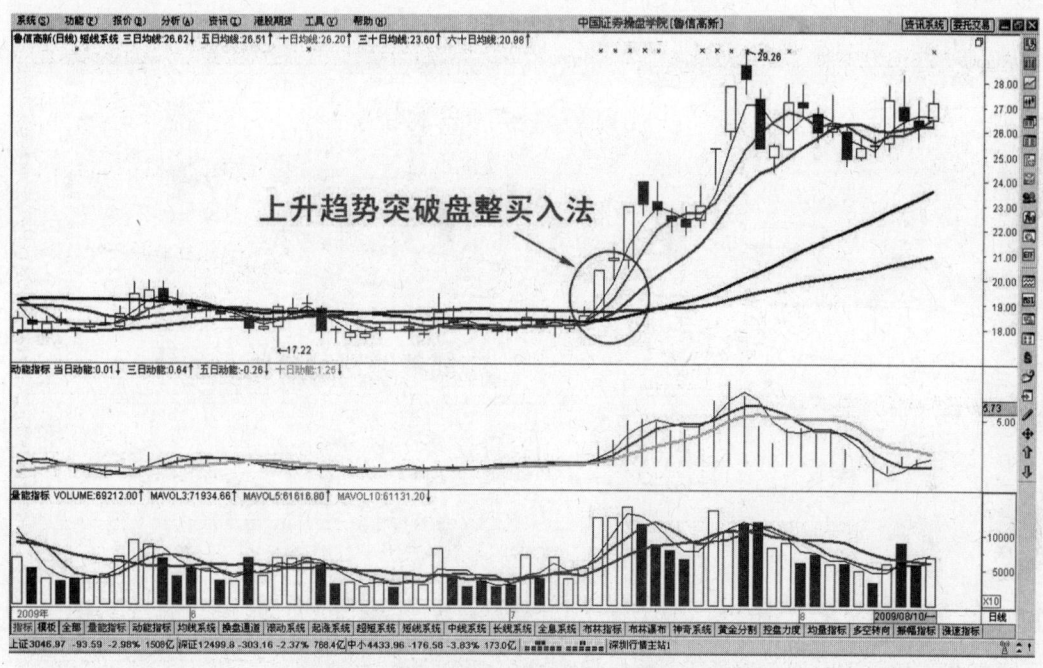

图【11】上升趋势突破盘整买入法示意图

4. 关键技术位买入法

【技术特征】

上升趋势明朗,属于明显的多头市场,股价跌破10日均线,但是没有有效跌破30日均线,并且30日均线向上的态势不变,上升的斜率不变,说明此时股价的下跌是技术性回调,属于洗盘动作,下跌幅度有限,此时是短线加仓买入时机,仓位控制在50%以内。如图【12】所示。

【实战图谱】

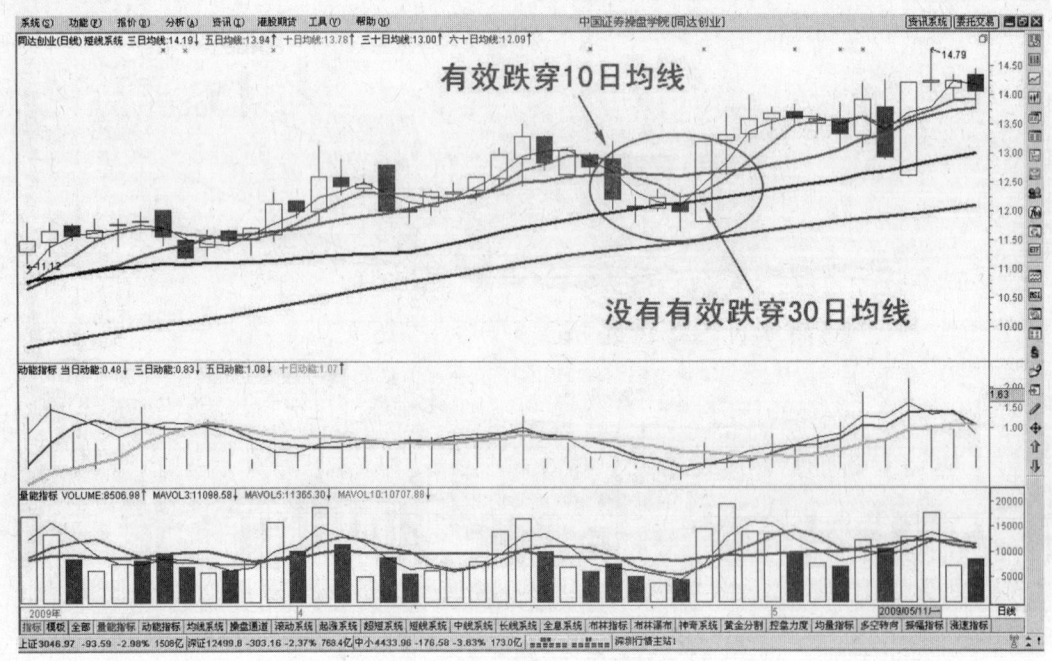

图【12】关键技术位买入法示意图

5. 下跌趋势均线偏离过远买入法

【技术特征】

在明显的空头市场中,股价经过长期下跌,在5日均线、10日均线、30日均线下方运行,由于恐慌性抛盘不断涌出,导致短期内股价大幅度下跌,股价偏离均线过远,乖离率很大,此时属于超跌抢反弹的绝佳时机,可以考虑买进,仓位控制在10%以内。如图【13】所示。

【实战图谱】

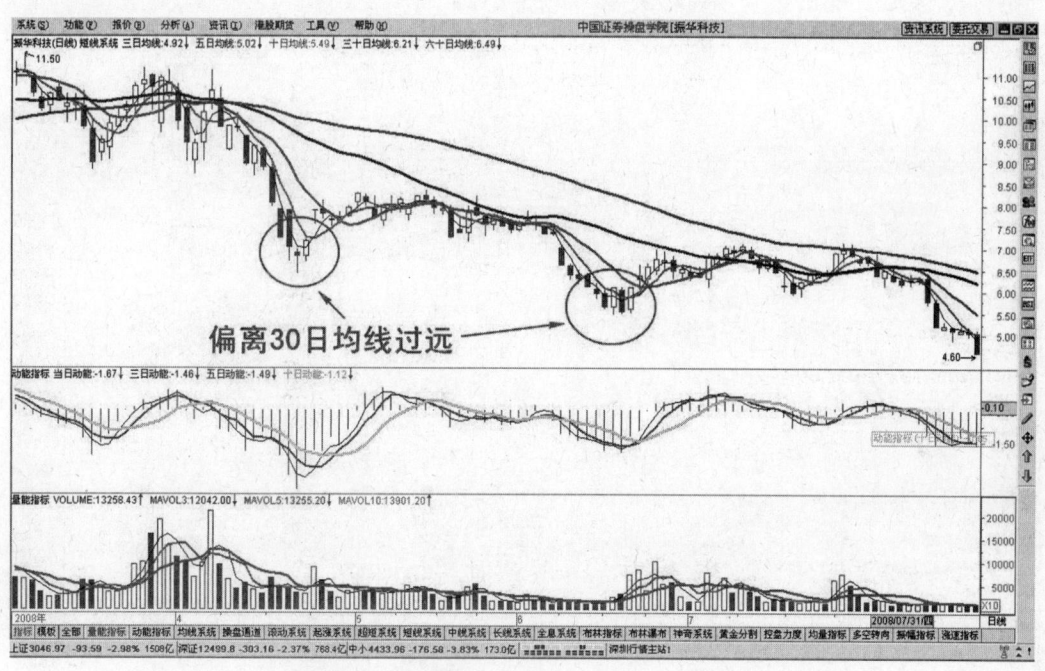

图【13】下跌趋势均线偏离过远买入法示意图

第4节 移动平均线的卖出时机

1. 上升趋势短期均线死叉卖出法

【技术特征】

在上升行情中,短期内股价由上向下跌破3日均线、5日均线、10日均线,并且3日均线下穿5日均线形成死叉,10日均线上升趋势有走平迹象,说明此时主力的攻击力度偏弱,空方逐步占据优势,跌穿5日均线说明攻击性操盘行为已经停止,短线投资者此时应该选择高点卖出持有的股票,离场观望。如图【14】所示。

【实战图谱】

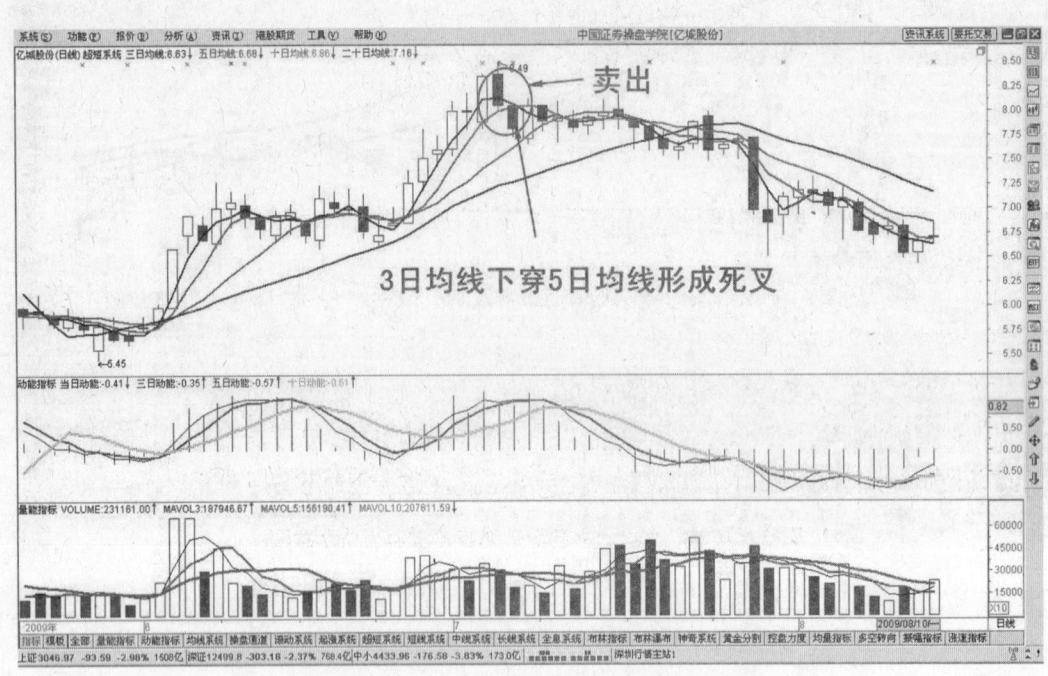

图【14】上升趋势短期均线死叉卖出法示意图

2. 暴跌反弹无力突破关键技术位卖出法

【技术特征】

在下跌趋势中，股价在暴跌之后出现超跌反弹，反弹力度不强，股价无力突破10日均线的压力，说明主力此时已经放弃做多性操盘行为，开始撤退，后市股价将继续下跌，此时为投资者卖出时机。如图【15】所示。

【实战图谱】

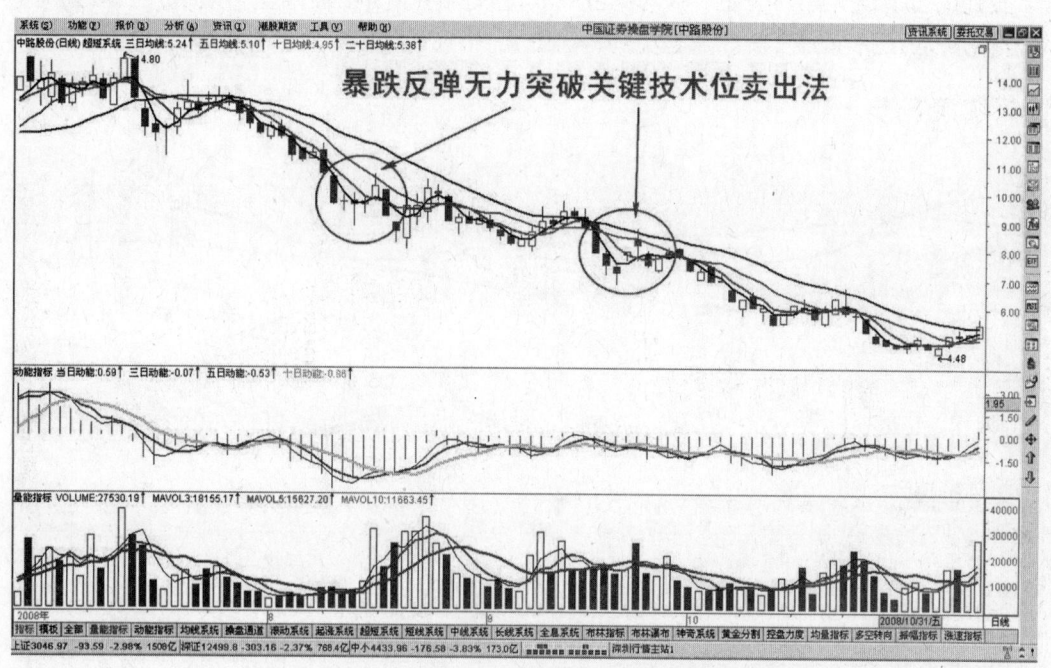

图【15】暴跌反弹无力突破关键技术位卖出法示意图

3. 下跌趋势断头铡刀卖出法

【技术特征】

在下跌趋势中，股价一举跌破 5 日均线、10 日均线、30 日均线，并且 30 日均线有向下拐头趋势，说明此时下跌动能十分强大，预示着后市的下跌幅度将会很大，中期调整即将到来。此时投资者应该当机立断迅速卖出。如图【16】所示。

【实战图谱】

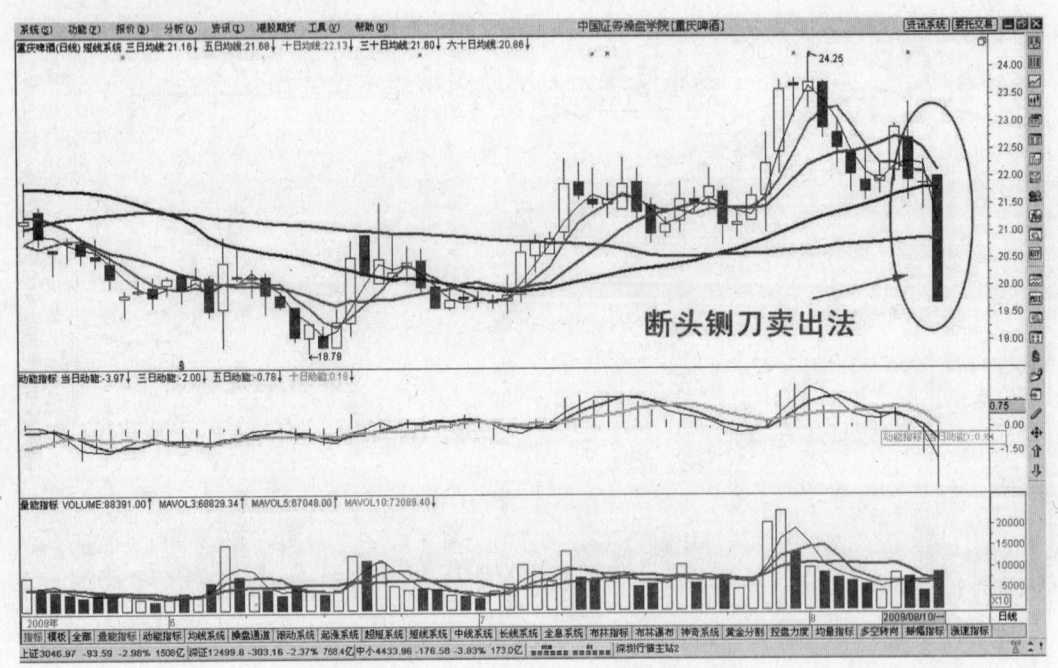

图【16】下跌趋势断头铡刀卖出法示意图

4. 高位盘整向下突破卖出法

【技术特征】

在盘头阶段，股价经过一段时间的盘整之后，某一天 5 日均线、10 日均线开始拐头向下突破，说明空方力量增强，预示着后市股价将会继续下跌，此时投资者应该卖出。如图【17】所示。

【实战图谱】

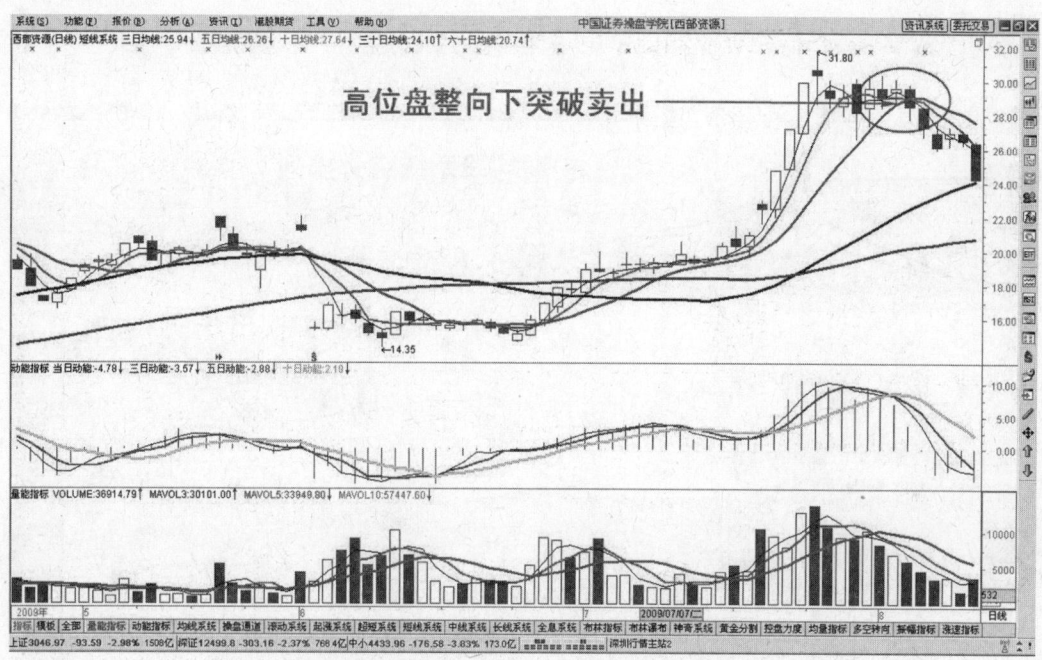

图【17】高位盘整向下突破卖出法示意图

5. 中期均线系统空头排列卖出法

【技术特征】

　　中期均线系统 20 日均线、30 日均线、60 日均线呈现空头排列,说明大跌即将到来,要坚决卖出。激进的投资者可以在 60 日均线由上升趋势转为平缓或向下方拐头转折时,坚决清仓。60 日均线属于大波段行情趋势线,一旦拐头,趋势不会在短期内逆转。60 日均线拐头向下,预示着后市将会有一波中级下跌调整,投资者此时应该坚决卖出。如图【18】所示。

【实战图谱】

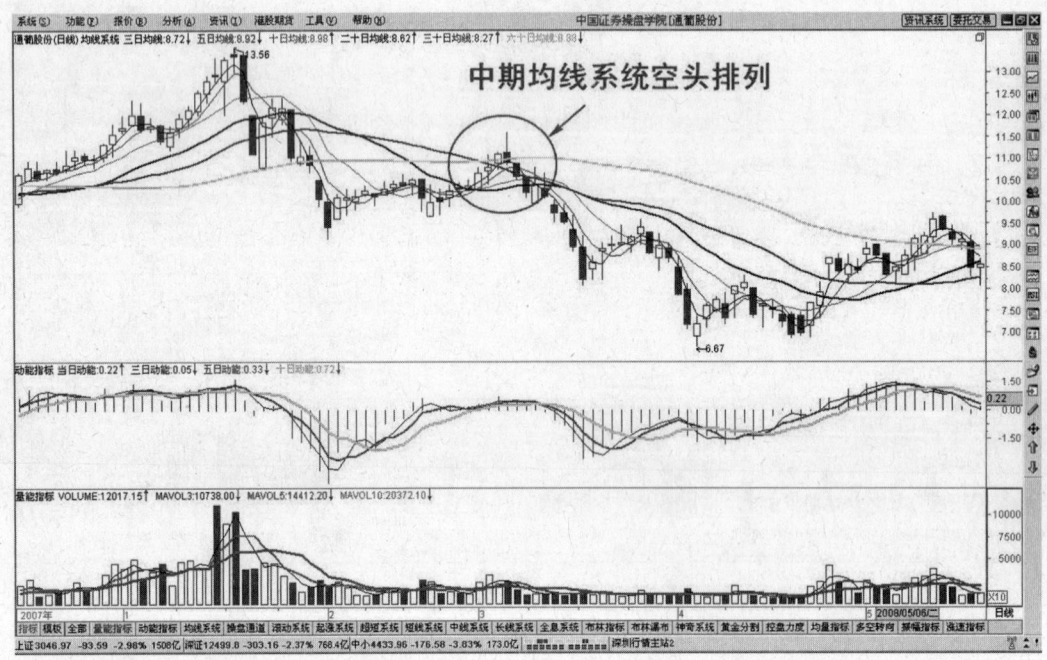

图【18】中期均线系统空头排列卖出法示意图

第一章

分时均线交易系统

本章学习要点

1. 了解均线分时系统的基本含义，并掌握它的基本用法。
2. 了解均线分时系统的主要特征，并学会在实战中熟练运用。
3. 掌握运用均线分时系统买卖的基本要领，并在实战中熟练运用。
4. 对照软件，学会根据实战需要自行调整分时均线系统的参数。
5. 对照软件，学会根据个股的走势特征调出适合它的分时系统参数。

第1节 分时均线系统买入法则

1. 分时图上均价线买入法则

第一种 高开高走回调不破均价线买入法

【技术特征】

第一，集合竞价时间段，股价以高于前一交易日的收盘价开盘，高开的幅度可大可小。

第二，开盘之后，其他股价一直运行在均价线之上，强势特征明显。

第三，盘中虽然出现回调，但并没有击穿当日的均价线，表明主力积极投入资金，操作很坚决，向上攻击的态势很明显。如图【19】所示。

第四，在操作上，可以在回调不破均价线的时候，选择低点买进。如果此时处于底部区域，可重仓介入，仓位控制在70%～80%之间。

【实战图谱】

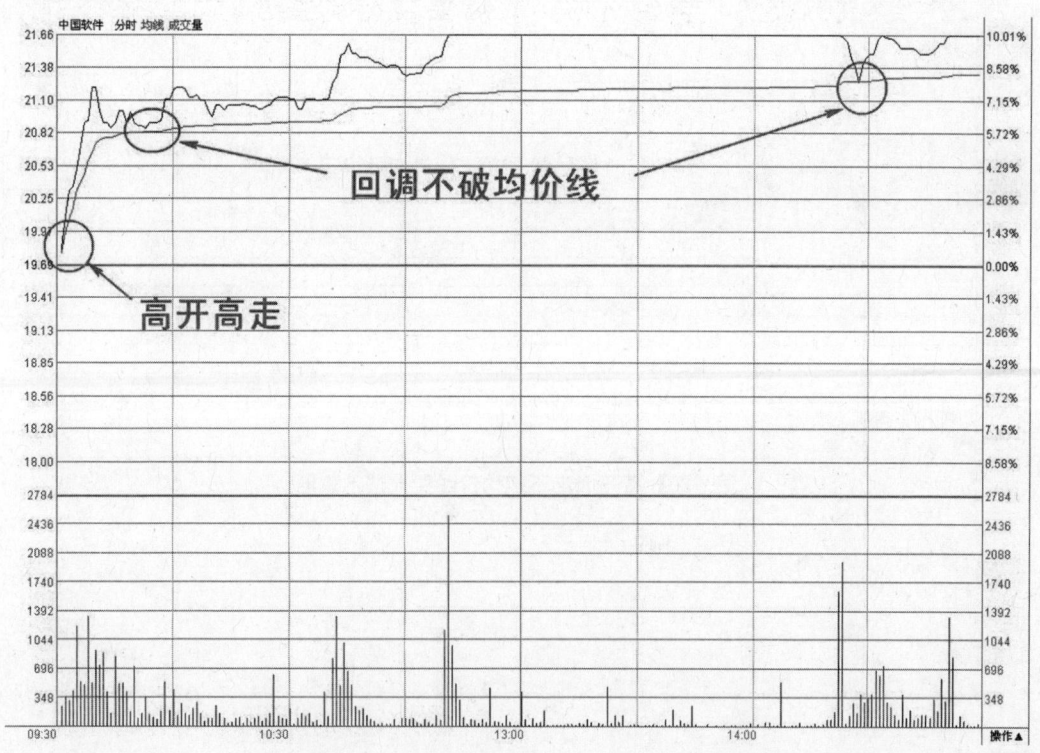

图【19】高开高走回调不破均价线买入法示意图

第二种　高开低走不破均价线买入法

【技术特征】

第一，在早盘集合竞价阶段，股价高开之后，在第一时间段的第一时段快速下行，但并没有击穿当天的均价线就开始拐头向上，说明前边的快速向下属于诱空动作。

第二，再次回调不创新低，不破均价线，走势很坚挺。

第三，注意观察向上攻击时量价结构是否健康。如图【20】所示。

第四，在操作上，投资者可以在盘中选择回调不破均价线时买进。

【实战图谱】

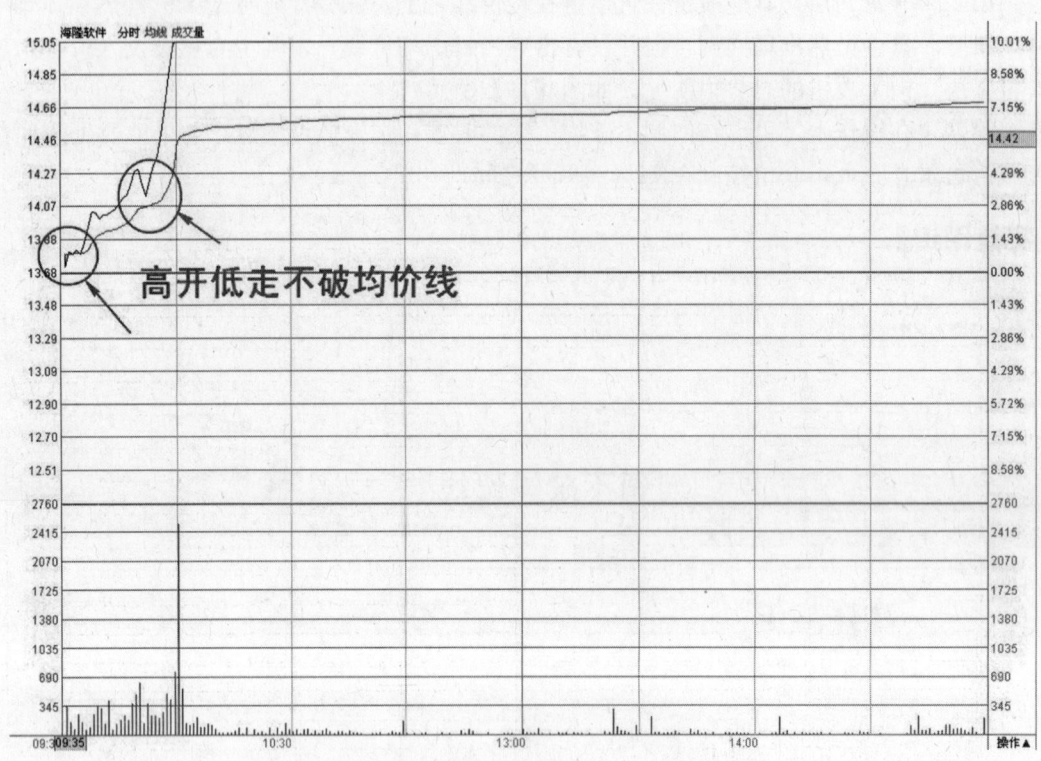

图【20】高开低走不破均价线买入法示意图

第三种 高开低走快速击穿均价线买入法

【技术特征】

第一，早盘集合竞价时间段股价高开之后，在第一时间段快速下行，击穿均价线，量能呈现为萎缩状态。如图【21】所示。

第二，快速创出新低之后转身上行，在分时图上画出典型的止跌形态。

第三，快速上攻的过程中呈现为攻击波形，说明主力投入资金积极操盘。

第四，在操作上，投资者可以利用止跌形态组合买入法买入，或在上穿均价线时买进。

【实战图谱】

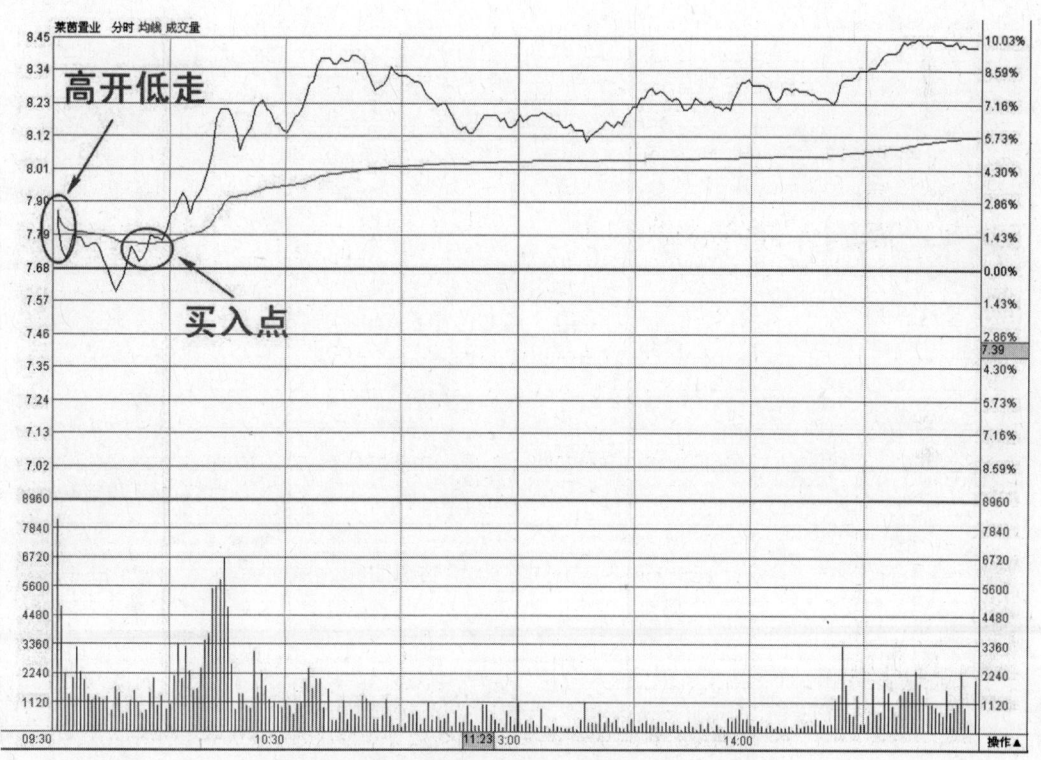

图【21】高开低走快速击穿均价线买入法示意图

第四种　平开高走回调不破均价线买入法

【技术特征】

第一，集合竞价时间段，股价以上一交易日的收盘价开盘，表明主力出场的态度很暧昧。

第二，第一时间段快速放量攻击，小回档不破均价线。如图【22】所示。

第三，平开高走回调不破均价线，表明攻击力度强劲，主力出场时十分狡猾、奸诈。

第四，在操作上，投资者可以在第一时间段均价线附近买进第一仓，仓位控制在20％。如果此时股价处于底部区域，可以加大买进力度，重仓参与。

【实战图谱】

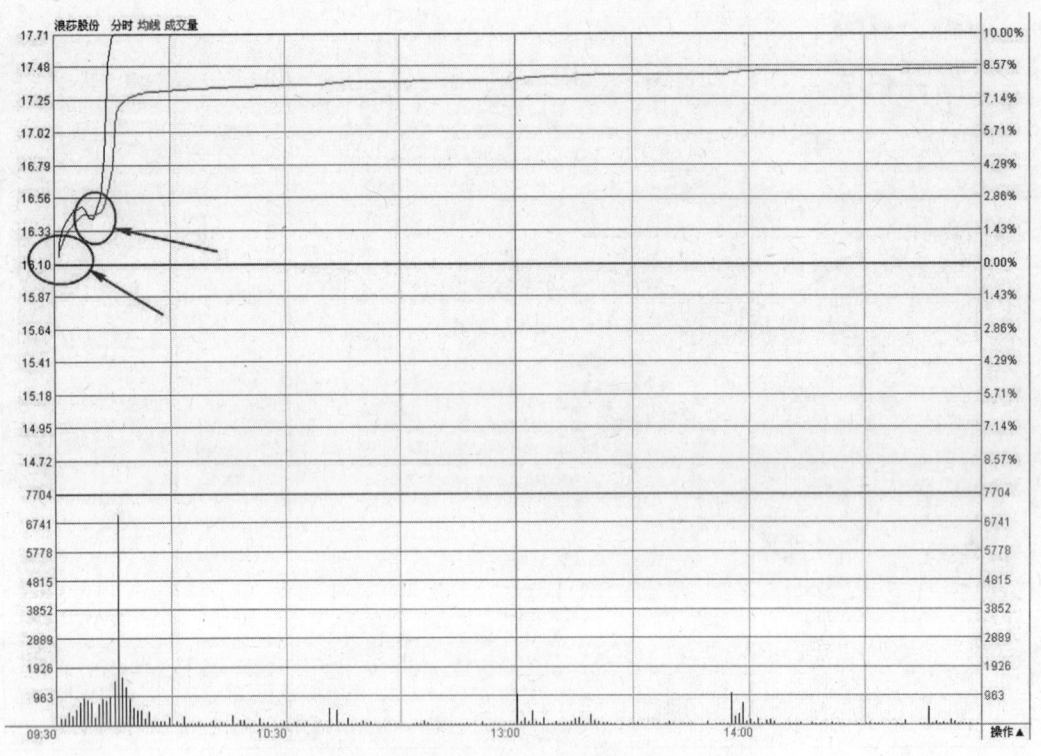

图【22】平开高走回调不破均价线买入法示意图

第五种　平开低走小破均价线买入法

【技术特征】

第一，集合竞价时间段，股价平开，第一时间段第一时段缩量向下，小幅跌破均价线。

第二，注意观察前一交易日的收盘价是否构成支撑，如果不破昨天收盘价，说明强势犹在，前边的小破均价线属于快速洗盘手法。如图【23】所示。

第三，盘中虽然屡次缩量击穿均价线，但都被轻轻拉回，说明主力盘中悄悄洗盘。

第四，在操作上，投资者可以在回落不破前收盘价的时候买进，此处是最佳买点。

【实战图谱】

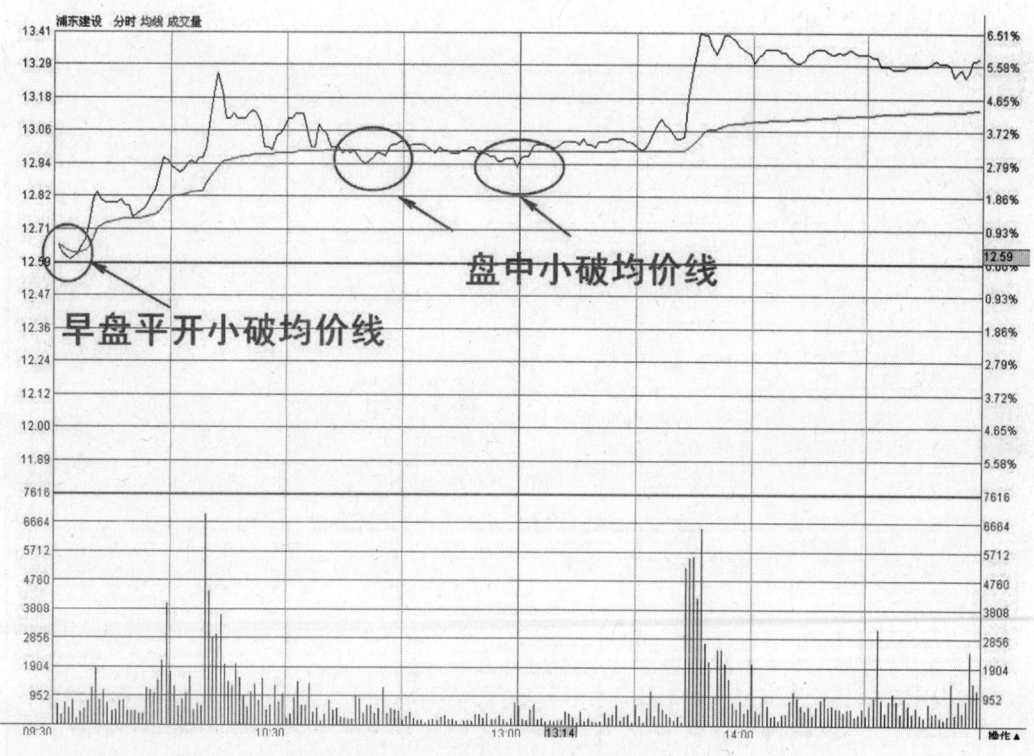

图【23】平开低走小破均价线买入法示意图

第六种　平开低走快速击穿均价线买入法

【技术特征】

第一，集合竞价时间段平开，第一时间段直接低走，快速下行，击穿均价线。量能萎缩。

第二，之后在均价线附近上下震荡，幅度很小，量能继续保持萎缩状态。如图【24】所示。

第三，如果此时处于拉升启动期，说明主力在做拉升前的快速洗盘，清洗浮筹。

第四，在操作上，不要心急介入，首先要判断此时股价的阶段性位置，判断主力的操盘意图。一旦盘中结束洗盘，放量拉升，表明主力启动行情，可以积极跟进。

【实战图谱】

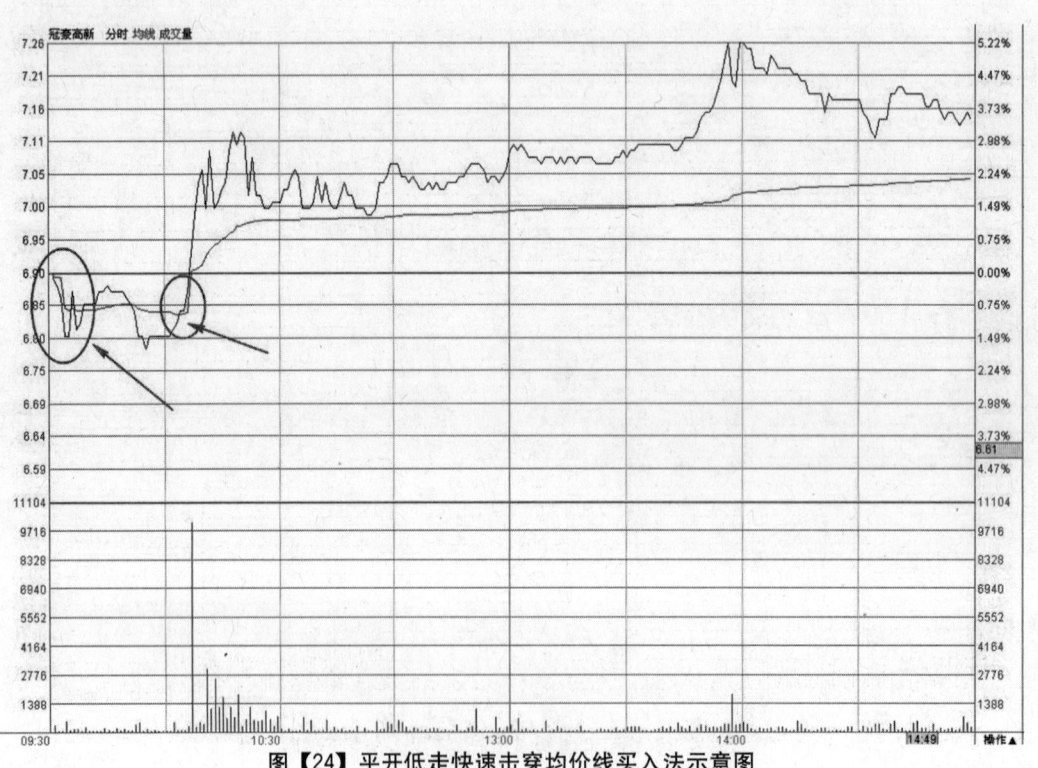

图【24】平开低走快速击穿均价线买入法示意图

第七种　低开高走回调不破均价线买入法

【技术特征】

第一，集合竞价时间段股价低开，低开的幅度大小不论，之后向上攻击。拉升放量，回落时缩量，不击穿均价线，表明主力做盘决心坚决。如图【25】所示。

第二，盘中不断出现尖角状的冲击波，说明主力此时正在不断买进筹码。

第三，如果此时股价处于底部区域，说明主力正在加大建仓力度。

第四，在操作上，中线投资者可以在回调不破均价线时买进，短线投资者可以保持观望。

【实战图谱】

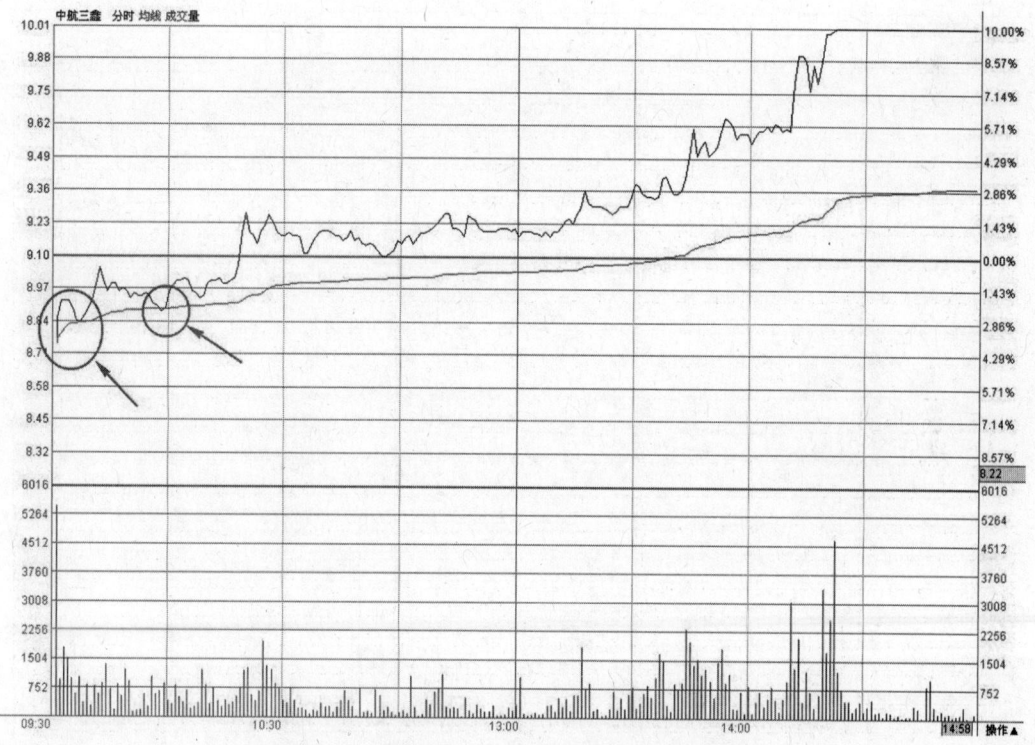

图【25】低开高走回调不破均价线买入法示意图

第八种 低开低走跌破均价线买入法

【技术特征】

第一,集合竞价时间段股价低开,之后直接低走,击穿均价线之后再次下行。如图【26】所示。表明主力在利用早盘快速震仓,清洗浮筹。

第二,第二次下行不再创出新低,盘口出现萎缩性量峰。

第三,之后股价转身向上,一直在均价线上方运行,强势特征明显。

第四,在操作上,投资者可以在第二次探底不再创出新低时果断买进第一仓,在回调不破均价线时加码买进第二仓。

【实战图谱】

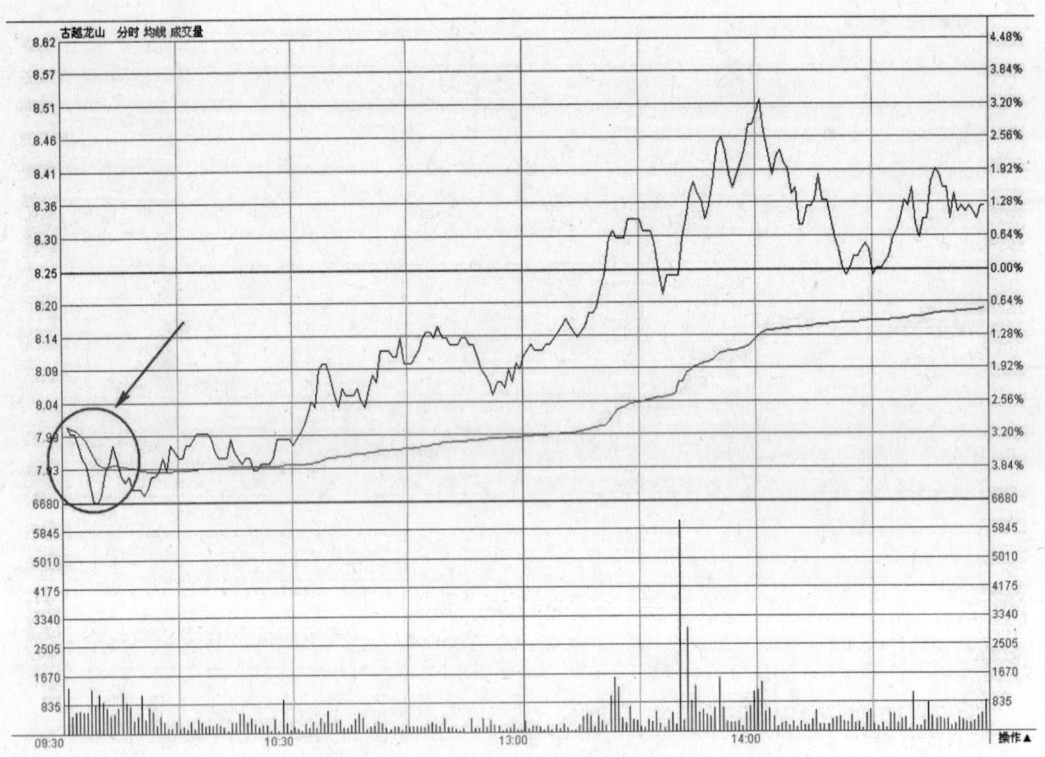

图【26】低开低走跌破均价线买入法示意图

第九种　低开低走快速击穿均价线尖刀底买入法

【技术特征】

第一，在集合竞价时间段股价低开，之后快速下行，击穿均价线之后，直奔跌停板而去，量能急剧放大，呈现为价跌量升态势。如图【27】所示。

第二，在图形上，股价垂直下跌，酷似一把尖刀，所以叫尖刀底。

第三，在快速下跌的末端，下档出现明显的承接盘，接盘积极，有力，表明支撑力强。

第四，在操作上，如果此时处于拉升初期，激进的投资者可以在跌停板附近买进第一仓，股价翻身向上站稳在均价线时加码买进第二仓。如果处于拉升末期，则保持观望。

【实战图谱】

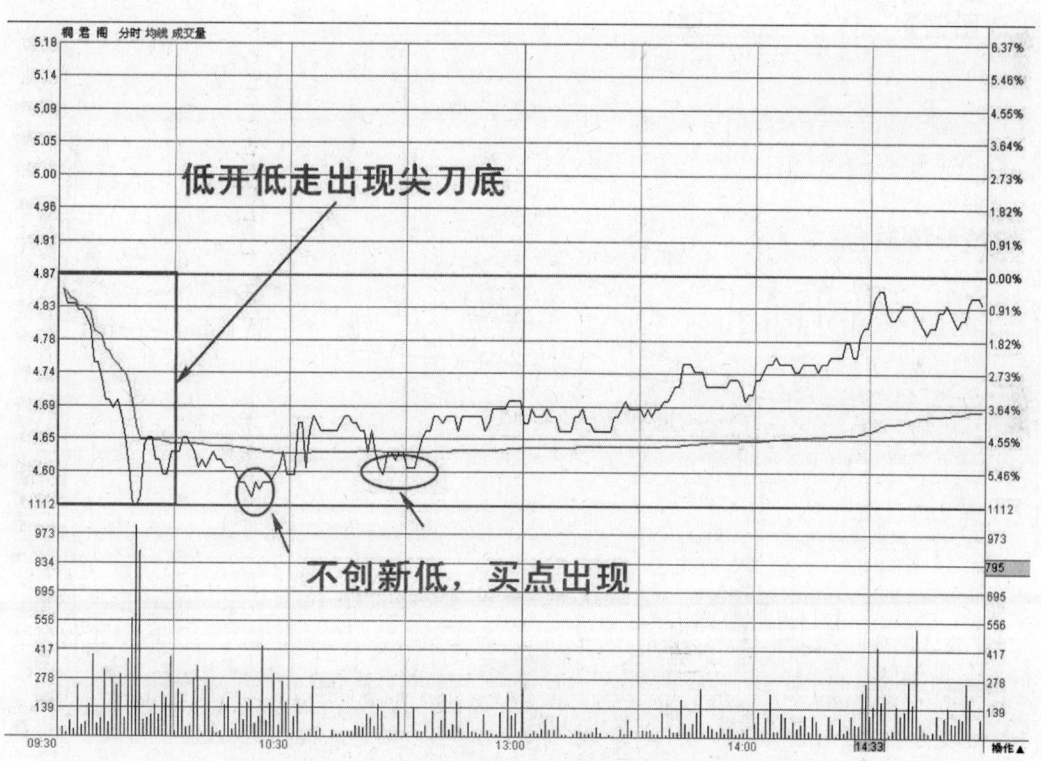

图【27】低开低走快速击穿均价线尖刀底买入法示意图

2.1 分钟图上均线买入法则

第一种 均线系统粘合后股价向上穿越买入法

【技术特征】

第一，1分钟图属于最小的分钟分析周期图，在均线系统设置上，根据小周期大均线的原则，可以设定为60线、120线、250线，代表60个、120个和250个1分钟的股价走势。如图【28】所示。

第二，为了稳健起见，1分钟的均线系统必须走平，呈现为粘合状态。

第三，股价围绕1分钟均线系统上下震荡，但均线系统呈现为向上态势。

第四，在操作上，投资者可以在股价从下方向上穿越均线系统时买进，也可以在穿越后回抽确认成立时再买进。

【实战图谱】

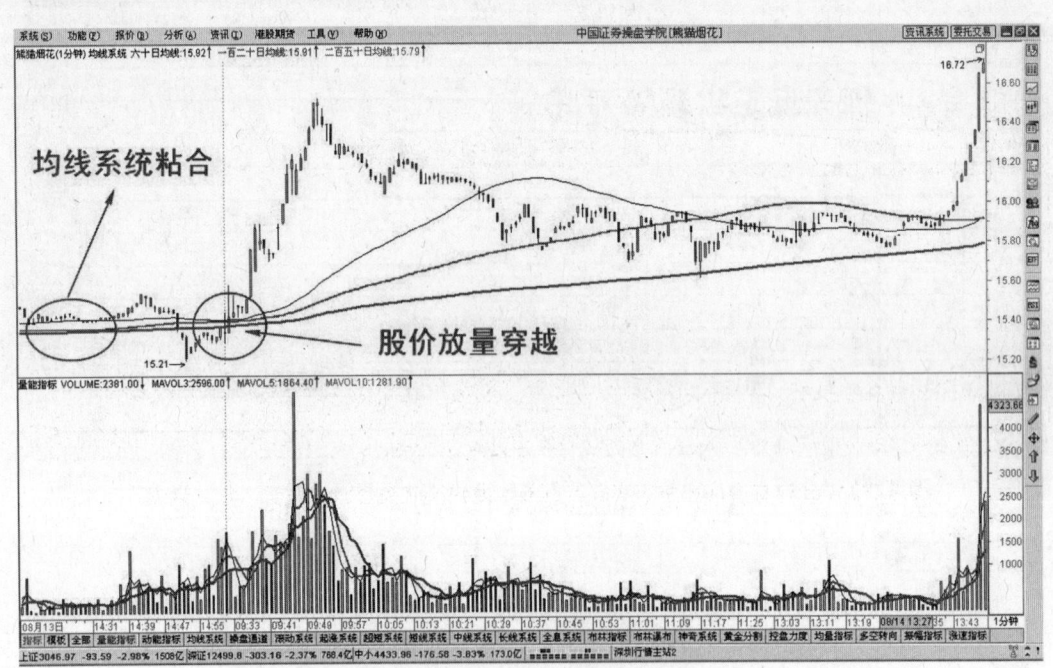

图【28】1分钟图上均线系统粘合后股价向上穿越买入法示意图

第二种　均线系统多头排列股价回调不破关键技术位买入法

【技术特征】

第一，均线系统首先必须呈现为向上发散的多头排列态势，股价趋势是向上运行的。

第二，股价在回落整理的过程中，回调到关键技术位120线，不破，企稳。

第三，股价回落的过程中，成交量呈现为萎缩状态。如图【29】所示。

第四，在操作上，投资者可以在缩量回调到120线不破时，买进或者加码买进。

【实战图谱】

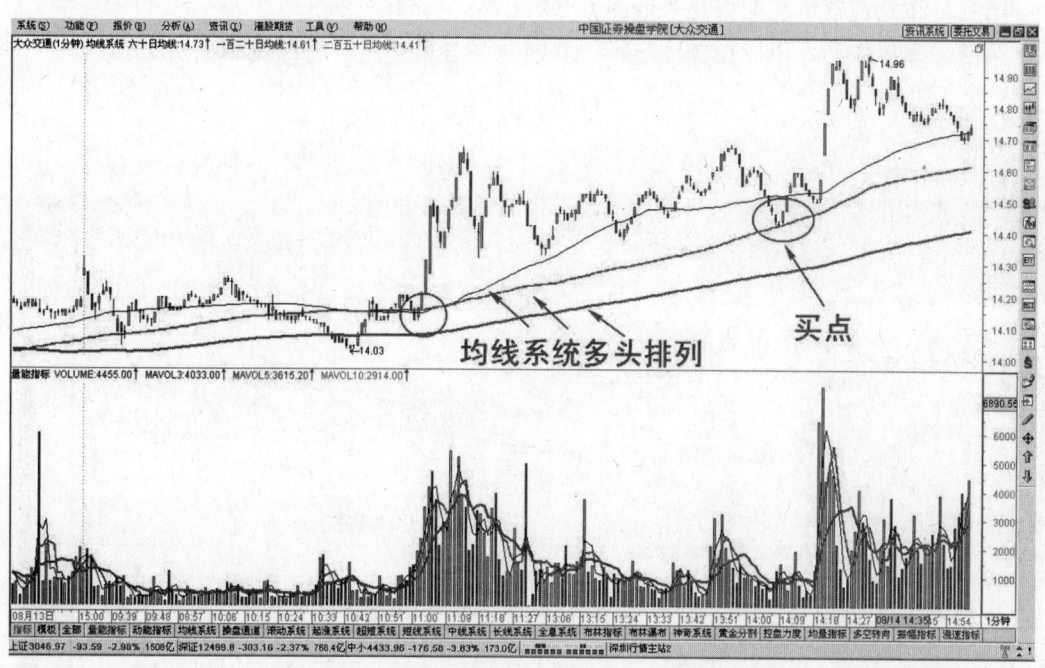

图【29】1分钟图上均线系统多头排列股价回调不破关键技术位买入法示意图

3. 5分钟图上均线买入法则

第一种 均线系统金叉股价向上穿越买入法

【技术特征】

第一,在5分钟图上,均线系统的参数可以设置为30、60、120,分别代表不同的分钟个数,以区别于1分钟图分析方法。如图【30】所示。

第二,在5分钟图上,30线金叉60线,属于激进型买进信号,30线金叉120线,属于加码买进信号。

第三,注意观察量能配合是否健康。

第四,在操作上,可以在30线金叉60线时买进第一仓,仓位控制在30%以内。

【实战图谱】

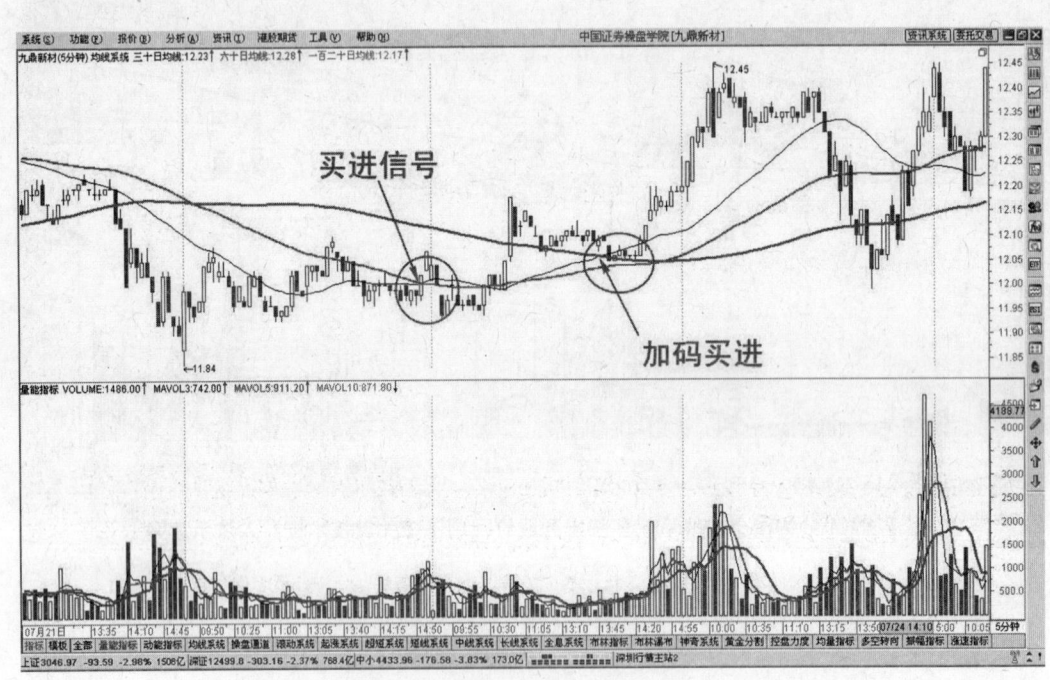

图【30】5分钟图上均线系统金叉股价向上穿越买入法示意图

第二种 股价向上突破均线系统关键技术位买入法

【技术特征】

第一，均线系统由空翻多，转为多头排列态势。如图【31】所示。

第二，在5分钟图上，股价构筑明显的底部形态，二次探底不创新低。

第三，股价出现快速攀升态势，在K线组合方面，出现渐大连阳形态。

第四，在操作上，投资者可以在股价向上穿越关键技术位60线成功站稳之后，在盘中选择低点买进，也可以在穿越回抽确认之后，选择低点买进。

【实战图谱】

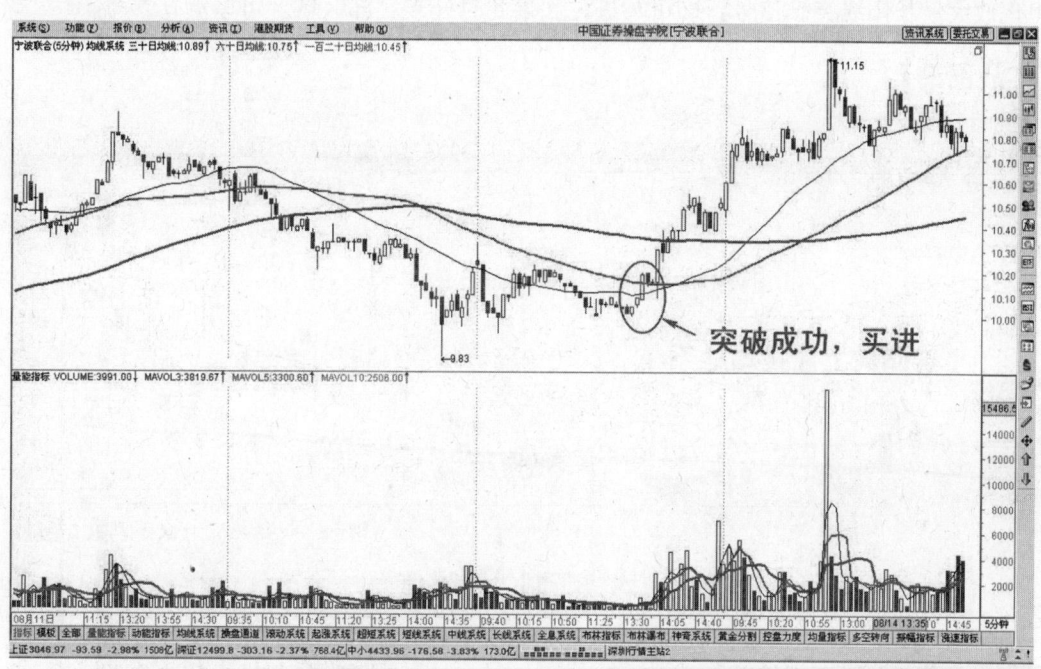

图【31】5分钟图上股价向上突破均线系统关键技术位买入法示意图

4. 15分钟图上均线买入法则

第一种 小连阳向上靠拢均线系统买入法

【技术特征】

第一，均线系统参数设定为30、60、90，用来观察股价的走势。

第二，均线系统走平，呈现出向上粘合态势，表明市场近期成本接近。

第三，K线出现连续小阳线组合形态，由下向上逐步向均线系统靠拢。如图【32】所示。

第四，在操作上，投资者可以在小连阳向上靠拢的态势出现时，积极跟踪分析，一旦出现放大量长阳线突破信号，即可买进。如果此时处于底部区域，可以重仓参与。

【实战图谱】

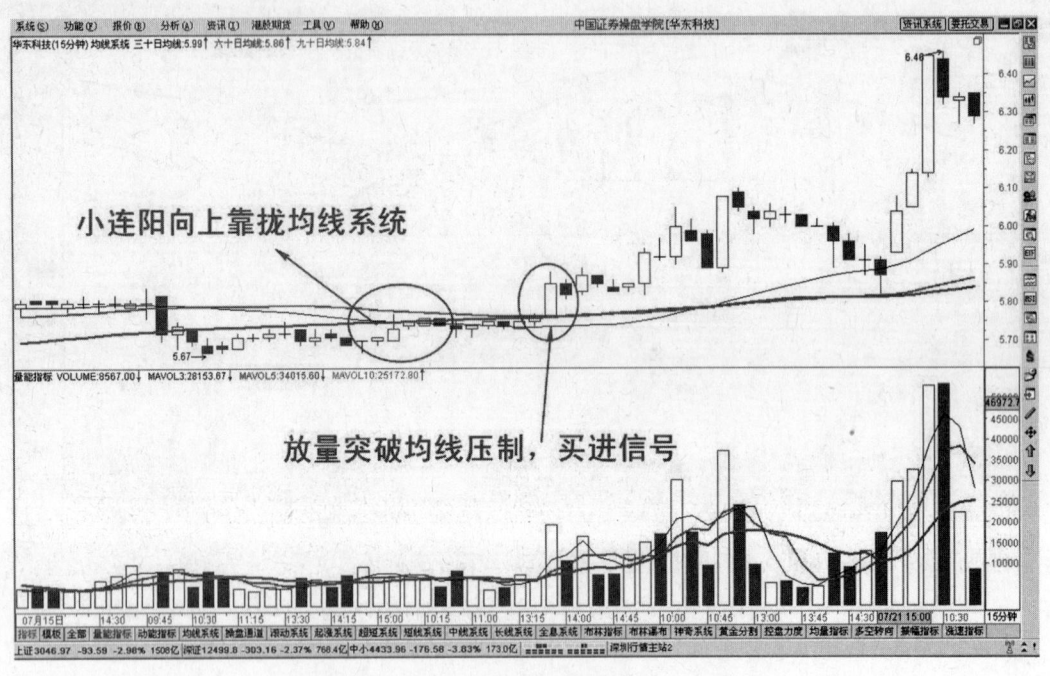

图【32】小连阳向上靠拢均线系统买入法示意图

第二种 突破小双底颈线买入法

【技术特征】

第一，股价从高位慢慢下跌，跌势逐步趋缓，构筑第一个低点，短暂拉升之后，二次探底，但不创新低，构筑一个小双底形态。如图【33】所示。

第二，均线系统呈现出走平迹象，逐步粘合，向上态势明显。

第三，在小双底的颈线位，放量突破盘局，表明短期整理即将结束。

第四，在操作上，投资者可以在放量突破均线压制的时候买进第一仓，也可以在第二天突破颈线位时再买进或者加码买进。

【实战图谱】

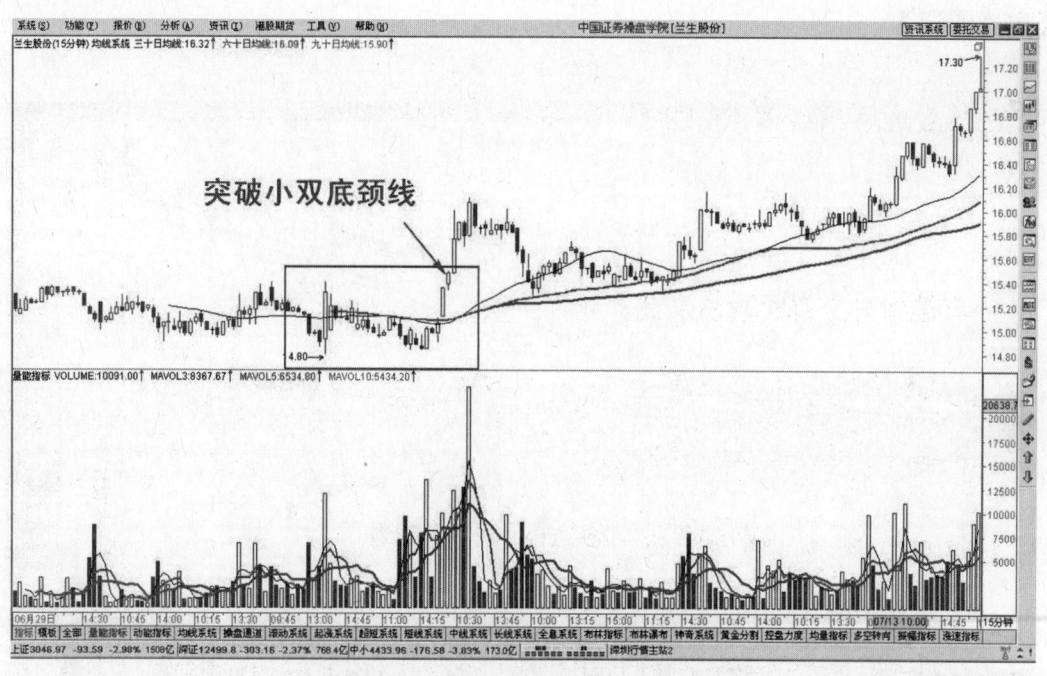

图【33】突破小双底颈线买入法示意图

5. 30分钟图上均线买入法则

第一种 多头排列之后三线粘合买入法

【技术特征】

第一，均线系统的参数设定为10、30、60，用来观察30分钟分析周期股价走势。

第二，均线系统呈现为多头排列之后，稳步向上靠拢，三线逐步粘合。如图【34】所示。

第三，股价从均线系统的下方向上穿越，逐步站稳在粘合的均线系统上方。

第四，在操作上，投资者可以在股价站稳在粘合均线系统上方时买进第一仓，如果放量拉出大阳线突破整理平台，则加码买进第二仓。

【实战图谱】

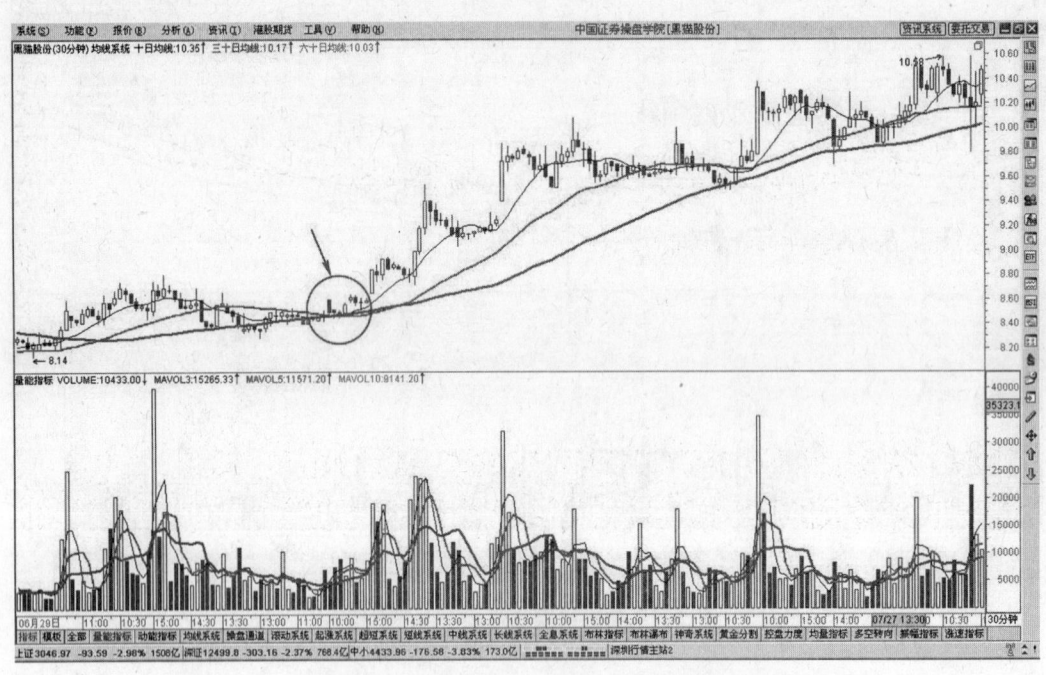

图【34】多头排列之后三线粘合买入法示意图

第二种　线上红三兵买入法

【技术特征】

第一，均线系统走平，粘合，呈现出向上发散态势。如图【35】所示。

第二，股价从均线系统下方逐步上移，渐次穿越均线压制，最后站稳在线上。

第三，再次回调，不跌穿均线系统，而是随后走出了渐大红三兵K线形态。

第四，这是典型的多头行情即将开始的买入信号。投资者可以在线上红三兵形成之后，在盘中选择低点分批买进，也可以在随后出现的大阳线突破时买进，或者加码买进。

【实战图谱】

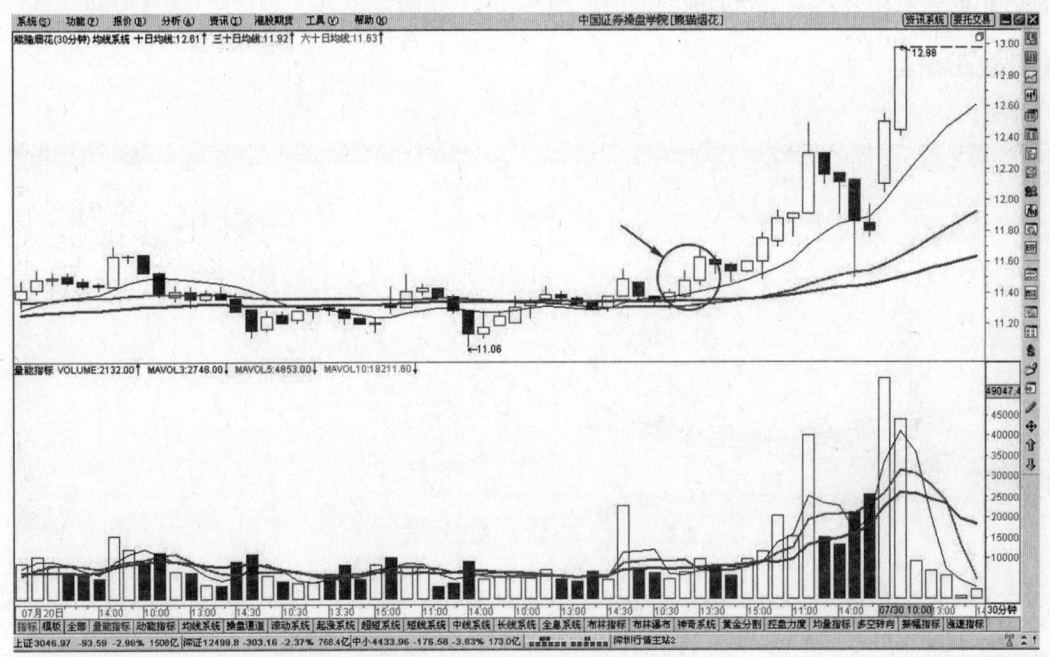

图【35】线上红三兵买入法示意图

6. 60分钟图上均线买入法则

第一种　连续阴线挖坑之后地量线上十字星买入法

【技术特征】

第一，均线系统的参数设定为5、10、30，用来观察股价短期走势。如图【36】所示。

第二，均线系统一直呈现为多头排列，前边已经启动行情，并有一波拉升。

第三，突然出现5个小时以上的连续阴线挖坑动作，表明主力在积极洗盘，清洗浮筹。

第四，在操作上，投资者可以在阴孕阳线出现之后，积极跟踪分析，并在出现地量结构时积极买进第一仓，仓位控制在60%左右，在出现缩量线上十字星时，继续加码买进。

【实战图谱】

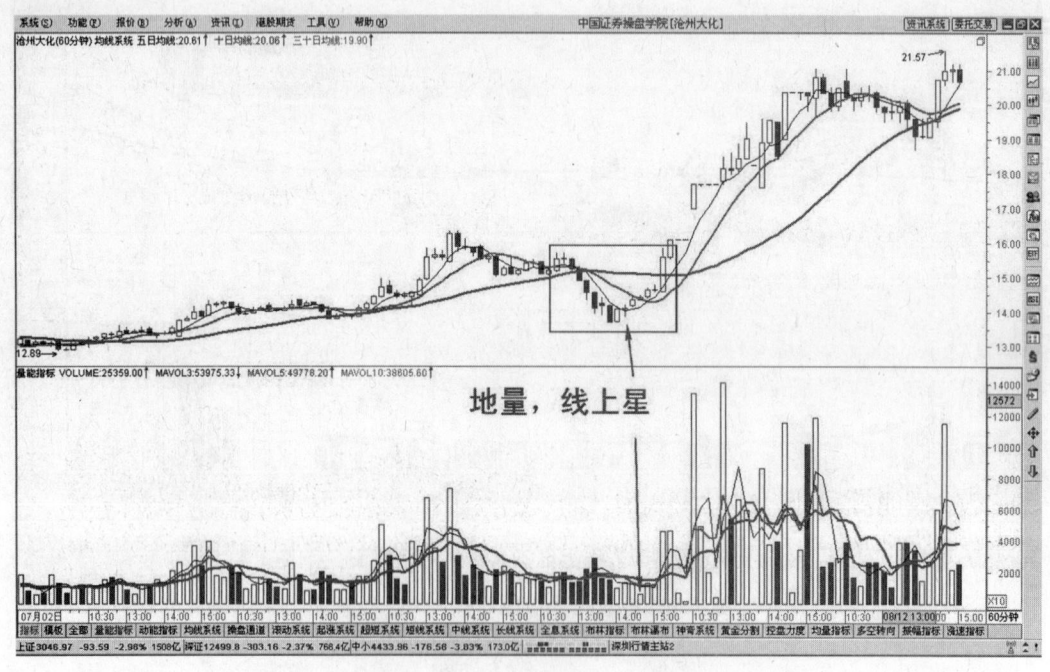

图【36】连续阴线挖坑之后地量线上十字星买入法示意图

第二种　突破盘局旭日东升买入法

【技术特征】

第一，均线系统呈现为多头排列，但是爬升的速度十分缓慢，横盘态势十分明显。

第二，均线系统逐步粘合，向上靠拢，股价重心上移。如图【37】所示。

第三，先是一小波拉升，回调整理后不破十日均线，随后大阳线一举突破盘局。

第四，在操作上，投资者此时要做的事就是在突破盘局的第一时间立即买进，重仓参与即将开始的主升段行情。此时主力已经高度控盘，并且突破了所有压力，表明股价最后的加速上涨已经到来，机不可失，时不再来，此时不买更待何时？

【实战图谱】

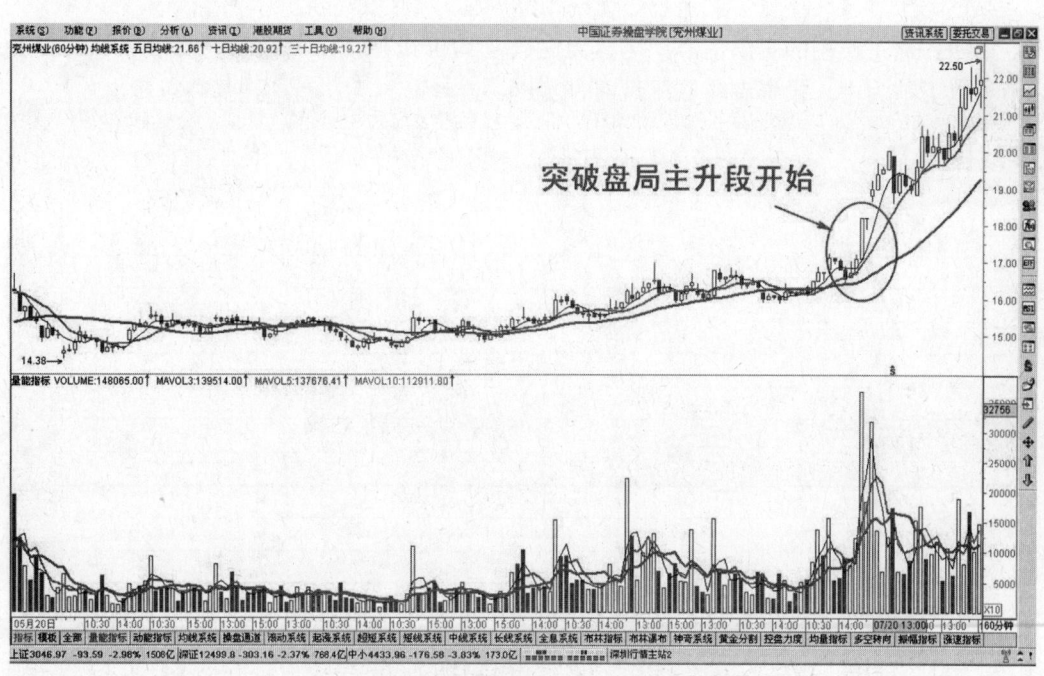

图【37】突破盘局旭日东升买入法示意图

第2节 分时均线系统卖出法则

1. 分时图上均价线卖出法则

第一种 拉升末期低开高走假升波卖出法

【技术特征】

第一,在拉升末期,早盘多波拉升,但是出现明显的假升波形,量价背离的迹象显著。

第二,量能不济,股价拐头向下,逐波下跌,并跌穿均价线。如图【38】所示。

第三,虽然多头反复尝试上攻,无奈抛盘凶猛,最终未能收复均价线。

第四,这是典型的卖出信号,尾盘无法收复均价线,预示着多头已经放弃坚守阵地,后市将以下跌为主。投资者应在尾盘即时卖出,或者第二天在盘中选择高点卖出。

【实战图谱】

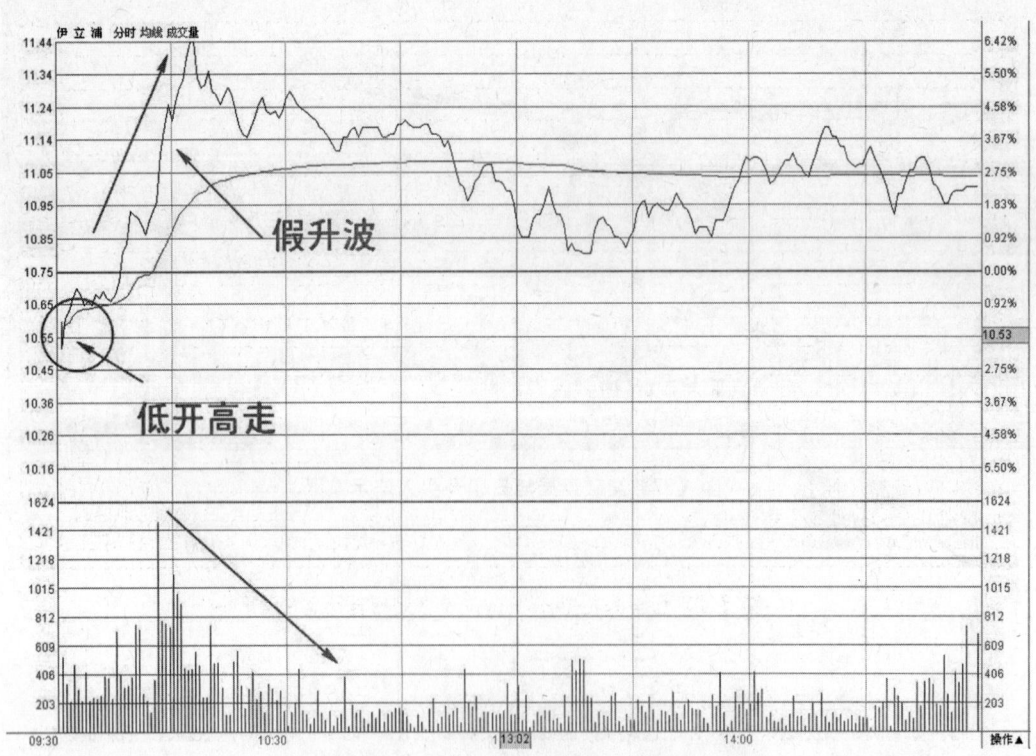

图【38】拉升末期低开高走假升波卖出法示意图

第二种　拉升末期高开低走杀跌波卖出法

【技术特征】

第一，在拉升末期，股价高开之后稍作佯攻，转身向下，开始疯狂杀跌。如图【39】所示。

第二，盘中股价快速地跌穿均价线，反抽无力，再度快速跳水，出货心切，可见一斑。

第三，尾盘再次疯狂杀跌，不计成本大甩卖！

第四，在操作上，投资者需要立即找高点卖出。主力凶悍的出货手法预示着股价将会有暴跌，或者有隐藏的重大利空，此时需要果断出局。

【实战图谱】

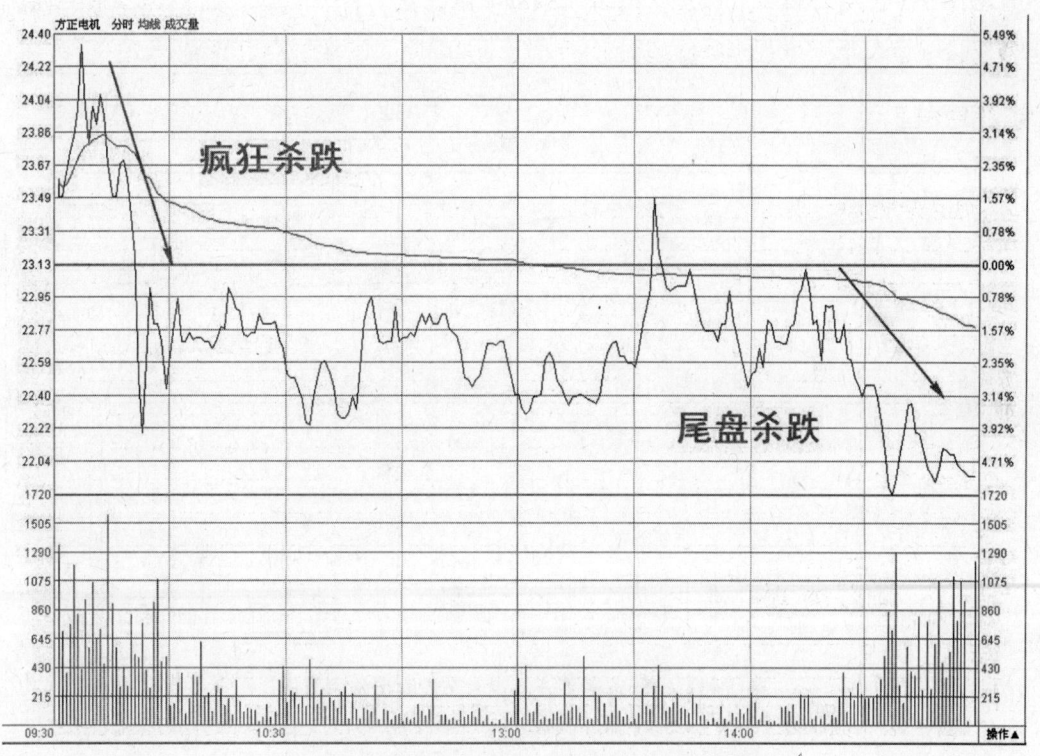

图【39】拉升末期高开低走杀跌波卖出法示意图

第三种 拉升末期平开低走瀑布波卖出法

【技术特征】

第一，在拉升末期，股价平开之后，一路下跌，几乎毫无抵抗。如图【40】所示。

第二，全天几乎呈现单边下跌走势，即使偶有反弹，也没有能力穿越均价线。

第三，这是典型的空头行情，预示着主力放弃护盘，任由股价下跌。

第四，在操作上，投资者应结合股价的阶段性位置分析主力的操盘意图，如果已经处于拉升末期，则主力出货无疑，要及时卖出，回笼资金。

【实战图谱】

图【40】拉升末期平开低走瀑布波卖出法示意图

第四种 拉升末期经典图形钓鱼波卖出法

【技术特征】

第一,在集合竞价阶段股价平开或者小幅度低开,之后快速上攻。如图【41】所示。

第二,早盘的上攻斜率大,波形很长,酷似钓鱼竿,随后反手做空,逐波下跌,以此低价收盘,完成钓鱼波的架构。

第三,钓鱼波是典型的卖出信号,盘中屡次攻击均价线,无功而返,表明主力去意已决。

第四,在操作上,投资者要在早盘击穿均价线反抽时,即时卖出,如果来不及卖出,可以在盘中选择高点卖出,不要犹豫。

【实战图谱】

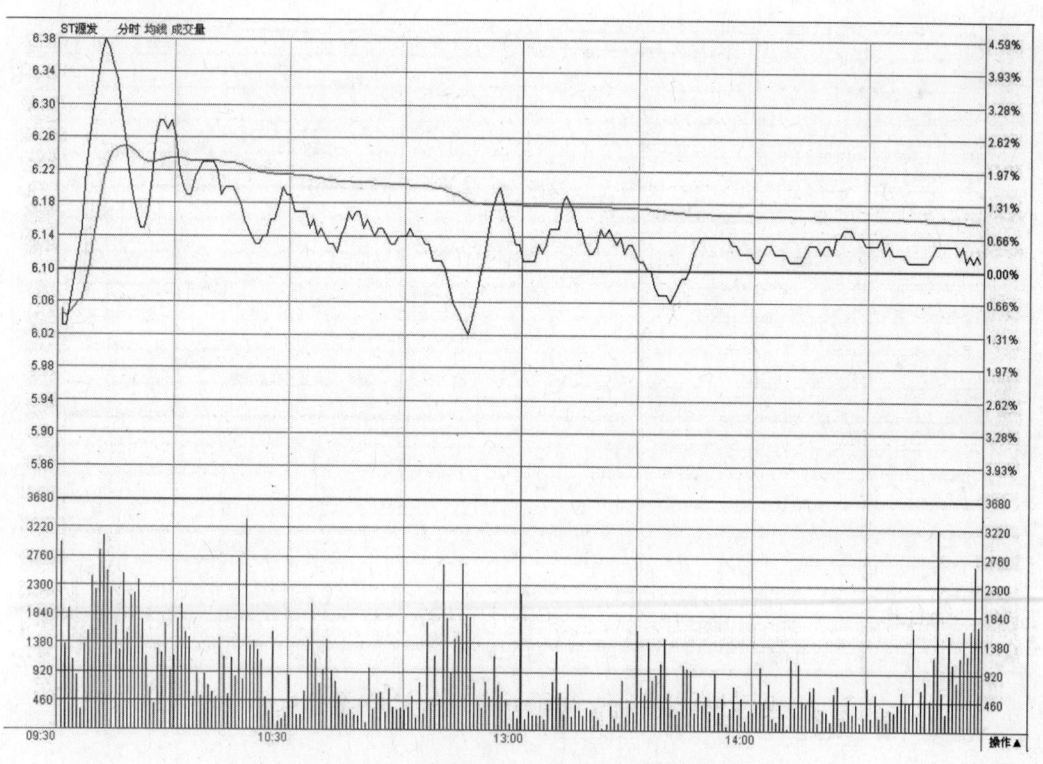

图【41】拉升末期经典图形钓鱼波卖出法示意图

第五种 拉升末期经典图形高台跳水波卖出法

【技术特征】

第一,这是最恶劣的出货图形。如图【42】所示。

第二,股价全天走势平稳,尾盘突然垂直向下跳水,击穿所有支撑。

第三,这种图形表明阶段性行情已经宣告结束,主力采用最恶劣的手法出货,预示着后市将有更加猛烈的暴跌出现,未来走势凶险。

第四,在操作上,投资者只有一个选择,那就是立即卖出!

【实战图谱】

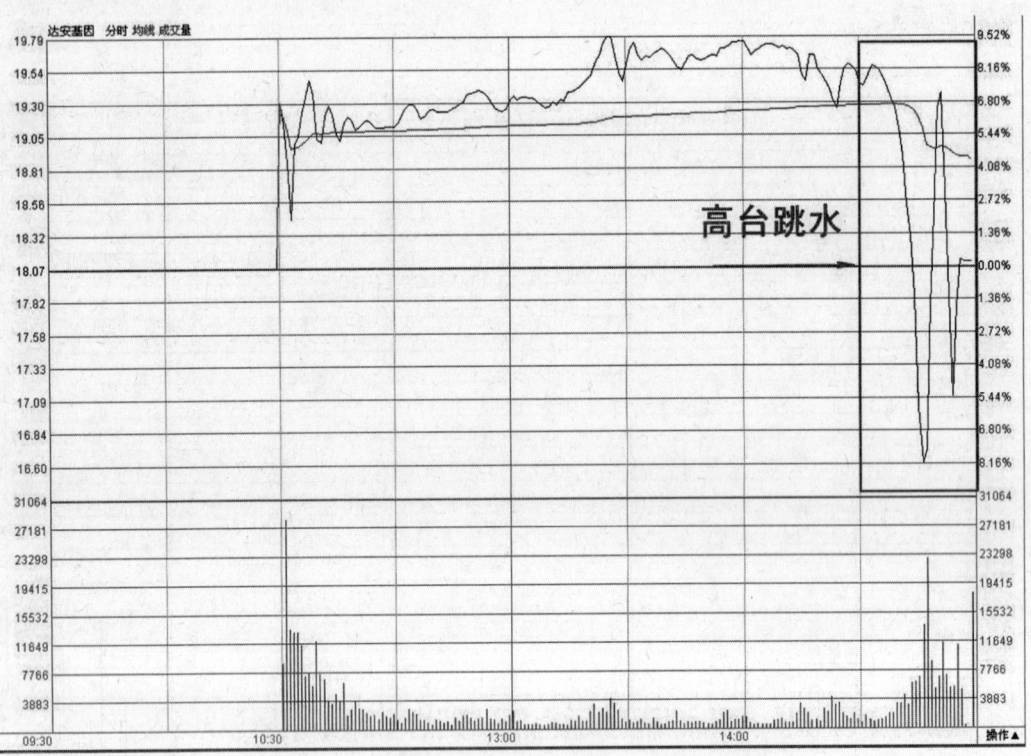

图【42】拉升末期经典图形高台跳水波卖出法示意图

第六种 拉升末期经典图形旗形卖出法

【技术特征】

第一，这是一种比较温和友善的出货手法。如图【43】所示。

第二，主力在盘中首先拉出一根旗杆，波形很长，为出货腾出空间。

第三，随后在一个箱体内上下震荡，反复出货。

第四，在操作上，投资者可以耐心等待高点出现后再卖出，或者在第二天选择高点卖出。

【实战图谱】

图【43】拉升末期经典图形旗形卖出法示意图

2.1 分钟图上均线卖出法则

第一种 长阴贯顶之后均线死叉卖出法

【技术特征】

第一,股价在拉升的途中,突然大幅度向上跳空高开,之后长阴杀跌。如图【44】所示。

第二,在长阴杀跌的同时,放出近期的天量,酷似长阴贯顶,预示着后市即将下跌。

第三,长阴贯顶之后,均线系统逐步出现死叉,慢慢转化为空头排列,短线见顶。

第四,在操作上,反应敏捷的投资者可以在大幅度高开的时候迅速卖出,来不及反应的投资者可以在均线死叉的时候及时卖出。一旦均线系统形成空头排列,下跌不可避免,要注意及时止损,出局观望。

【实战图谱】

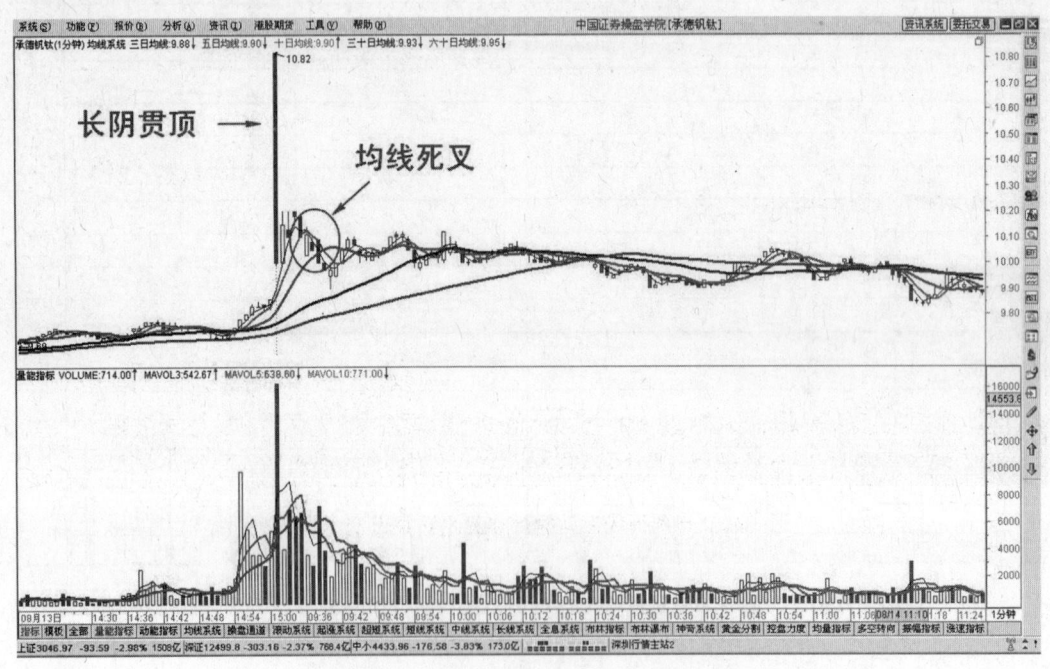

图【44】长阴贯顶之后均线死叉卖出法示意图

第二种 均线系统空头排列放量连阴卖出法

【技术特征】

第一，股价在高位横盘之后，选择向下突破。如图【45】所示。

第二，股价快速跌穿均线系统支撑，出现单边下跌的连续阴线，成交量急剧放大。

第三，均线系统拐头向下，转化为空头排列，对股价构成反压。后市将继续下跌。

第四，在操作上，投资者可以在股价破位时迅速卖出，不可犹豫。放量连阴的K线组合表明空头势力强大，短期内难以止跌，还没出局的要及时止损。

【实战图谱】

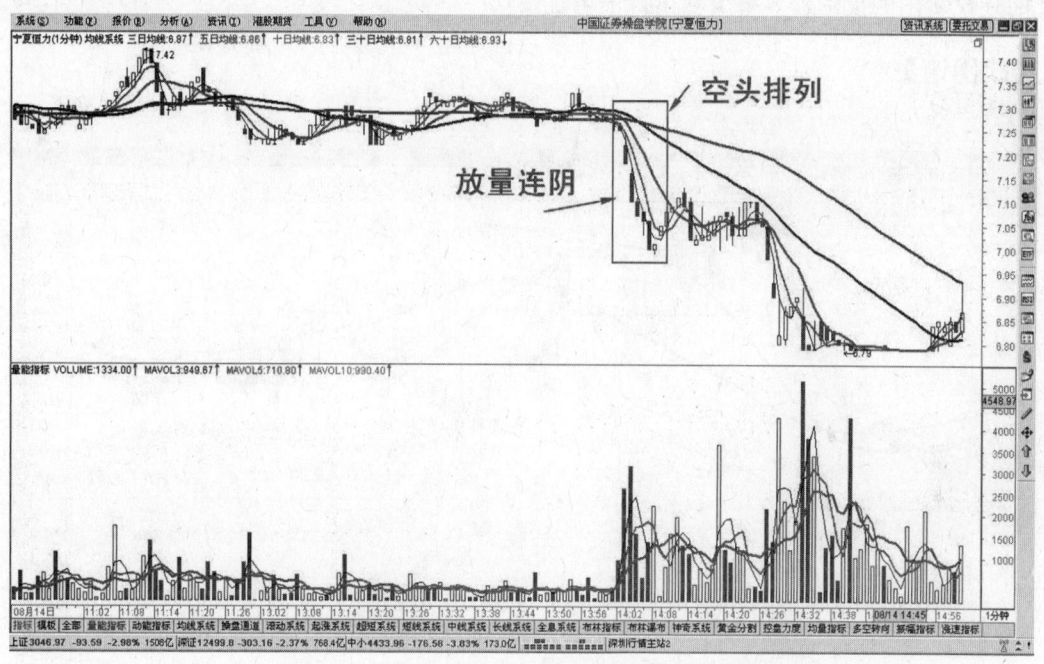

图【45】均线系统空头排列放量连阴卖出法示意图

3.5 分钟图上均线卖出法则

第一种 向下跳空跌破整理平台卖出法

【技术特征】

第一，在盘头阶段，股价成交重心下移，均线系统拐头向下。如图【46】所示。

第二，随后进入小箱体整理，多头开始反击，但是反击的力度很弱，高度有限。

第三，反弹无力创出新高，表明主力已经无意加大力度投入资金操盘，后市将下跌。

第四，在操作上，当均线系统发生变异，短期系统空头排列的时候，就要分批卖出。而一旦反弹失败，股价向下跳空跌破整理平台，说明主力已经彻底放弃护盘，大势去矣。此时还没卖出的投资者要坚决卖出，不可犹豫！

【实战图谱】

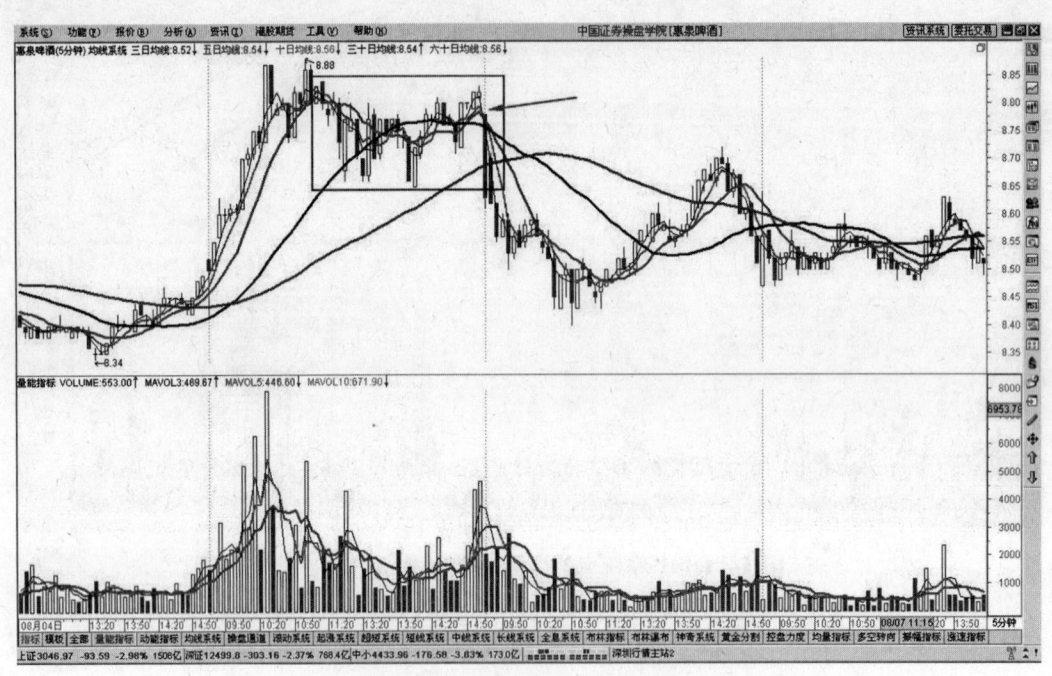

图【46】向下跳空跌破整理平台卖出法示意图

第二种　巨量长阴断头铡刀卖出法

【技术特征】

第一，短期均线系统已经构成空头排列，中期均线系统走平。如图【47】所示。

第二，股价在中期均线系统下方小幅度向上爬升，但受到大均线压制，反弹失败。

第三，随后出现多翻空，股价连下数城，一举向下击穿数条均线，酷似断头铡刀。

第四，在操作上，激进的投资者在短期均线系统空头排列的时候，就要分批止盈，而一旦出现巨量长阴断头铡刀卖出信号，要坚决止损。后市将继续下跌，难以言底。

【实战图谱】

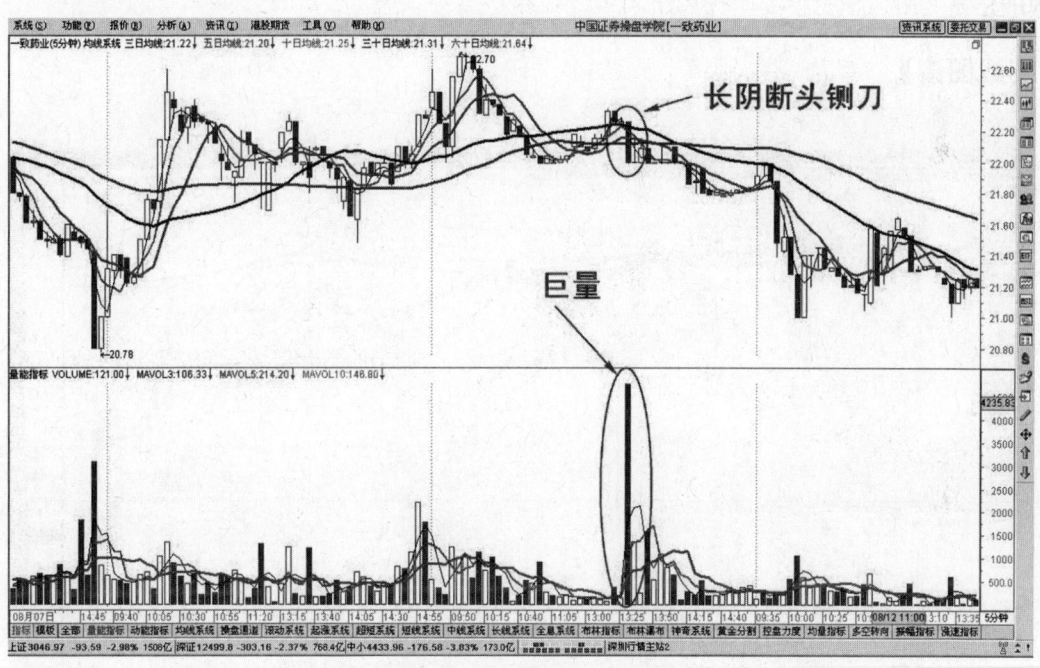

图【47】巨量长阴断头铡刀卖出法

4. 15分钟图上均线卖出法则

第一种 下跌初期渐大三连阴卖出法

【技术特征】

第一，中期均线系统开始走平，短期均线系统拐头向下，甚至开始空头排列。

第二，股价跌破支撑，出现渐大三连阴K线组合。如图【48】所示。

第三，在下跌初期出现渐大三连阴，属于典型的卖出信号，后市将继续下跌。

第四，在操作上，投资者不可有任何幻想。渐大三连阴的杀伤力非常可怕，还没有卖出的要尽快卖出，一旦中期均线系统拐头向下造成反压，后市不容乐观。卖出吧，止损吧！

【实战图谱】

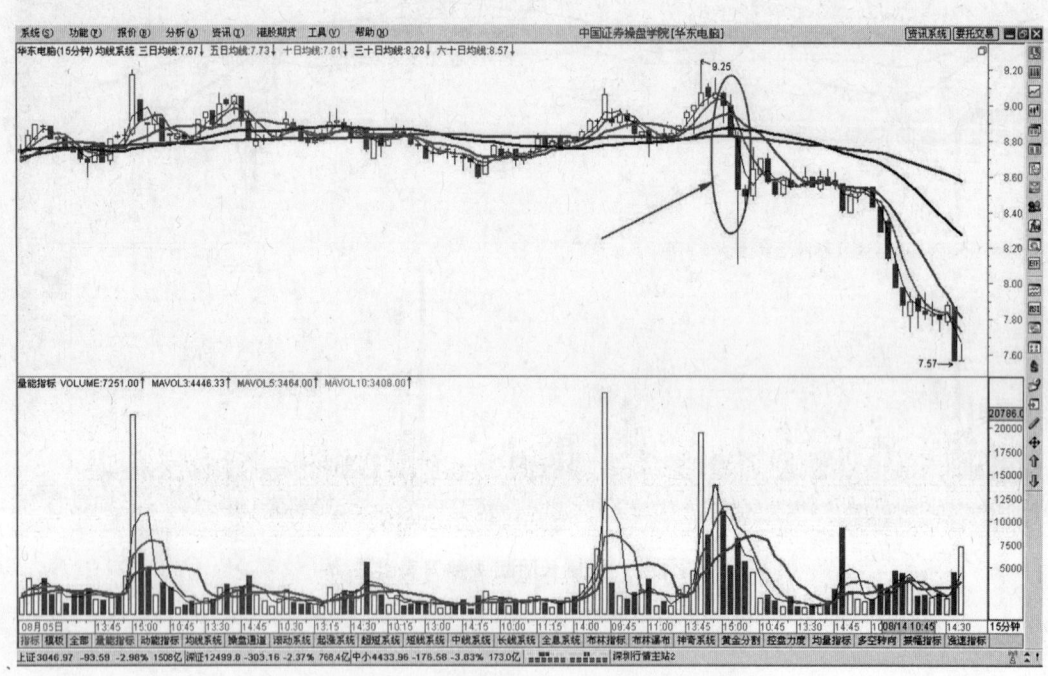

图【48】下跌初期渐大三连阴卖出法示意图

第二种　下跌初期阴包阳卖出法

【技术特征】

第一，股价经过连续的下跌之后，在均线系统 30 线附近获得支撑。如图【49】所示。

第二，随后股价展开小幅反弹，但是力度很弱，下一个 15 分钟 K 线高开低走，将前一根 15 分钟反弹阳线包围起来，形成阴包阳的 K 线组合，表明新的下跌即将开始。

第三，短期均线系统此时呈现为空头排列，表明反弹失败，股价继续下跌。

第四，在操作上，投资者在股价击穿 30 线时，要坚决止损出局，不可犹豫。

【实战图谱】

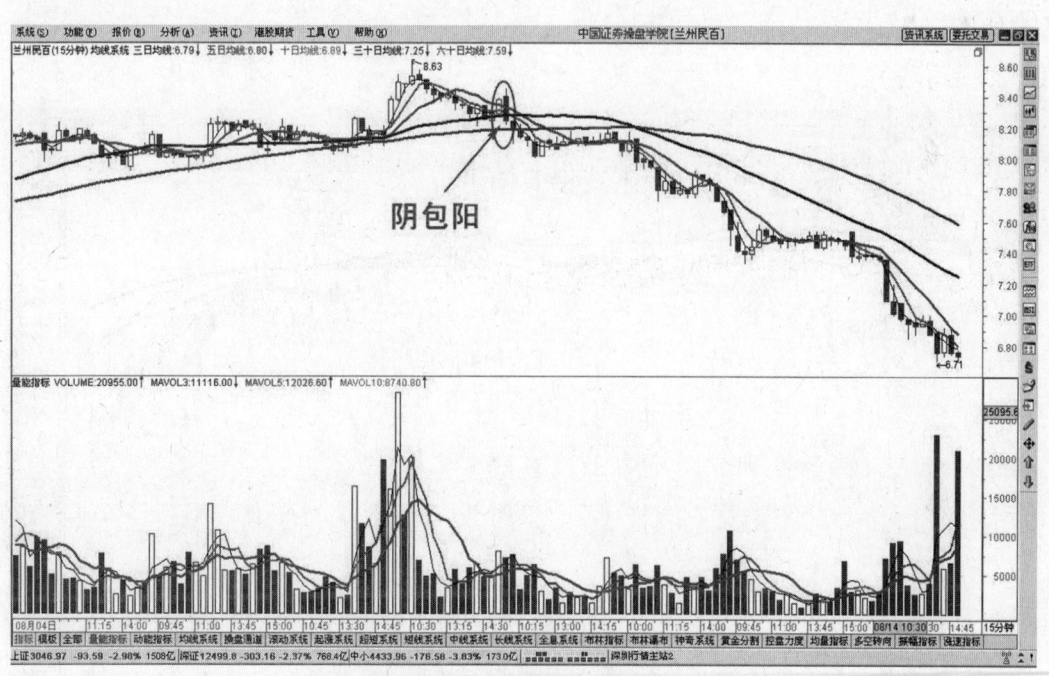

图【49】下跌初期阴包阳卖出法示意图

5. 30分钟图上均线卖出法则

第一种 拉升末期阳孕阴之后均线系统拐头向下卖出法

【技术特征】

第一，在股价拉升末期，主力首先拉出了一根巨量大阳线。如图【50】所示。

第二，这根巨量长阳耗尽了多头的能量，接下来将难以为继，预示着股价即将下跌。

第三，随后的30分钟K线在前一根大阳线的实体内1/3处开盘，表明主力的攻击力量已经衰竭，股价低开低走，后市下跌不可避免。

第四，在操作上，在出现巨量长阳之后，如果后续走势不能创出新高，要及时止盈。

【实战图谱】

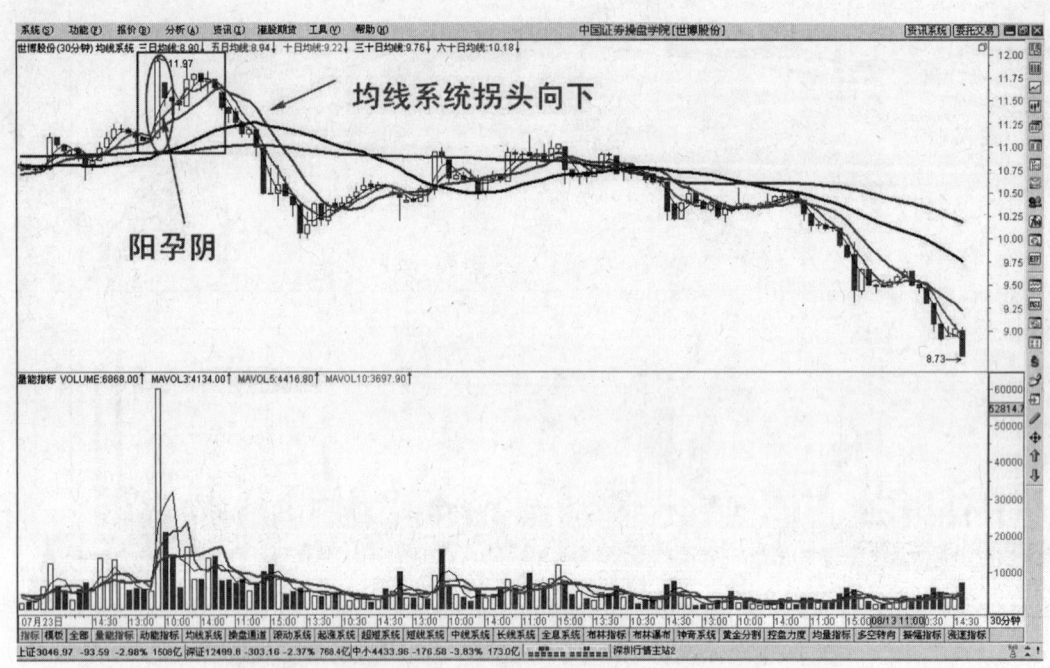

图【50】拉升末期阳孕阴之后均线系统拐头向下卖出法示意图

第二种 下跌初期反弹失败均线系统拐头向下卖出法

【技术特征】

第一，在股价下跌末期，股价跌穿均线系统所有支撑后出现反弹，但是反弹的力度很弱，无法突破均线系统的压制，随即拐头向下寻求支撑。如图【51】所示。

第二，暴跌之后反弹无力，表明多头已经无法阻止下跌趋势，说明接下来跌势更为凶猛。

第三，反弹失败之后，所有均线构成了强大的压制作用，股价将连续下跌。

第四，在操作上，前期被套牢的投资者此时需要果断止损，不要有任何幻想。

【实战图谱】

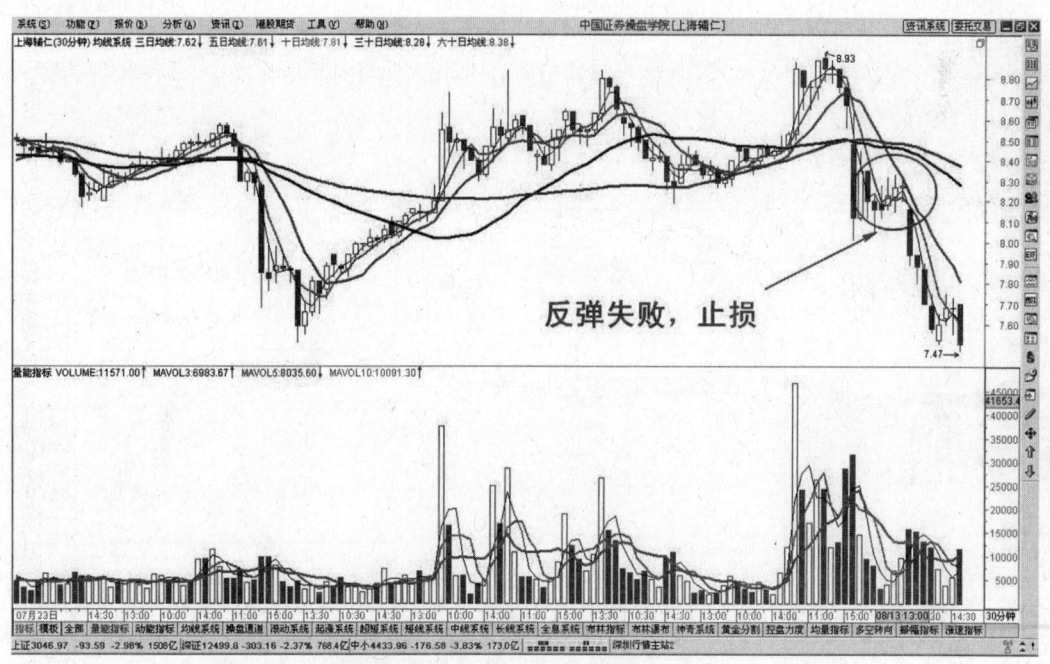

图【51】下跌初期反弹失败均线系统拐头向下卖出法示意图

6．60分钟图上均线卖出法则

第一种　拉升末期流星线之后均线系统拐头向下卖出法

【技术特征】

第一，流星线是典型的卖出信号，拉升末期出现流星线，宣告拉升行情结束。如图【52】所示。

第二，流星线的上影线部分沉淀了巨大的成交量，构成沉重的抛压，短期内难以化解。

第三，随后的60分钟K线高开低走，出现三只乌鸦组合形态，短期均线系统呈现为空头排列，表明此时多头已经彻底溃败，股价将猛烈下跌。

第四，在操作上，在出现流星线的时候，要立即止盈，如果来不及卖出，可以在后边的60分钟K线开盘时立即卖出。

【实战图谱】

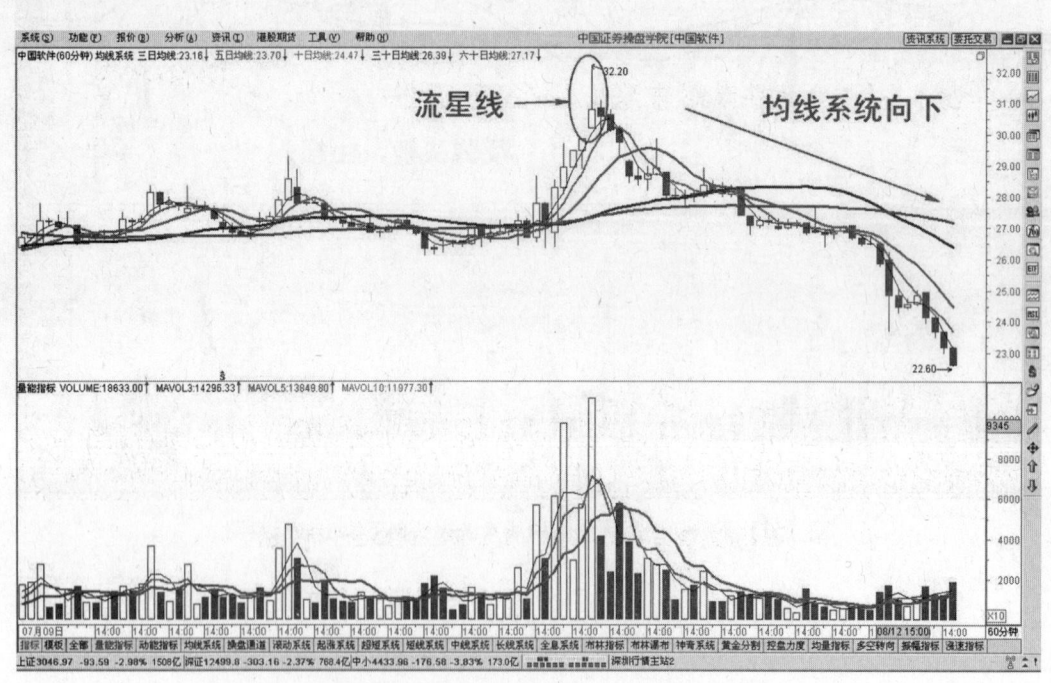

图【52】拉升末期流星线之后均线系统拐头向下卖出法示意图

第二种　盘头阶段末期长下影线穿三线卖出法

【技术特征】

第一，在盘头阶段末期，均线系统已经呈现出向下拐头迹象。如图【53】所示。

第二，此时股价受均线系统压制，虽然有小反弹，但是力度很弱，高度有限。

第三，随后股价低开低走，直逼跌停板，并在跌停板上放出巨量，疯狂出货。

第四，在操作上，投资者在股价直逼跌停板而去的时候，要果断止损，如果来不及卖出，可以在下一个60分钟K线开盘时立即卖出，千万不可犹豫。一剑穿三线，后市跌幅巨大！

【实战图谱】

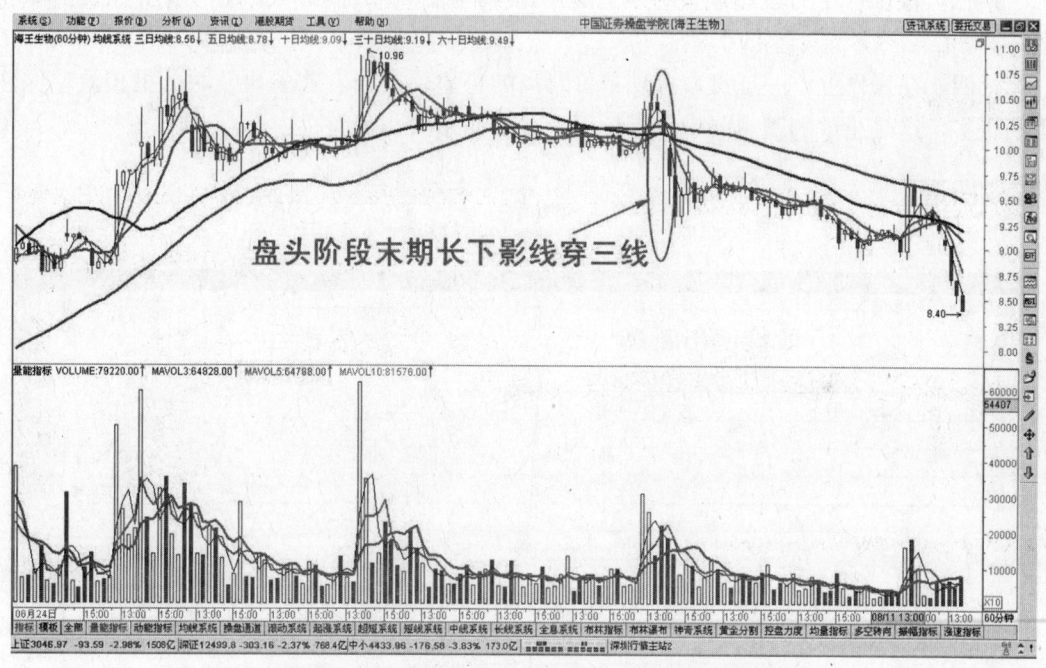

图【53】盘头阶段末期长下影线穿三线卖出法示意图

第3节　分时均线系统止盈原则

1. 分时图上均价线止盈法则

第一种　分时图上量价背离止盈法则

【技术特征】

第一，在拉升末期，股价创出新高，但成交量没有创出新高，表现为量价背离。

第二，在分时图上，显示出股价创出新高，但是对应的量峰出现萎缩。如图【54】所示。

第三，量价背离的盘口表明主力在运用技巧操盘，不愿投入资金，预示着股价即将下跌。

第四，在操作上，一旦盘口出现量价背离的迹象，投资者首先要及时分批止盈，保住胜利果实，这是止盈的基本要求。不要因为贪婪而错失止盈时机。

【实战图谱】

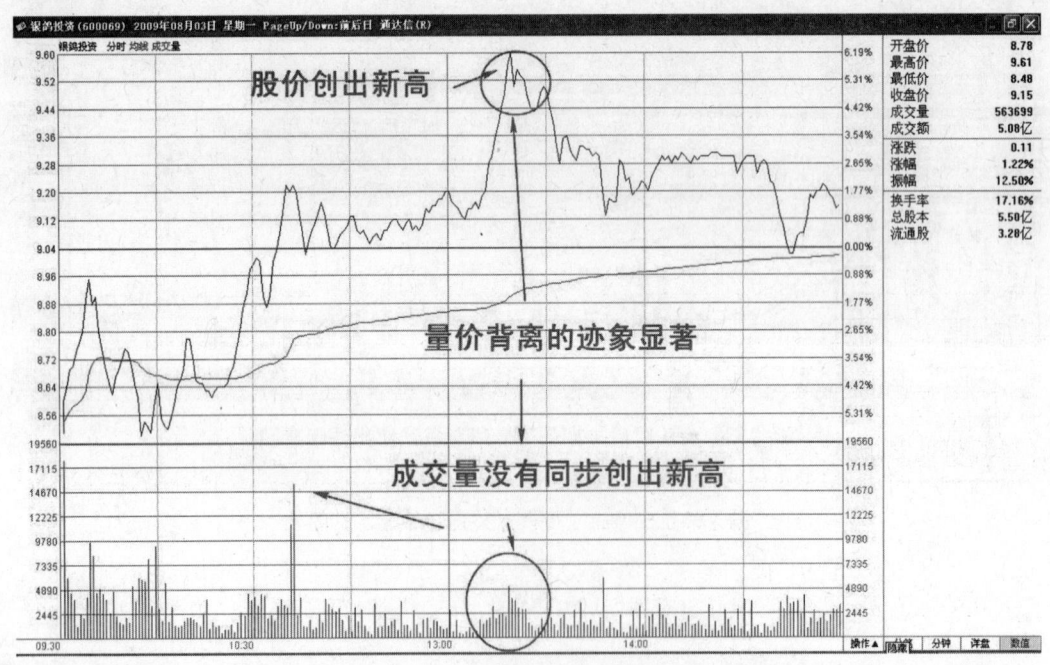

图【54】分时图上量价背离止盈法则示意图

第二种 分时图上见顶形态止盈法则

【技术特征】

第一，在拉升的途中或者末期，出现见顶形态，是行情结束的信号。如图【55】所示。

第二，在分时图上，常见的见顶形态有尖顶、双顶、头肩顶、圆弧顶等，可信程度很高。

第三，分时图上一旦出现见顶形态，说明主力当期的操盘计划发生了变化，下跌将至。

第四，在操作上，投资者可以在分时图上出现见顶形态时即时分批止盈，一旦出现萎缩性量峰结构，要加大止盈力度，保住盈利。

【实战图谱】

图【55】分时图上见顶形态止盈法则示意图

2.1 分钟图上均线止盈法则

第一种 均线系统空头排列止盈法则

【技术特征】

第一，在1分钟的分析周期上，股价反弹失败后，拉出一根大阴线。如图【56】所示。

第二，随后股价直接击穿均线系统所有均线，均线系统呈现为空头排列。

第三，此时，1分钟的中长期的均线组合对股价的上行构成了反压，制约着股价上行。

第四，在操作上，投资者要在1分钟均线系统形成空头排列的时候，果断分批止盈，出局观望。如果来不及卖出，可以在接下来的弱势反弹结束时，在30线附近果断卖出。

【实战图谱】

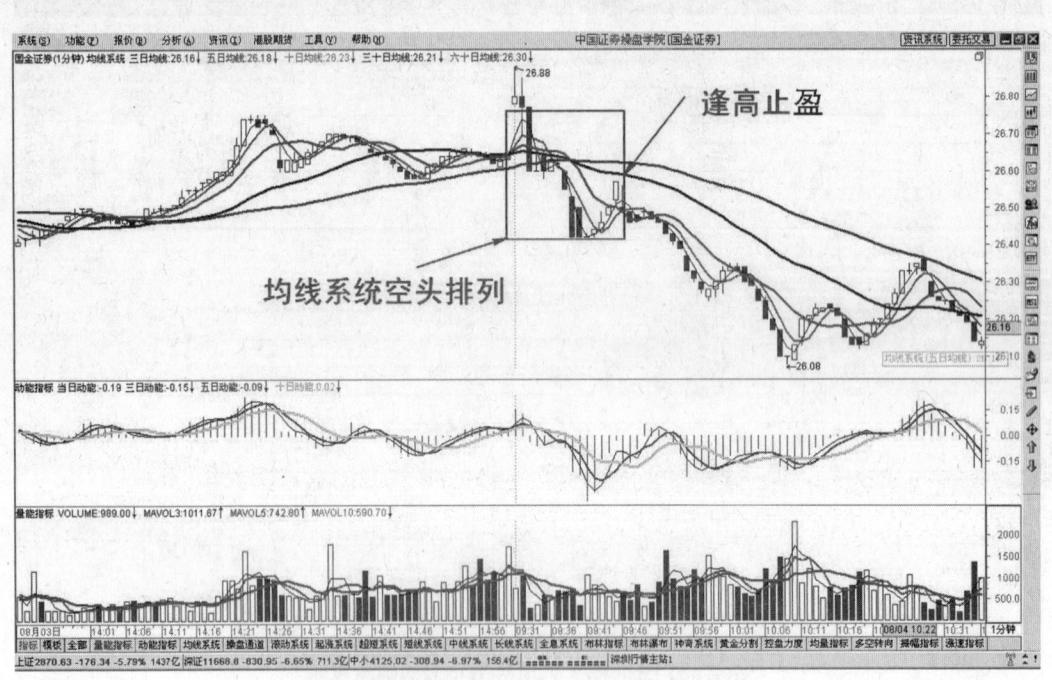

图【56】均线系统空头排列止盈法则示意图

第二种 反弹不过前高止盈法则

【技术特征】

第一，在盘头阶段，股价越盘越低，反弹的力度越来越小。如图【57】所示。

第二，这种走势预示着主力的出货力度在加大，后市下跌不可避免。

第三，每一次拉升的高点都渐次下移，说明股价重心下滑，主力已无心做多。

第四，在操作上，投资者可以在每一次拉升的高点分批止盈，分批出局。技术过硬的投资者也可以利用盘头震荡行情反复滚动操作，扩大盈利。一旦股价跌穿均线系统支撑，要及时果断卖出所有底仓。

【实战图谱】

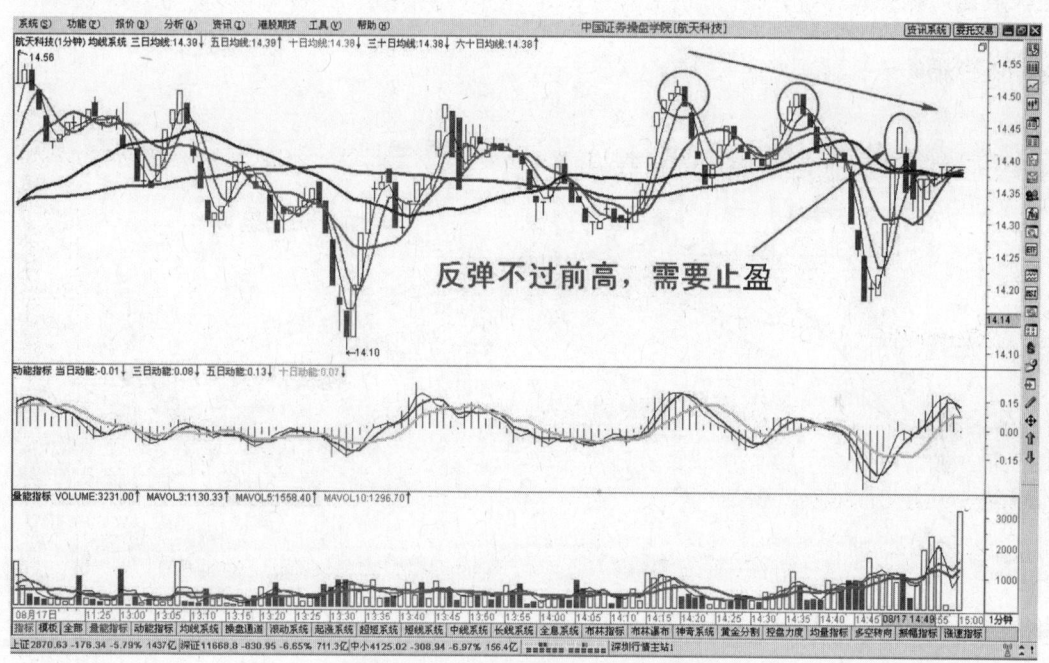

图【57】反弹不过前高止盈法则示意图

3. 5分钟图上均线止盈法则

【技术特征】

第一，5分钟图上均线系统止盈的法则有很多，限于篇幅，不能一一列举。高位巨量长阴只是最常见的一种。如图【58】所示。

第二，股价拉升到高位，再一次向上跳空高开低走，拉出一根大阴线，表明短期内股价上升的动能开始衰竭，股价接下来将下跌。

第三，此时成交量急剧放大，而股价却未能站稳在5分钟图的开盘价并再创新高，说明此时抛压沉重，上行艰难。

第四，在操作上，投资者此时要果断止盈，一旦股价向下击穿均线系统所有支撑，要坚决清仓，毫不犹豫！

【实战图谱】

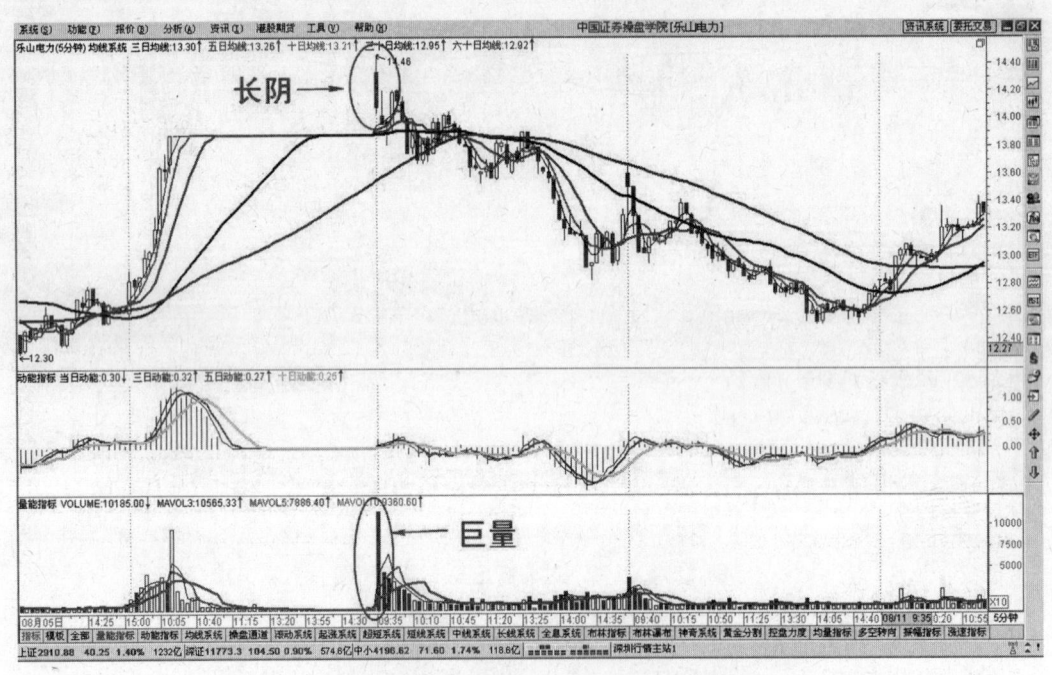

图【58】高位巨量长阴止盈法则示意图

4.15分钟图上均线止盈法则

【技术特征】

第一,15分钟图上均线系统止盈的法则有很多,限于篇幅,不能一一列举。高位二次覆盖线只是最常见的一种。如图【59】所示。

第二,股价拉升到高位,第一次向上跳空高开低走,拉出一根长上影线的中阴线,将前边的阳线覆盖起来,表明短期内股价上升的动能开始衰竭,股价接下来将下跌。

第三,接下来弱势反弹,股价再次向上跳空,却未能站稳在15分钟图的开盘价之上,而是再一次高开低走,收出一根大阴线,覆盖前一根大阳线,说明多头大势已去彻底败阵。

第四,在操作上,投资者此时要在二次覆盖线成立时果断止盈,一旦股价向下击穿均线系统所有支撑,要坚决清仓,毫不犹豫!

【实战图谱】

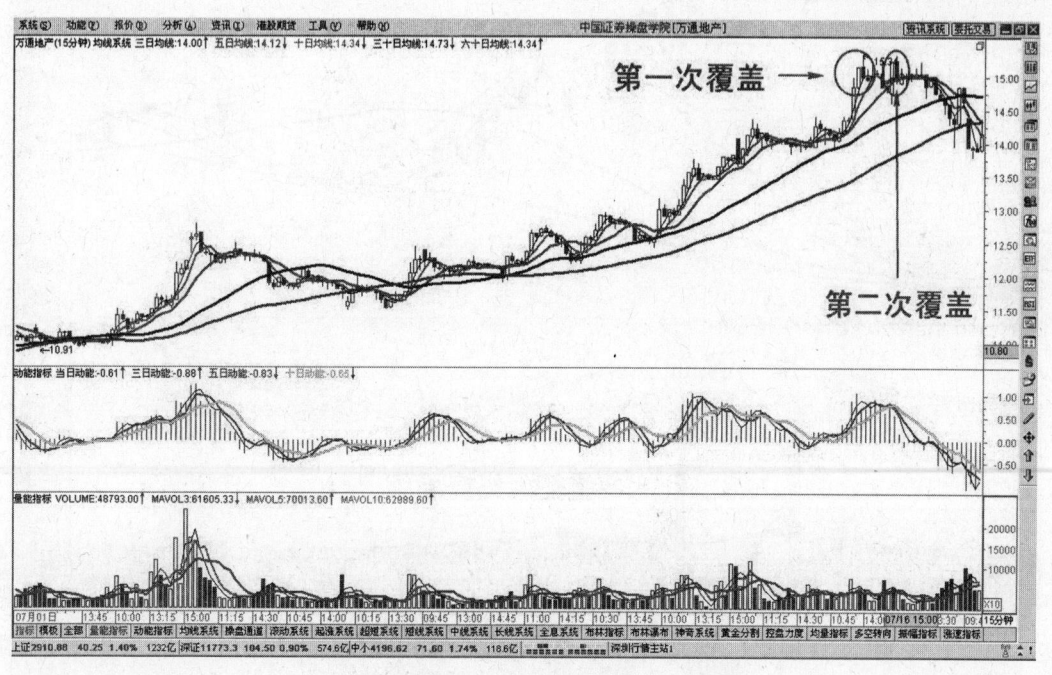

图【59】高位二次覆盖线止盈法则示意图

5. 30分钟图上均线止盈法则

【技术特征】

第一，30分钟图上的止盈法则有很多，限于篇幅，不能一一列举。高位相反线只是最常见的一种。如图【60】所示。

第二，在拉升的中后期，股价跳空高开，却未能向上攻击，而是高开低走，拉出一根大阴线，虽然多头奋力反击，也没有取得优势。

第三，随后的30分钟线平开高走，企图绝地反击，无奈量能不济，大幅度萎缩，成交量还不到前一根阴线的一半。说明做多的量能消耗殆尽，股价将开始下跌啦！

第四，在操作上，当相反线K线组合成立的时候，投资者要果断止盈。因为后续量能不济，股价后市下跌空间巨大，不可大意。

【实战图谱】

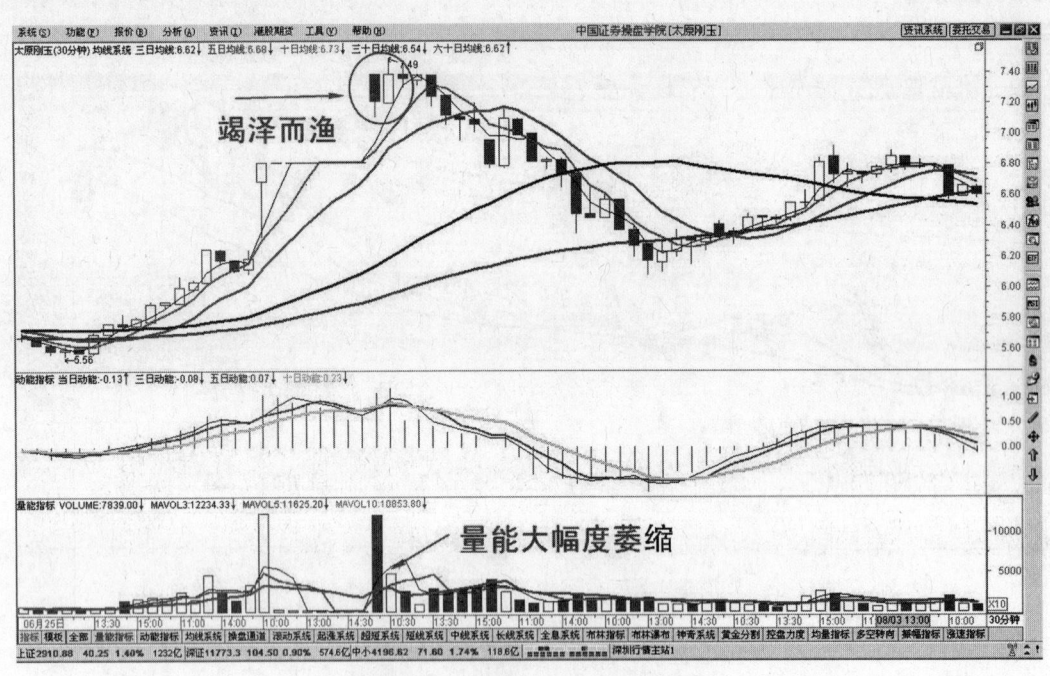

图【60】高位相反线止盈法则示意图

6. 60分钟图上均线止盈法则

【技术特征】

第一，60分钟图上的止盈法则有很多，限于篇幅，不能一一列举。高位阴包阳只是最常见的一种。如图【61】所示。

第二，股价运行到高位，均线系统出现平缓迹象，攻击力度开始偏弱。此时出现阴包阳走势，并且阴线击穿60分钟的10线，说明主力开始放弃护盘。

第三，随后均线系统呈现为空头排列，多头大势已去。

第四，在操作上，投资者要在阴包阳走势确认时，果断止盈，不可犹豫。

【实战图谱】

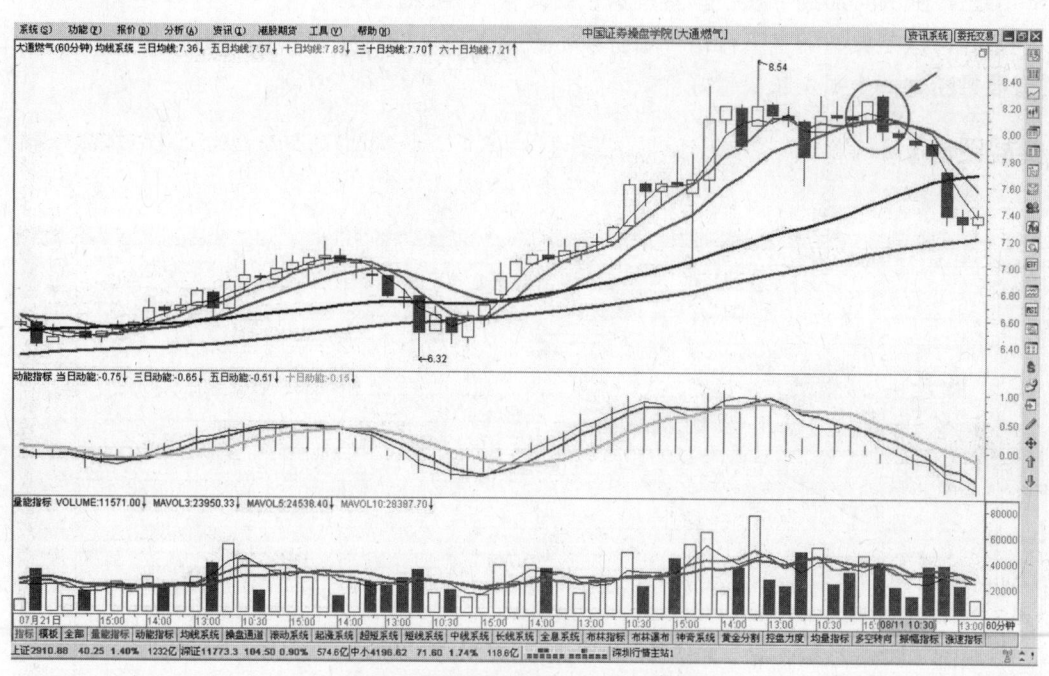

图【61】高位阴包阳止盈法则示意图

第4节 分时均线系统止损原则

1．分时图上均价线止损法则

【技术特征】

第一，分时图上止损的法则有很多种，在这里重点介绍破位止损法则。如图【62】所示。

第二，股价运行到盘头阶段末期，均线系统已经疲态毕现，早盘股价跳空低开，直接下行，放量下跌，毫无抵抗。

第三，随后，加速下跌，垂直跳水，封死在跌停板上。

第四，这是典型的空头行情开始阶段，破位下行，毫无抵抗，说明下跌空间巨大。投资者要果断立即止损，越快越好！

【实战图谱】

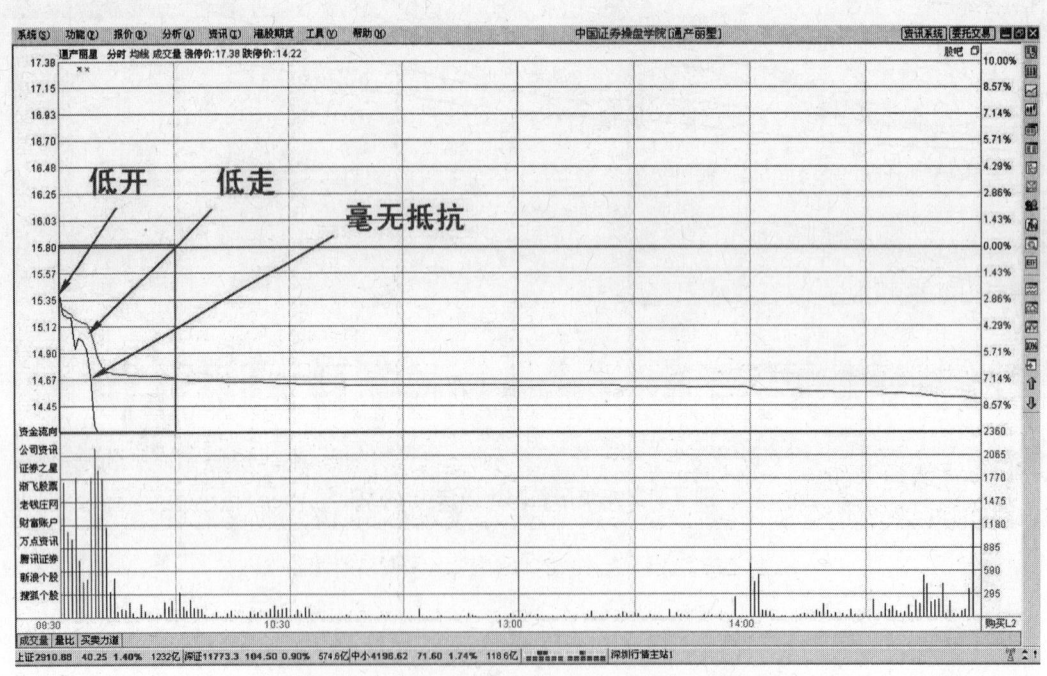

图【62】盘头阶段末期破位下跌止损法则示意图

2.1 分钟图上均线止损法则

【技术特征】

第一，1分钟图上止损的法则有很多种，在这里重点介绍最常见和最常用的均线死叉止损法则。如图【63】所示。

第二，股价运行到盘头阶段末期，均线系统已经疲态毕现，此时股价跳空低开，直接下行，放量下跌，毫无抵抗。而均线粘合之后，多条均线一起死叉！

第三，随后，加速下跌，均线系统呈现为典型的空头排列。

第四，这是典型的空头行情开始阶段，均线死叉破位下行，均线系统空头排列，说明下跌空间巨大。投资者要果断立即止损，越快越好！

【实战图谱】

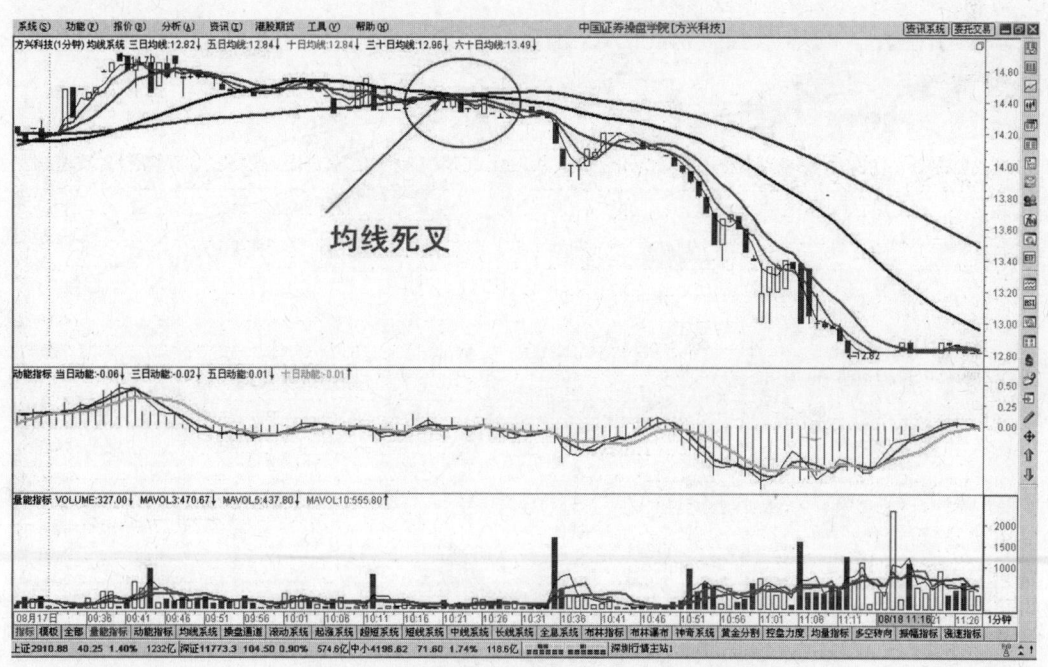

图【63】盘头阶段末期均线死叉止损法则示意图

3. 5分钟图上均线止损法则

【技术特征】

第一，5分钟图上止损的法则有很多种，在这里重点介绍最常见和最常用的破位三连阴止损法则。如图【64】所示。

第二，股价运行到盘头阶段末期，股价跌穿均线系统后弱势反弹，但力度很弱，随后高开低走直接下行，一连收出三根渐大阴线，击穿短期均线组合，破位下行！

第三，随后，股价加速下跌，一泻千里，均线系统呈现为典型的空头排列。

第四，这是典型的空头行情开始阶段，三连阴之后破位下行，均线系统空头排列，说明下跌空间巨大。投资者要果断立即止损，越快越好！千万不要有任何幻想。

【实战图谱】

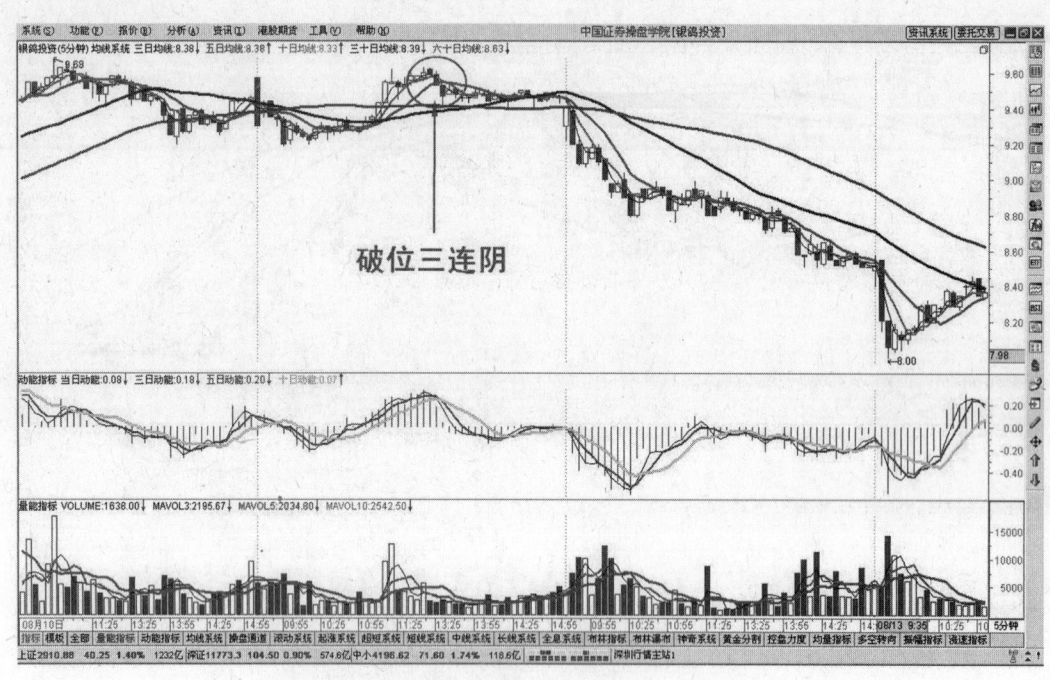

图【64】盘头阶段末期破位三连阴止损法则示意图

4．15分钟图上均线止损法则

【技术特征】

第一，15分钟图上止损的法则有很多种，在这里重点介绍最恶劣的破位五连阴之后阴夹阳止损法则。如图【65】所示。

第二，股价连续下跌，拉出5连阴，说明跌势凶猛。随后略有反弹，收出一根中阳线。

第三，接下来股价高开低走，一根大阴线将反弹中阳线彻底覆盖，说明反弹彻底失败。

第四，在操作上，此时被套的投资者需要立即止损，不要犹豫，后市股价还将下跌。

【实战图谱】

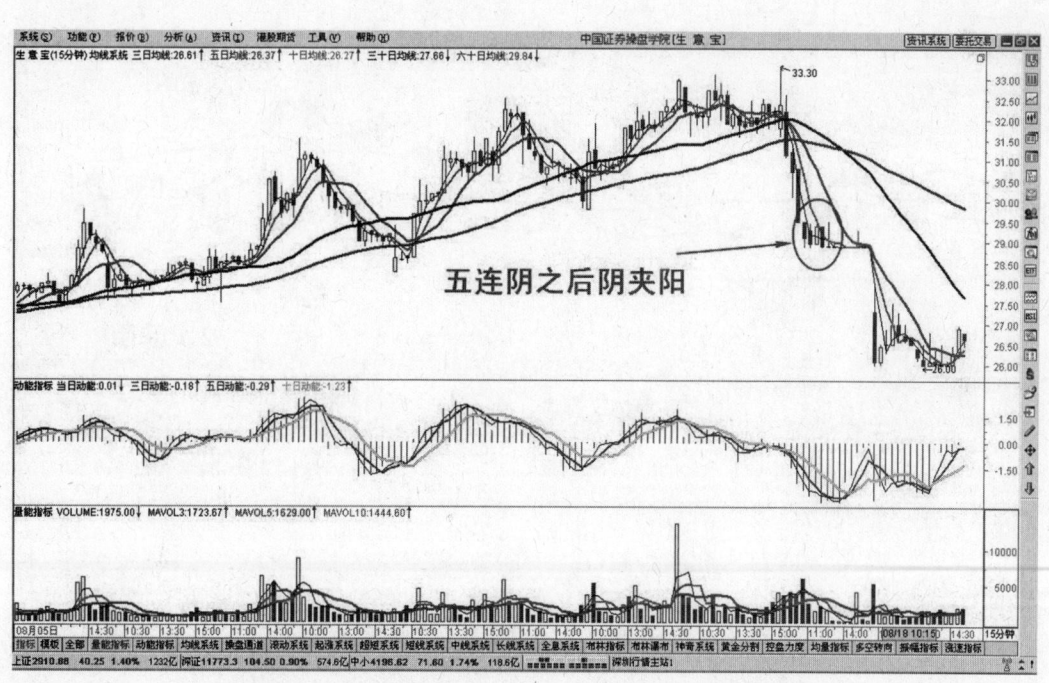

图【65】下跌初期破位五连阴之后阴夹阳止损法则示意图

5. 30分钟图上均线止损法则

【技术特征】

第一,30分钟图上止损的法则有很多种,在这里重点介绍比较常见的二次反弹受阻止损法则。如图【66】所示。

第二,股价经过一轮下跌之后,小幅反弹,在30均线附近受阻,继续下跌。

第三,跌至前低附近,第二次反弹,依旧无法有效突破30均线的压制,再次拐头向下。

第四,在操作上,股价二次反弹受阻,多头信心遭受严重打击,最后将选择继续下跌。此时投资者需要立即止损,减少损失。

【实战图谱】

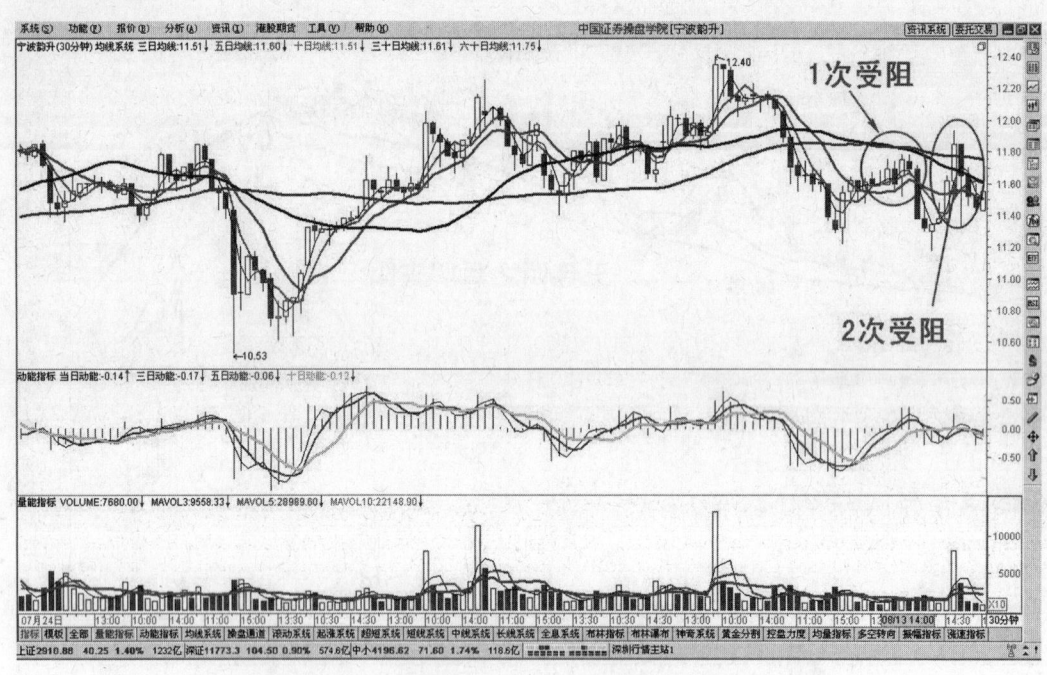

图【66】下跌初期破位之后二次反弹受阻止损法则示意图

6．60分钟图上均线止损法则

【技术特征】

第一，60分钟图上止损的法则有很多种，在这里重点介绍最常见和最常用的追高买进被套在上影线止损法则。如图【67】所示。

第二，在拉升末期，股价在盘中反复上攻，走出量价背离的假升波。

第三，以为突破的投资者追高买进，悉数被套。随后股价无力上攻，选择向下突破。

第四，在操作上，前边吃套的投资者要当机立断，立即止损，认赔出局。

【实战图谱】

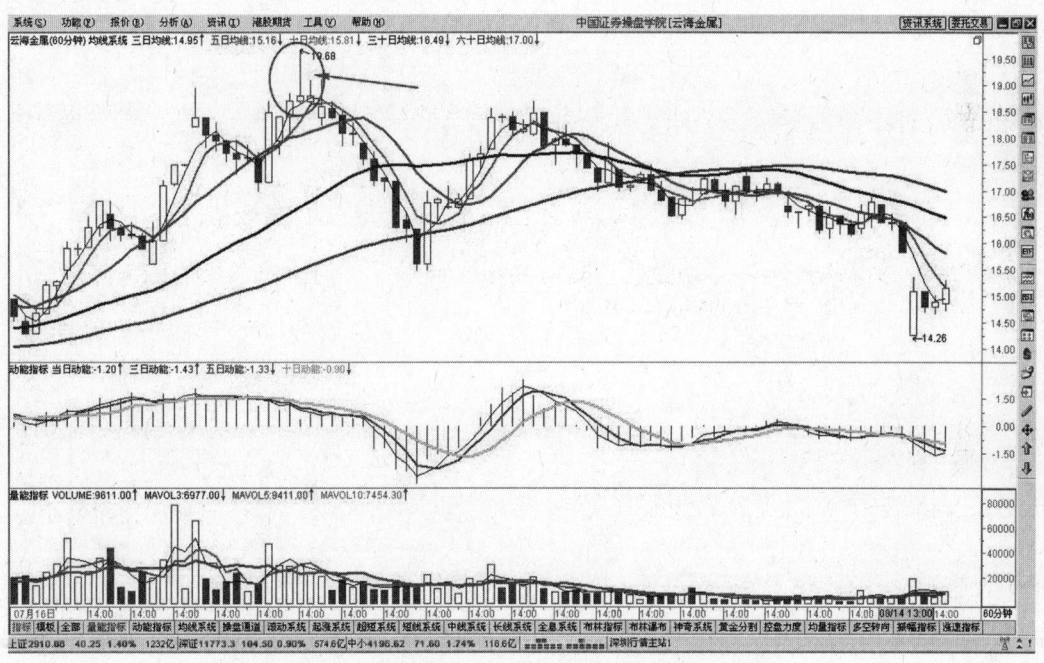

图【67】拉升末期高位长上影线止损法则示意图

第二章

日线均线交易系统

本章学习要点

1. 了解均线日线系统的基本含义，并掌握它的基本用法。
2. 了解均线日线系统的主要特征，并学会在实战中熟练运用。
3. 掌握运用均线日线系统买卖的基本要领，并在实战中熟练运用。
4. 对照软件，学会根据实战需要自行调整均线日线系统的参数。
5. 对照软件，学会根据个股的走势特征调出适合它的日线系统参数。

第1节 日线均线系统买入法则

1.1 根均线穿越买入法则

【技术特征】

第一,在日线均线交易系统里,可以选择1根均线作为操盘的依据。如图【68】所示。

第二,投资者可以根据自己的投资原则,选择10日均线、30日均线或者60日均线。

第三,无论选择什么样的均线参数,操作的原理是一样的,首先必须是趋势明确向上。

第四,在操作上,投资者可以在趋势明确上行,股价带量从下向上穿越10日均线,或者30日均线或者60日均线时,积极买进第一仓。

【实战图谱】

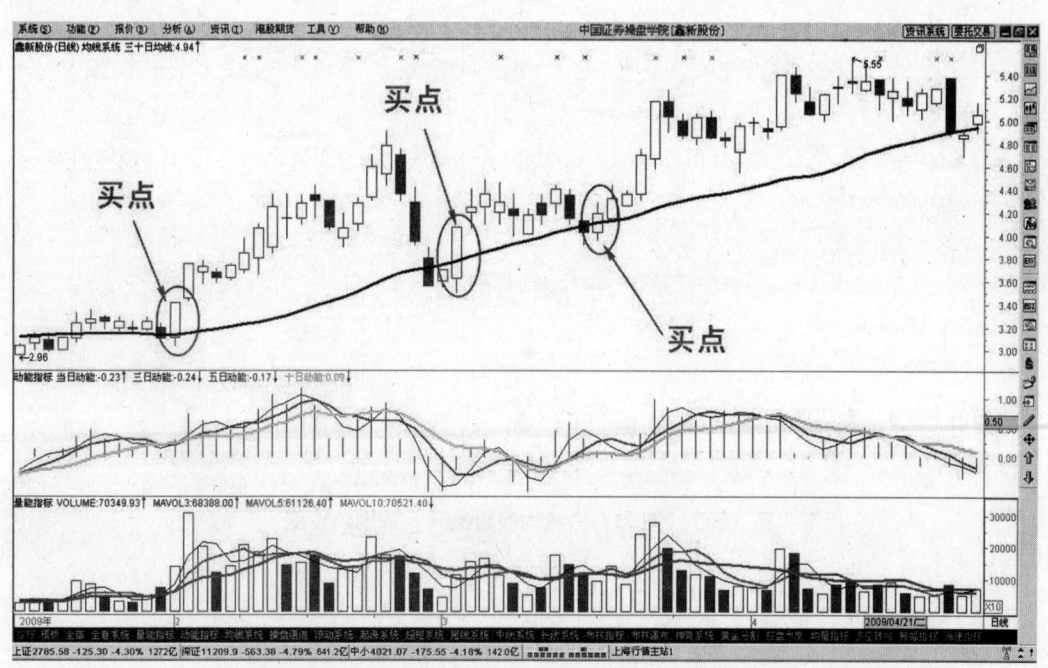

图【68】上升趋势股价向上穿越均线买入法则示意图

2.2 根均线金叉买入法则

【技术特征】

第一,在日线均线交易系统里,趋势明确上行,短期均线发生金叉。如图【69】所示。

第二,这2根均线一般选择5日均线和10日均线,也可以选择3日均线和5日均线。

第三,短线投资者可以选择较短的2根均线,中线投资者可以选择稍长的均线组合。

第四,在操作上,在明确的上升趋势里,2根均线金叉,是比较好的买入点,如果出现在拉升的初中期,可以积极参与,仓位控制在50%左右。

【实战图谱】

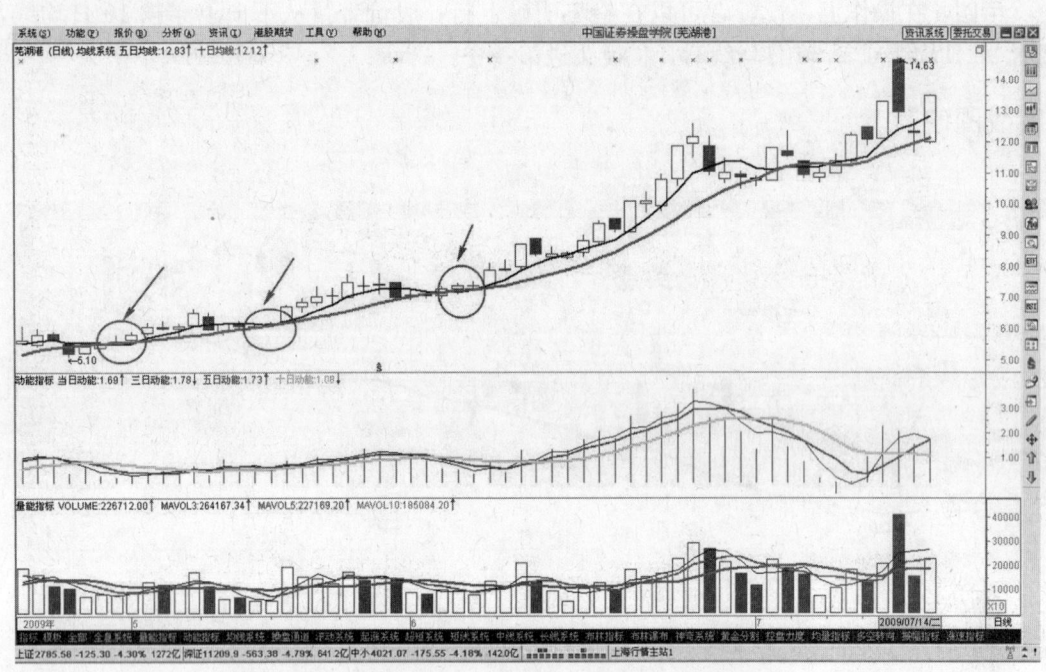

图【69】上升趋势2根均线金叉买入法则示意图

3.3根均线多头排列买入法则

【技术特征】

第一,在日线交易系统里,3根均线多头排列是比较好的买入区域。如图【70】所示。

第二,这3根均线可以选择5日均线、10日均线、30日均线,也可以选择其他参数。

第三,通常情况下,在明确的上升趋势中,3根均线多头排列是很不错的买入区域。

第四,在操作上,一旦短期均线系统或者中期均线系统形成多头排列,趋势将继续朝上,投资者可以大胆积极操作,仓位控制在60%左右。

【实战图谱】

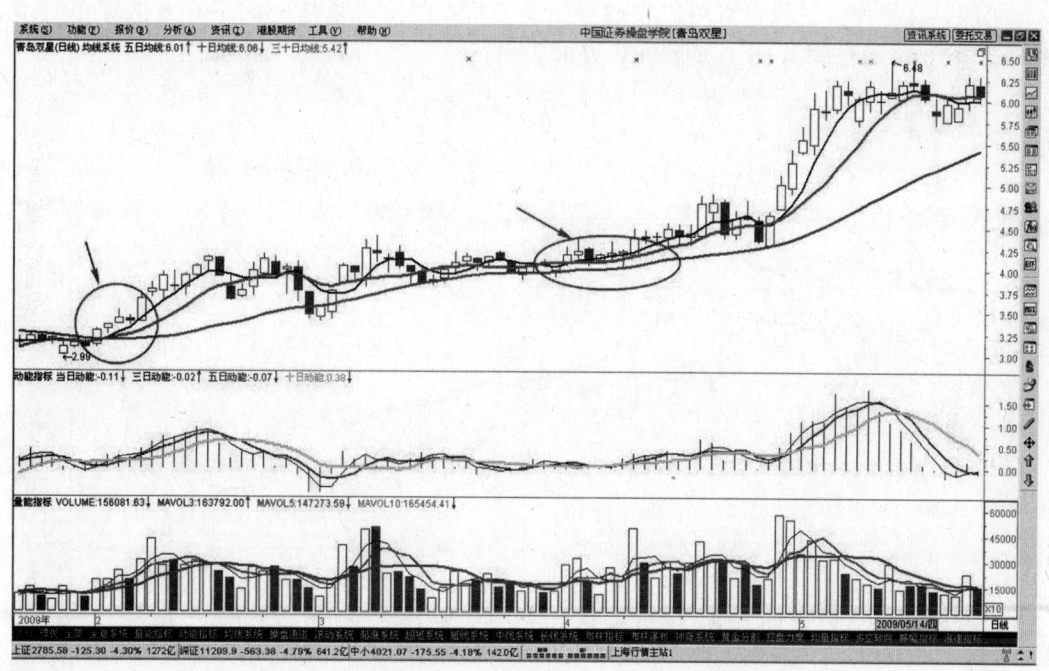

图【70】上升趋势3根均线多头排列买入法则示意图

第2节 日线均线系统卖出法则

1.1根均线穿越卖出法则

【技术特征】

第一,在日线均线交易系统里,可以选择1根均线作为卖出的依据。如图【71】所示。

第二,投资者可以根据自己的投资原则,选择10日均线、30日均线或者60日均线。

第三,无论选择什么样的均线参数,卖出的原理是一样的,首先必须是趋势明确向下。

第四,在操作上,投资者可以在趋势明确下行,股价带量从上向下有效击穿10日均线,或者30日均线或者60日均线时,及时卖出。

【实战图谱】

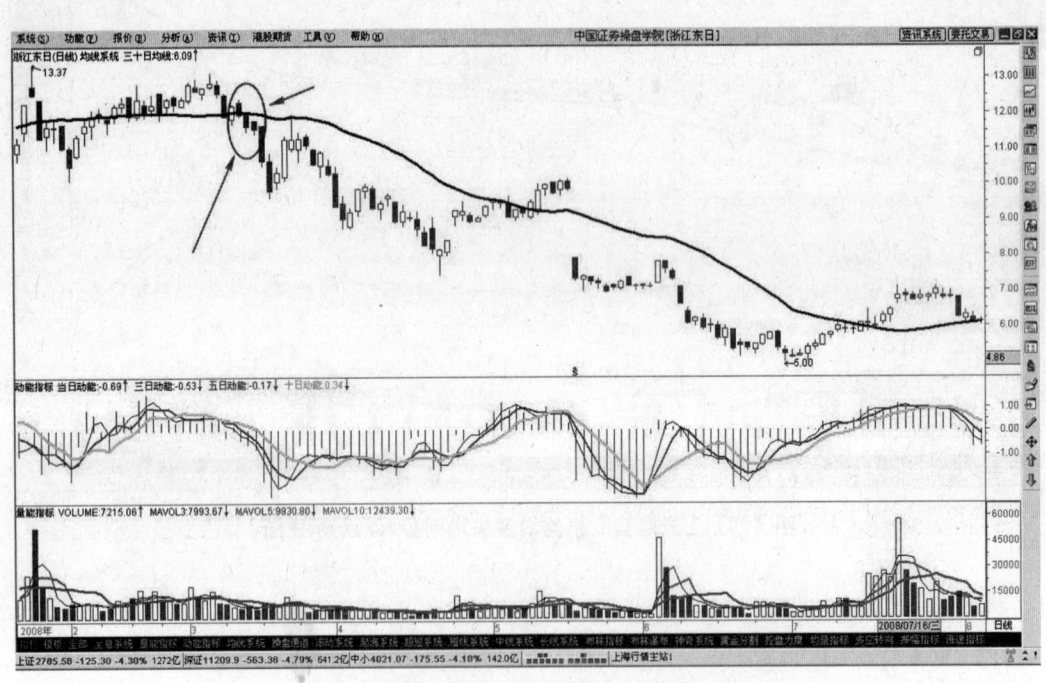

图【71】下跌趋势股价向下击穿均线卖出法则示意图

2．2根均线死叉卖出法则

【技术特征】

第一，在日线均线交易系统里，趋势明确下行，短期均线发生死叉。如图【72】所示。

第二，这2根均线一般选择10日均线和5日均线，也可以选择5日均线和3日均线。

第三，短线投资者可以选择较短的2根均线，中线投资者可以选择稍长的均线组合。

第四，在操作上，在明确的下跌趋势里，2根均线死叉，是比较好的卖出点，如果出现在拉升的末期或者盘头阶段，一旦出现均线死叉，意味着趋势可能即将逆转，要坚决卖出。

【实战图谱】

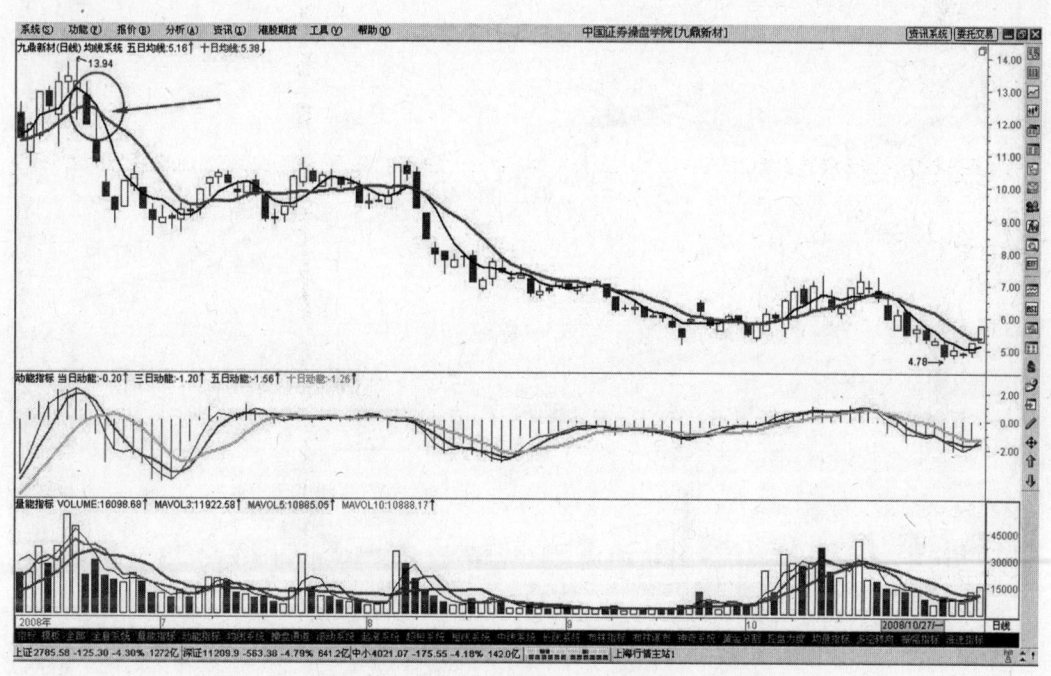

图【72】下跌趋势2根均线死叉卖出法则示意图

3.3根均线空头排列卖出法则

【技术特征】

第一，在日线交易系统里，3根均线空头排列是明显的做空区域。如图【73】所示。

第二，这3根均线可以选择5日均线、10日均线、30日均线，也可以选择其他参数。

第三，通常情况下，在明确的下跌趋势中，3根均线空头排列是铁定的观望区域。

第四，在操作上，一旦短期均线系统或者中期均线系统形成空头排列，趋势将继续朝下，除非有重大利好消息刺激，否则下跌趋势不会轻易改变，投资者必须及时卖出，不可犹豫。

【实战图谱】

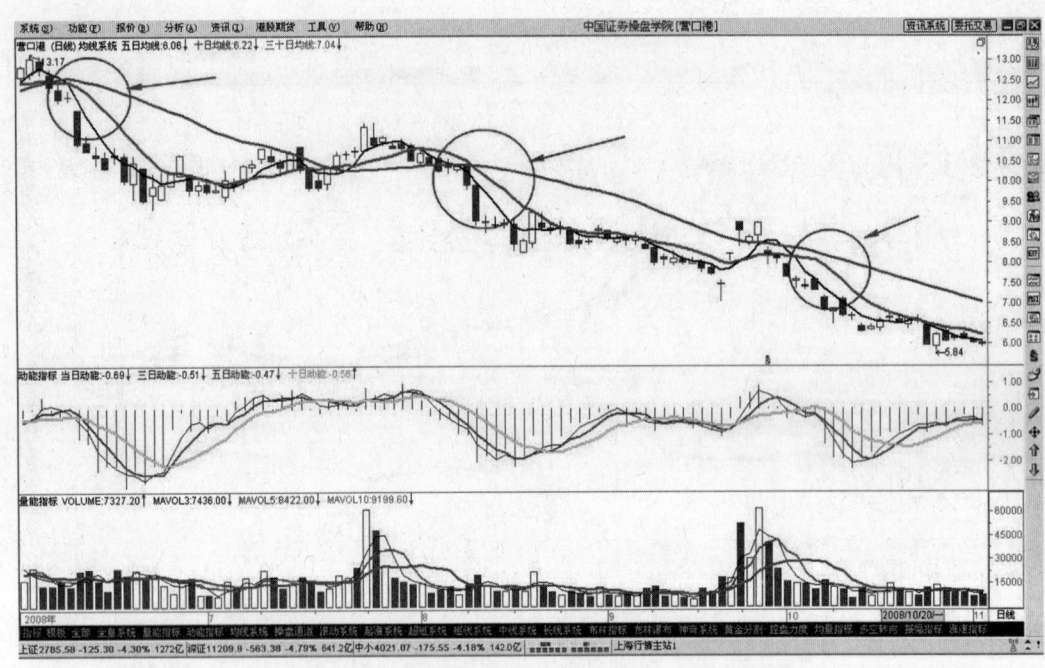

图【73】下跌趋势3根均线空头排列卖出法则示意图

第3节 日线均线系统止盈原则

【技术特征】

第一,在日线均线交易系统里,止盈的原则有很多,短期均线高位拐头是最常见的一种,也是最有效的一种。如图【74】所示。

第二,无论是在拉升的初期、中期或者末期,短期均线出现拐头向下,都可以分批止盈。

第三,均线的参数,可以设定为3日、5日或者10日,激进的投资者可以选择最小的参数,稳健的投资者可以选择较大的参数,无论如何,10日均线拐头向下,必须止盈。

第四,在操作上,投资者务必执行止盈纪律,一旦短期均线拐头向下,要坚决执行操盘纪律,坚决止盈,否则,就是止损问题啦。

【实战图谱】

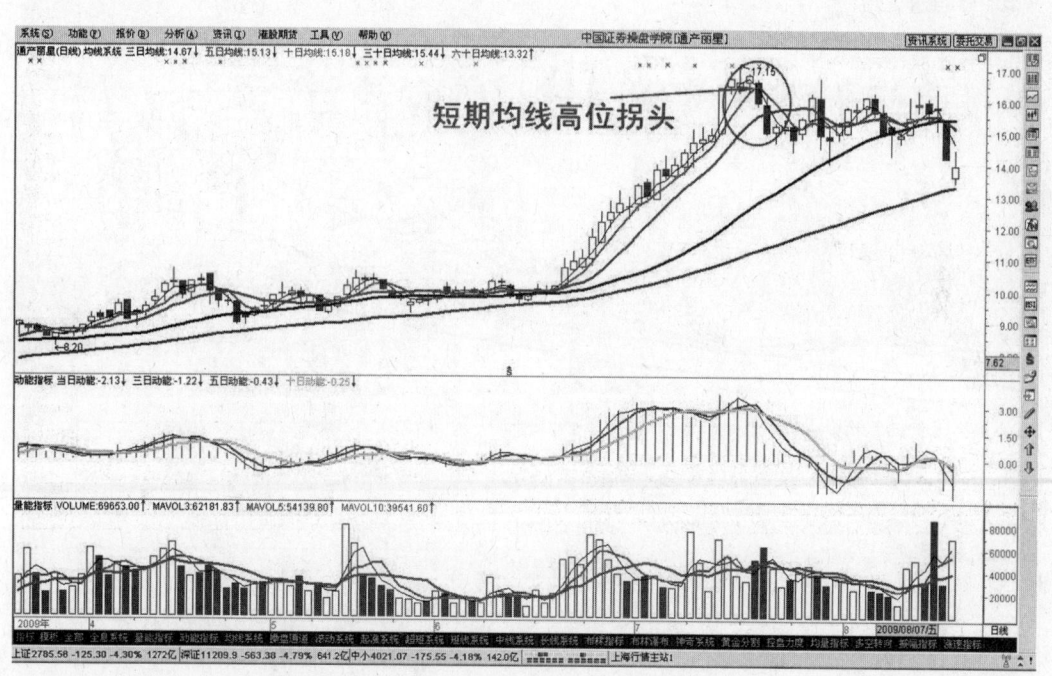

图【74】短期均线高位拐头向下止盈法则示意图

第4节 日线均线系统止损原则

【技术特征】

第一,在日线均线交易系统里,止损的原则有很多,10日均线高位拐头向下是最常见的一种,也是最有效的一种止损法则。如图【75】所示。

第二,无论是在拉升的末期还是盘头阶段,10日均线出现拐头向下,都必须坚决止损。

第三,止损均线的参数,还可以设定为3日,或者5日,激进的投资者可以选择最小的参数,稳健的投资者可以选择较大的参数,无论如何,30日均线拐头向下,就必须止损。

第四,在操作上,投资者务必执行止损纪律,一旦30日均线拐头向下,要坚决执行操盘纪律,坚决止损,否则,可能会跌入万丈深渊,亏损累累,难以翻身。

【实战图谱】

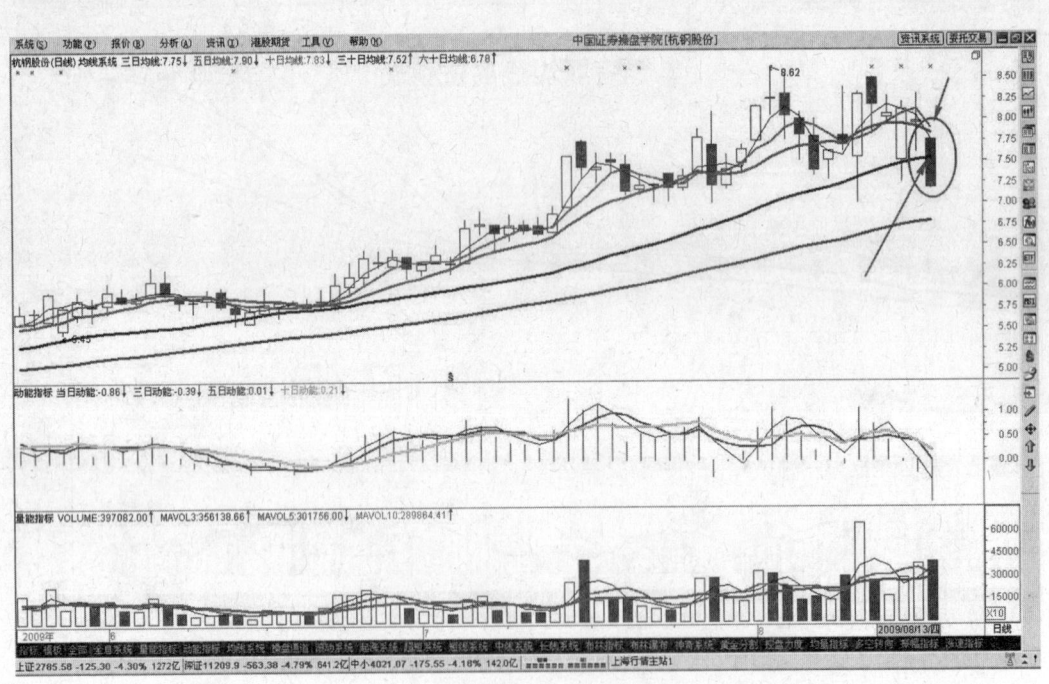

图【75】股价高位拐头向下有效跌穿10日均线止损法则示意图

第三章 周线均线交易系统

本章学习要点

1. 了解均线周线系统的基本含义，并掌握它的基本用法。
2. 了解均线周线系统的主要特征，并学会在实战中熟练运用。
3. 掌握运用均线周线系统买卖的基本要领，并在实战中熟练运用。
4. 对照软件，学会根据实战需要自行调整均线周线系统的参数。
5. 对照软件，学会根据个股的走势特征调出适合它的周线系统参数。

第1节 周线均线系统买入法则

1.1 根均线穿越买入法则

【技术特征】

第一，在周线均线交易系统里，可以选择1根均线作为操盘的依据。如图【76】所示。

第二，投资者可以根据自己的投资原则，选择3周均线、5周均线或者10周均线。

第三，无论选择什么样的均线参数，操作的原理是一样的，首先必须是趋势明确向上。

第四，在操作上，投资者可以在趋势明确上行，股价带量从下向上穿越3周均线时，积极买进第一仓，仓位控制在60%左右。

【实战图谱】

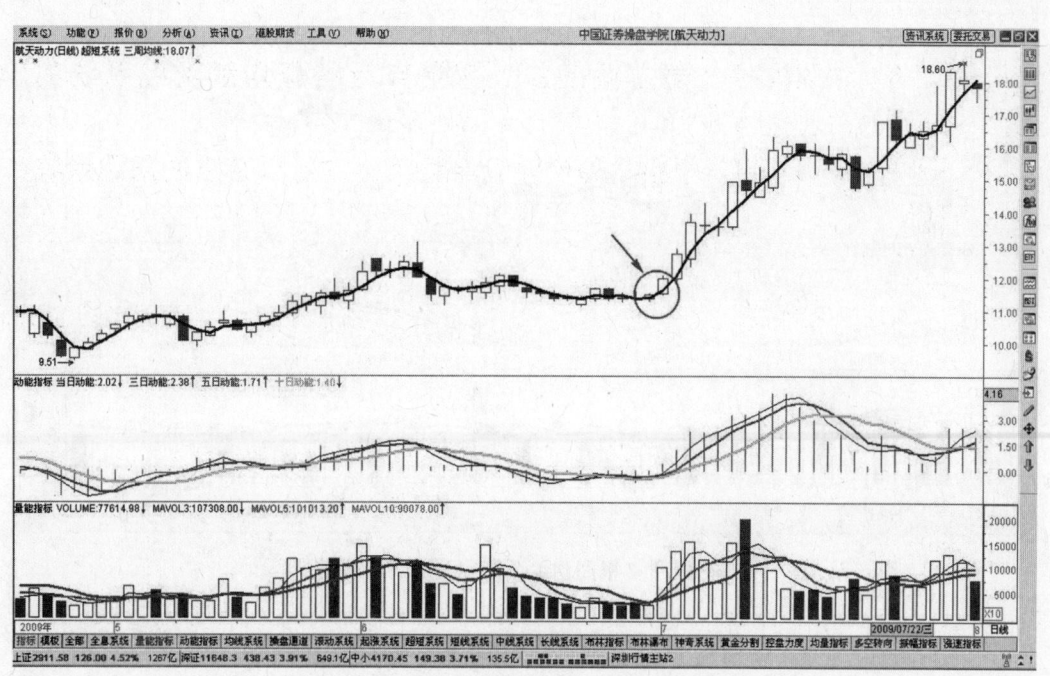

图【76】股价向上穿越周均线买入法则示意图

2.2根均线金叉买入法则

【技术特征】

第一,在周线均线交易系统里,趋势明确上行,短期均线发生金叉。如图【77】所示。

第二,这2根均线一般选择3周均线和5周均线,周线金叉意味着上升的趋势已经确立。

第三,周线金叉是大级别行情到来的重要信号,此时需要积极参与,千万不要错过。

第四,在操作上,2根周均线金叉,是比较好的中线买入点,如果出现在拉升的初中期,可以积极参与,仓位控制在60%左右。

【实战图谱】

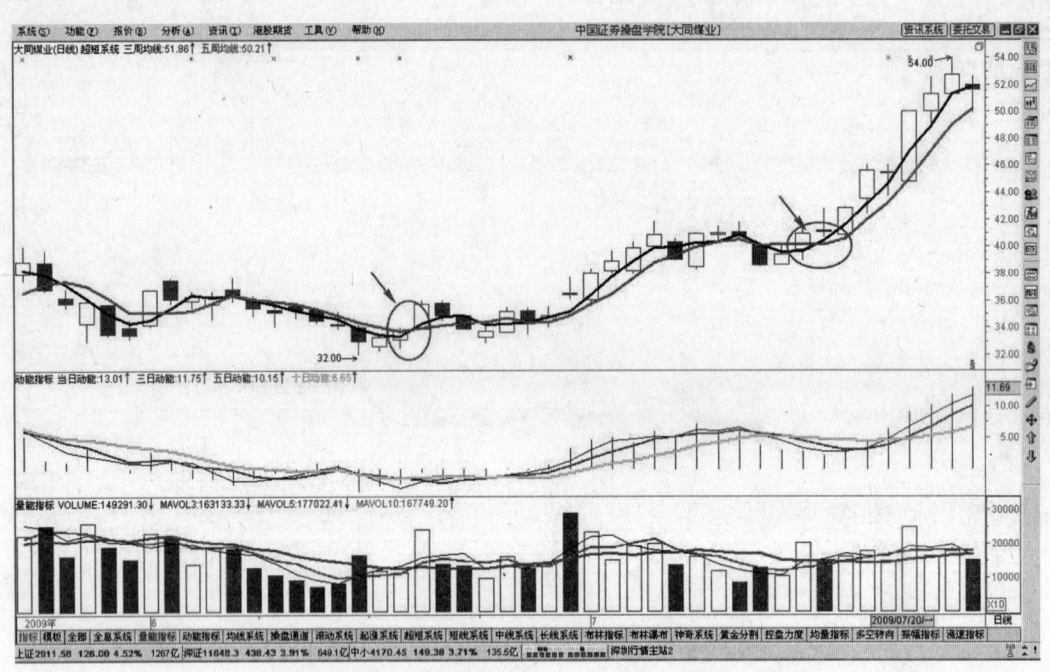

图【77】2根周均线金叉买入法则示意图

3. 3根均线多头排列买入法则

【技术特征】

第一，在周线交易系统里，3根均线多头排列是绝好的买入区域。如图【78】所示。

第二，这3根均线可以分别选择3周均线、5周均线、10周均线。

第三，通常情况下，3根周均线多头排列是牛市行情的特征，是很不错的买入区域。

第四，在操作上，一旦周均线系统形成多头排列，预示着大波段行情已经来到，投资者可以大胆积极操作，仓位控制在60%左右。

【实战图谱】

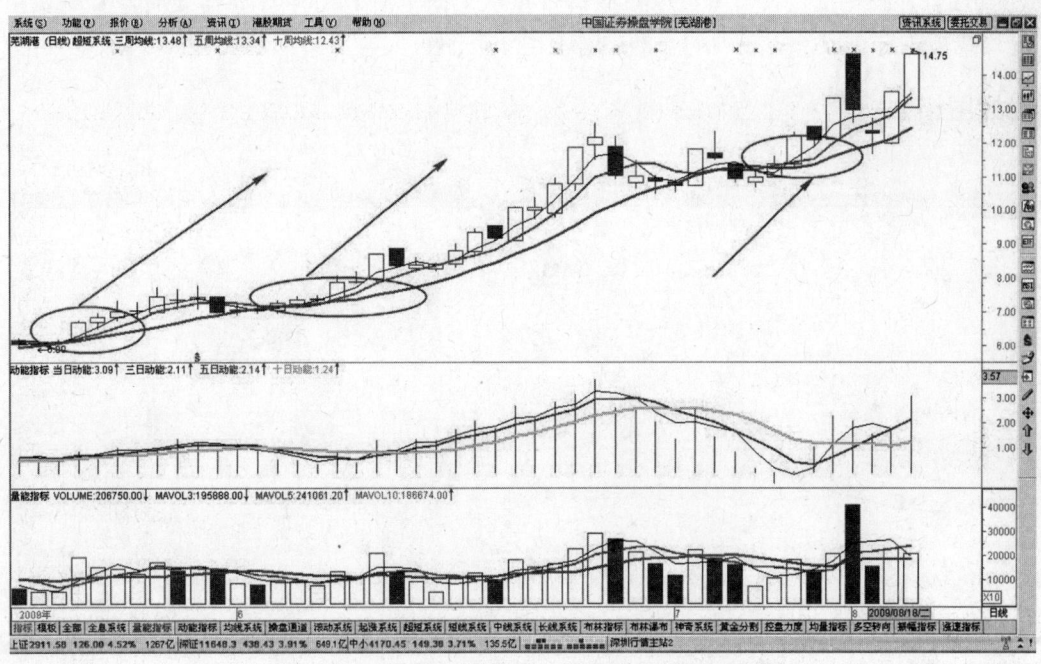

图【78】3根周均线多头排列买入法则示意图

第2节 周线均线系统卖出法则

1. 1根均线穿越卖出法则

【技术特征】

第一,在周线均线交易系统里,可以选择1根均线作为卖出的依据。如图【79】所示。

第二,周均线的时间跨度比较大,投资者可以选择3周均线作为判断行情的依据。

第三,3周均线兼顾了短线和中线,是均线技术分析中比较理想的周均线。

第四,在操作上,投资者可以在股价带量从上向下有效击穿3周均线时,及时卖出。3周均线被击穿,股价短期内向下的趋势将继续,不可大意。

【实战图谱】

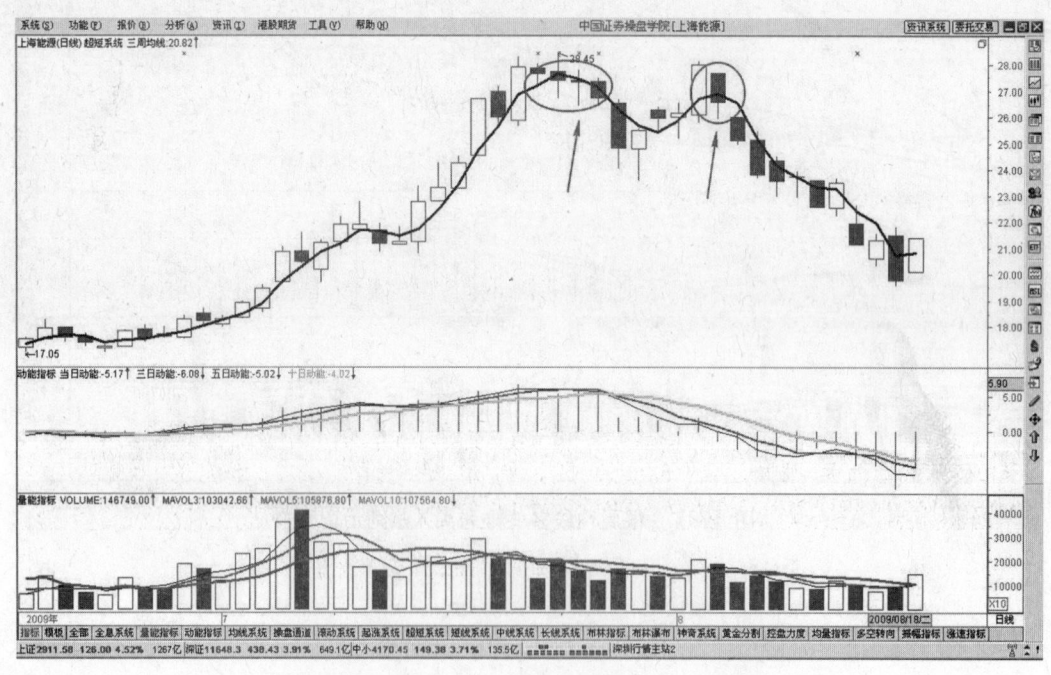

图【79】股价向下击穿周均线卖出法则示意图

2.2 根均线死叉卖出法则

【技术特征】

第一，在周线均线交易系统里，趋势明确下行，2根均线发生死叉。如图【80】所示。

第二，这2根均线一般选择3周均线和5周均线，过大的均线参数没有分析意义。

第三，2根周均线死叉，意味着短中期趋势已经改变，股价短期内继续以整理为主。

第四，在操作上，2根周均线死叉，是必须的卖出点，如果出现在拉升的末期或者盘头阶段，一旦出现均线死叉，意味着短期趋势已经发生逆转，要坚决卖出。

【实战图谱】

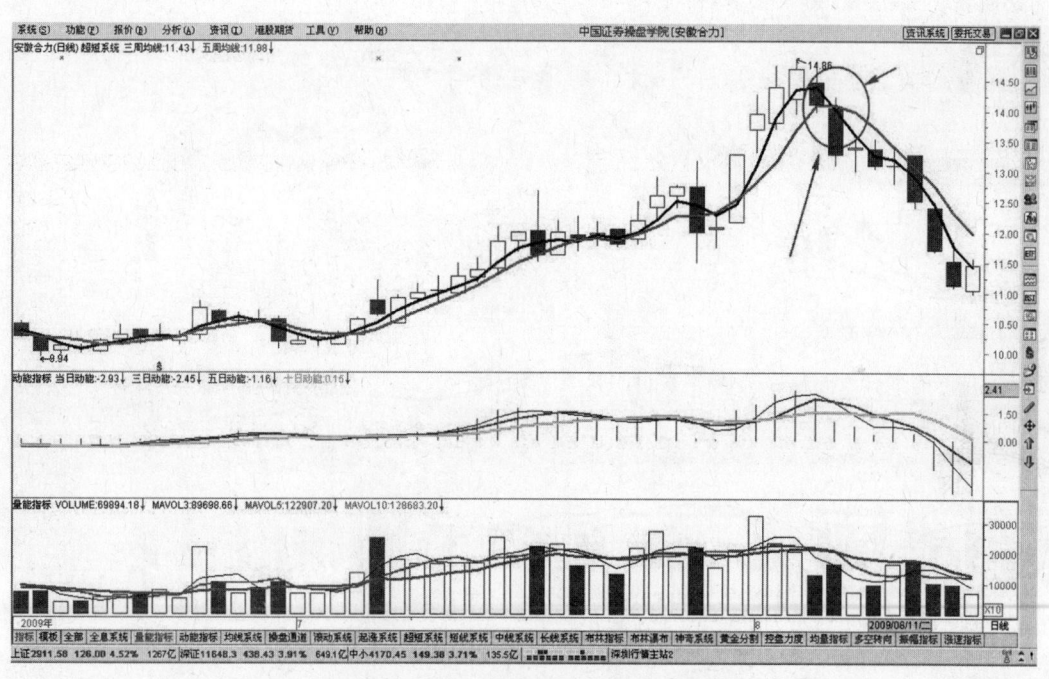

图【80】2根周均线死叉卖出法则示意图

3.3 根均线空头排列卖出法则

【技术特征】

第一,在周线交易系统里,3根均线空头排列是明显的做空区域。如图【81】所示。

第二,这3根均线可以分别选择3周均线、5周均线、10周均线。

第三,通常情况下,3根均线空头排列是铁定的观望区域,持币观望是明智的选择。

第四,在操作上,一旦周均线系统形成空头排列,趋势将继续朝下,除非有重大利好消息刺激,否则下跌趋势不会轻易改变,投资者必须及时卖出,不可犹豫。

【实战图谱】

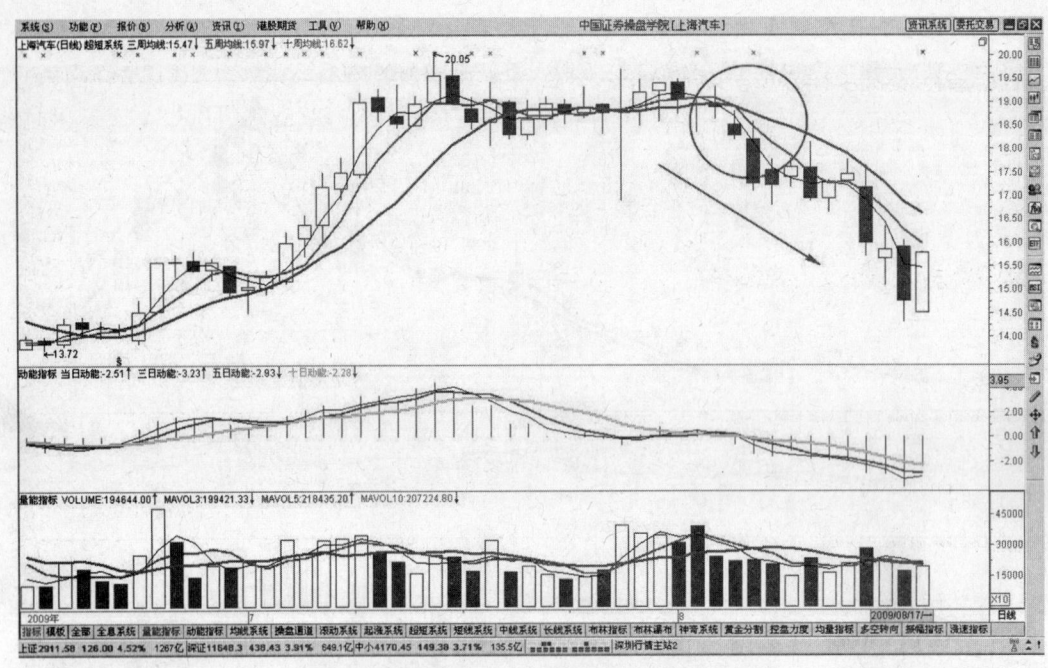

图【81】3根周均线空头排列卖出法则示意图

第3节 周线均线系统止盈原则

【技术特征】

第一，在周线均线交易系统里，周均线高位拐头是止盈法则信号。如图【82】所示。

第二，无论在拉升的末期，或者盘头阶段，周均线出现拐头向下，都必须及时止盈。

第三，均线的参数可以设定为3周、5周或者10周，周均线拐头向下，必须止盈。

第四，在操作上，投资者务必执行止盈纪律，一旦周均线拐头向下，要坚决执行操盘纪律，坚决止盈，否则，就是止损问题啦。

【实战图谱】

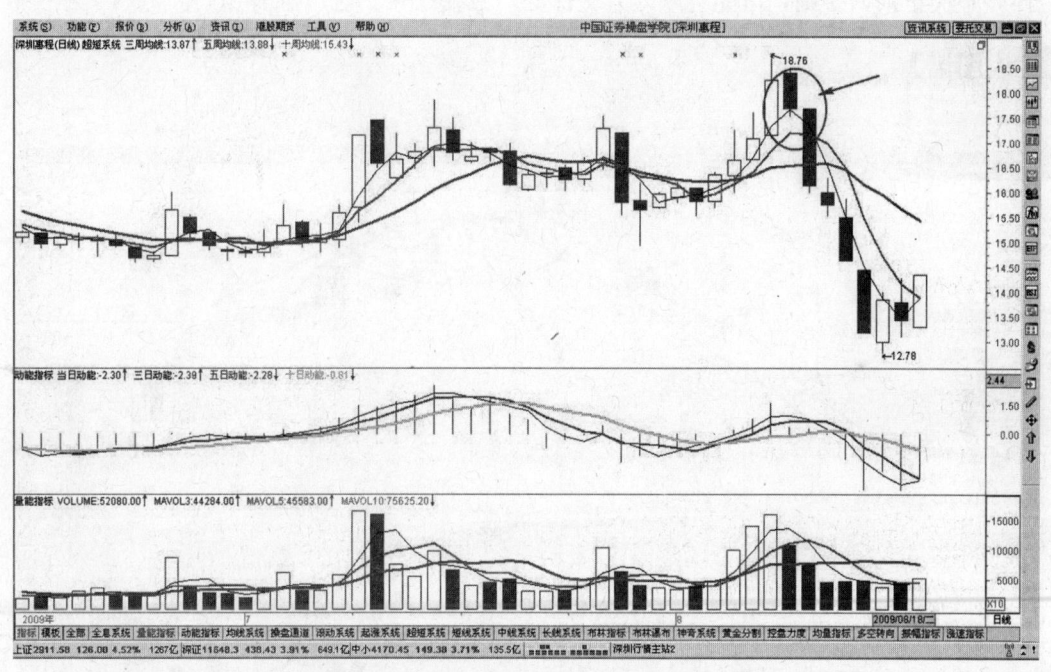

图【82】周均线高位拐头向下止盈法则示意图

第4节 周线均线系统止损原则

【技术特征】

第一，在周线均线交易系统里，股价击穿3周均线拐头向下，周线系统转为空头排列是常见的止损法则。如图【83】所示。

第二，无论是在拉升的末期还是盘头阶段，3周均线出现拐头向下，都必须坚决止损。

第三，止损均线的参数设定为3周或者5周，无论如何，周均线拐头向下，就必须止损。

第四，在操作上，投资者务必执行止损纪律，一旦周均线拐头向下，要坚决执行操盘纪律，坚决止损，否则，可能会跌入万丈深渊，亏损累累，难以翻身。

【实战图谱】

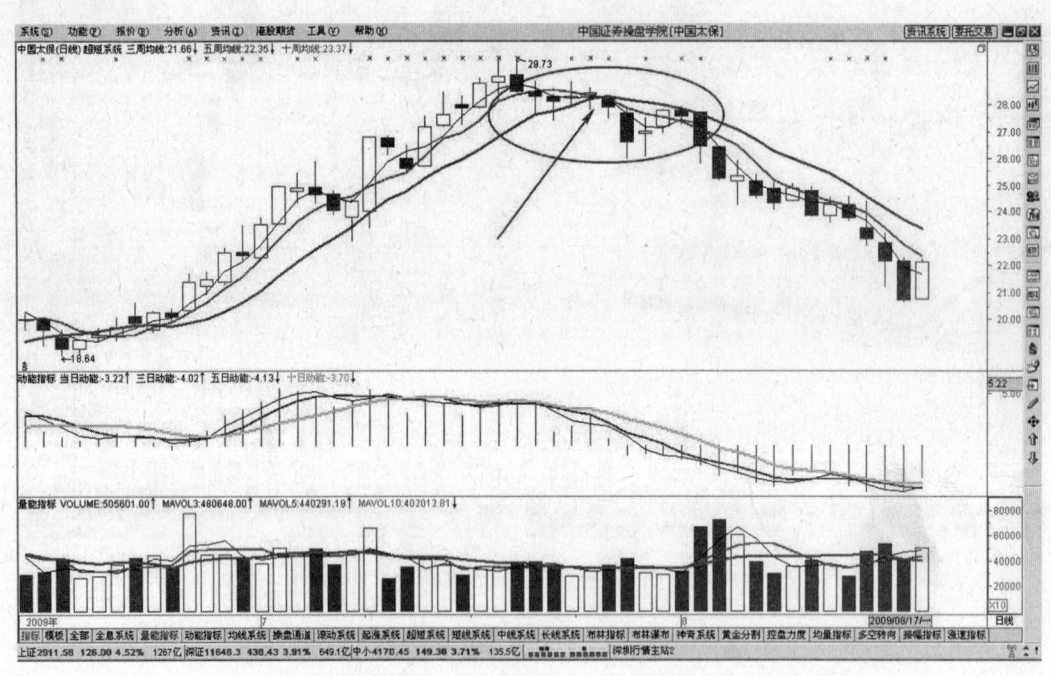

图【83】股价高位拐头向下有效跌穿3周均线止损法则示意图

第四章

月线均线交易系统

本章学习要点

1. 了解均线月线系统的基本含义，并掌握它的基本用法。
2. 了解均线月线系统的主要特征，并学会在实战中熟练运用。
3. 掌握运用均线月线系统买卖的基本要领，并在实战中熟练运用。
4. 对照软件，学会根据实战需要自行调整均线月线系统的参数。
5. 对照软件，学会根据个股的走势特征调出适合它的月线系统参数。

第1节 月线均线系统买入法则

1.1 根均线穿越买入法则

【技术特征】

第一，在月线均线交易系统里，可以选择1根均线作为操盘的依据。如图【84】所示。

第二，投资者可以根据自己的投资原则，选择3月均线、5月均线或者10月均线。

第三，无论选择什么样的均线参数，操作的原理是一样的，必须是趋势明确走平或向上。

第四，在操作上，投资者可以在趋势明确上行，股价带量从下向上穿越3月均线，或者5月均线或者10月均线时，积极买进。

【实战图谱】

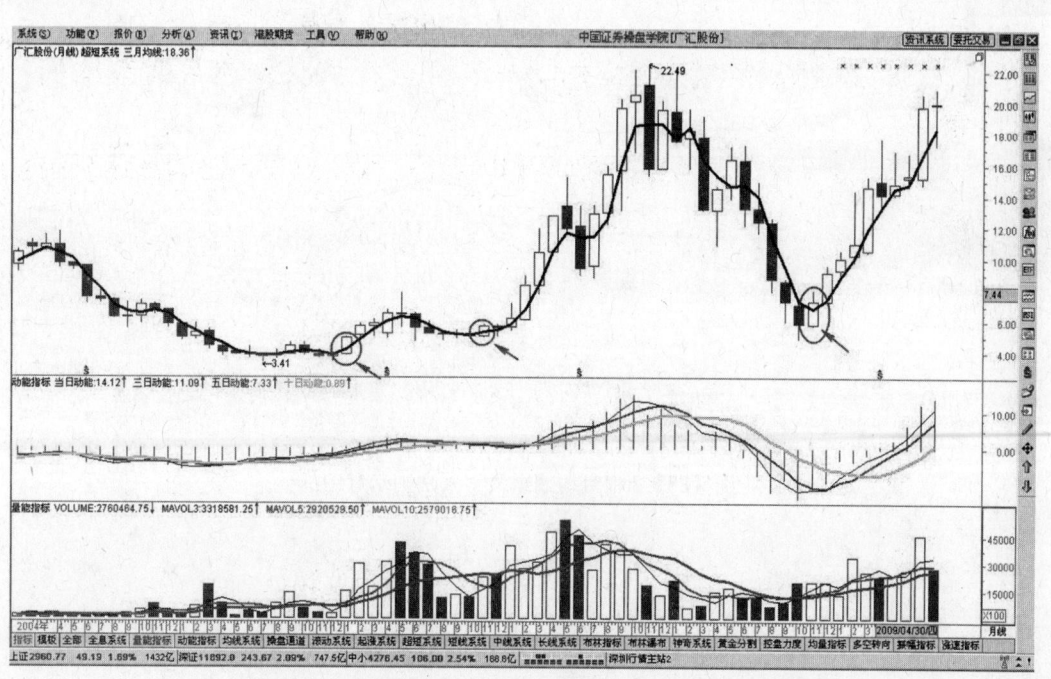

图【84】上升趋势股价由下向上穿越均线买入法则示意图

2.2根均线金叉买入法则

【技术特征】

第一，在月线均线交易系统里，趋势明确上行，均线发生金叉。如图【85】所示。

第二，这2根均线可以选择3月均线和5月均线，也可以选择5月均线和10月均线。

第三，2根月均线发生金叉，意味着一轮大级别的行情已经到来，千万不要错过。

第四，在操作上，2根月均线金叉，是中线投资者比较好的买入点，可以积极参与，仓位控制在70%左右，剩余资金高抛低吸，滚动操作。

【实战图谱】

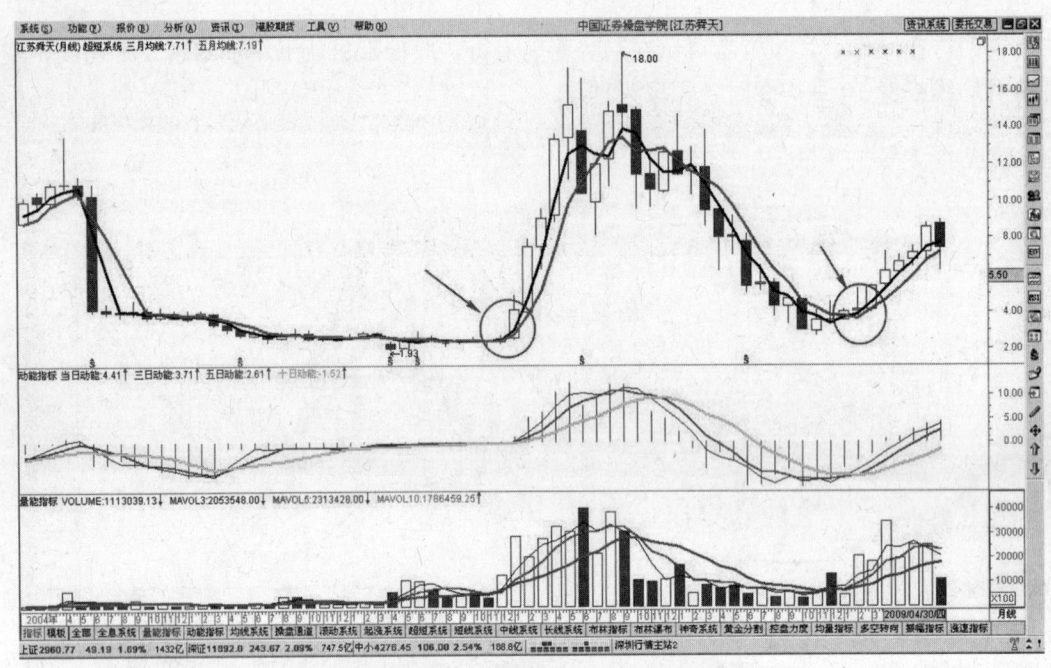

图【85】2根月均线金叉买入法则示意图

3. 3根均线多头排列买入法则

【技术特征】

第一,在月线交易系统里,3根均线多头排列是坚决做多的牛市区域。如图【86】所示。

第二,这3根均线可以选择3月均线、5月均线、10月均线,过大的参数没有研判意义。

第三,通常情况下,3根月均线多头排列是大级别行情的特征,很不错的做多区域。

第四,在操作上,一旦月均线系统形成多头排列,趋势将继续朝上,投资者可以大胆积极操作,仓位控制在80%左右。

【实战图谱】

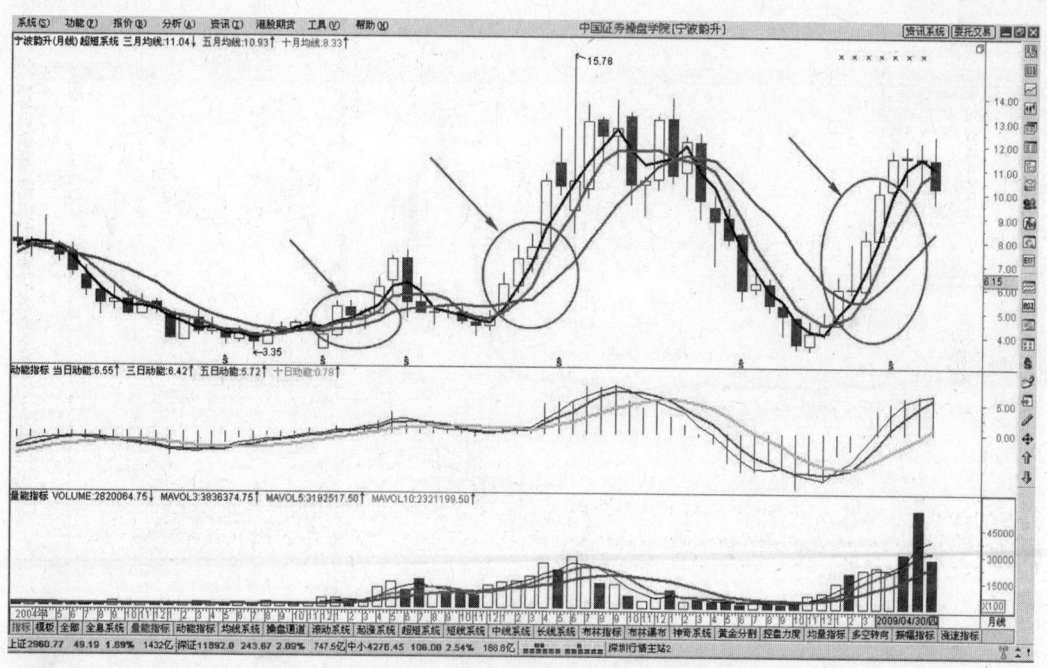

图【86】3根月均线多头排列买入法则示意图

第2节 月线均线系统卖出法则

1. 1根均线穿越卖出法则

【技术特征】

第一，在月线均线交易系统里，可以选择1根均线作为卖出的依据。如图【87】所示。

第二，投资者可以股价向下击穿3月均线时选择做空，持币观望。

第三，月均线的时间跨度很长，击穿月均线，意味着趋势已经发生改变。

第四，在操作上，投资者可以在股价带量从上向下有效击穿3月均线时，及时卖出。

【实战图谱】

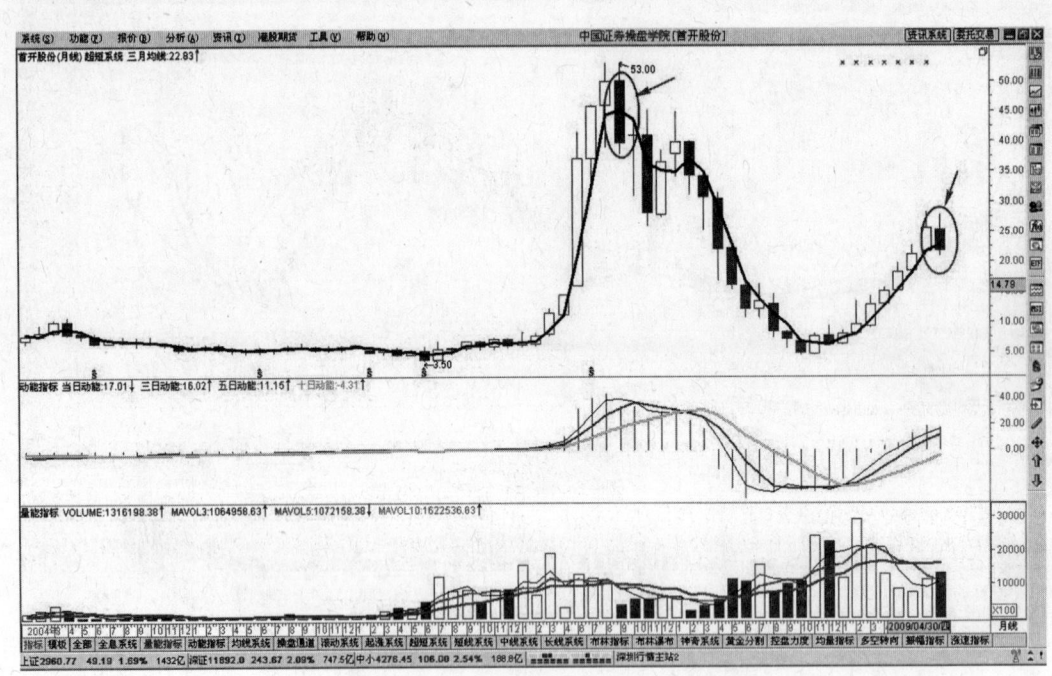

图【87】股价向下击穿月均线卖出法则示意图

2.2 根均线死叉卖出法则

【技术特征】

第一,在月线均线交易系统里,月均线发生死叉,意味着大势已去。如图【88】所示。

第二,这2根均线一般选择3月均线和5月均线,作为观察分析的均线参数。

第三,月线均线的时间跨度很大,在选择参数时,过大的参数没有实际意义。

第四,在操作上,在2根月均线死叉时,是铁定的卖出点,如果出现在拉升的末期或者盘头阶段,一旦出现月均线死叉,意味着趋势已经逆转,要坚决卖出。

【实战图谱】

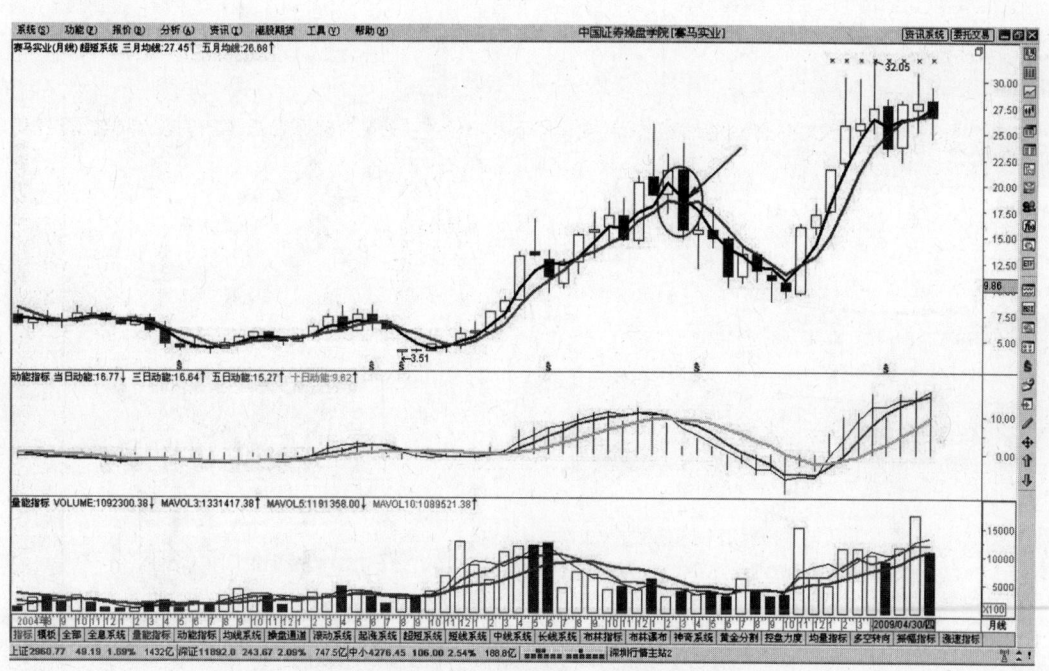

图【88】2根月均线死叉卖出法则示意图

3.3 根均线空头排列卖出法则

【技术特征】

第一，在月线交易系统里，3 根均线空头排列是明显的做空区域。如图【89】所示。

第二，这 3 根均线可以选择 3 月均线、5 月均线、10 月均线，过大的参数没有意义。

第三，通常情况下，3 根月均线空头排列是明显的下跌趋势，属于铁定的观望区域。

第四，在操作上，一旦月均线系统形成空头排列，趋势将继续朝下，除非有重大利好消息刺激，否则下跌趋势不会轻易改变，投资者必须及时卖出，不可犹豫。

【实战图谱】

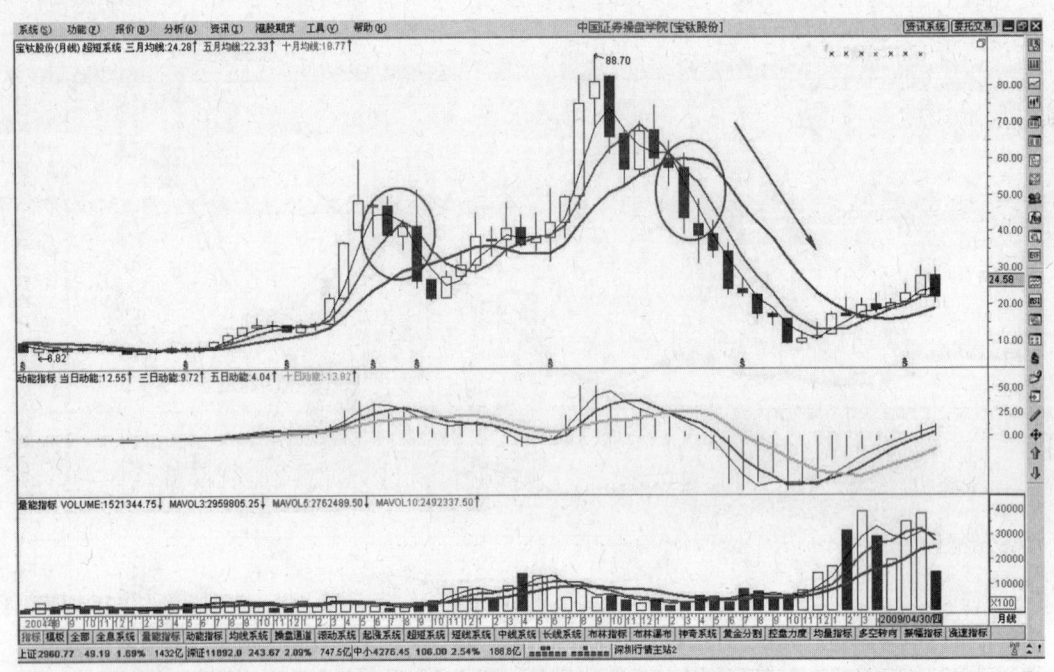

图【89】3 根月均线空头排列卖出法则示意图

第3节 月线均线系统止盈原则

【技术特征】

第一,在月线均线交易系统里,月均线高位走平并且K线出现长影线,是最常见的一种,也是最有效的止盈原则。如图【90】所示。

第二,无论是在拉升末期,还是盘头阶段,月均线出现走平迹象,都可以分批止盈。

第三,月均线系统的参数,可设定为3月,5月或者10月,激进的投资者可以选择最小的参数,稳健的投资者可以选择较大的参数,无论如何,3月均线拐头向下,必须止盈。

第四,在操作上,投资者务必执行止盈纪律,一旦月均线拐头向下,要坚决执行操盘纪律,坚决止盈,否则,就是止损问题啦。

【实战图谱】

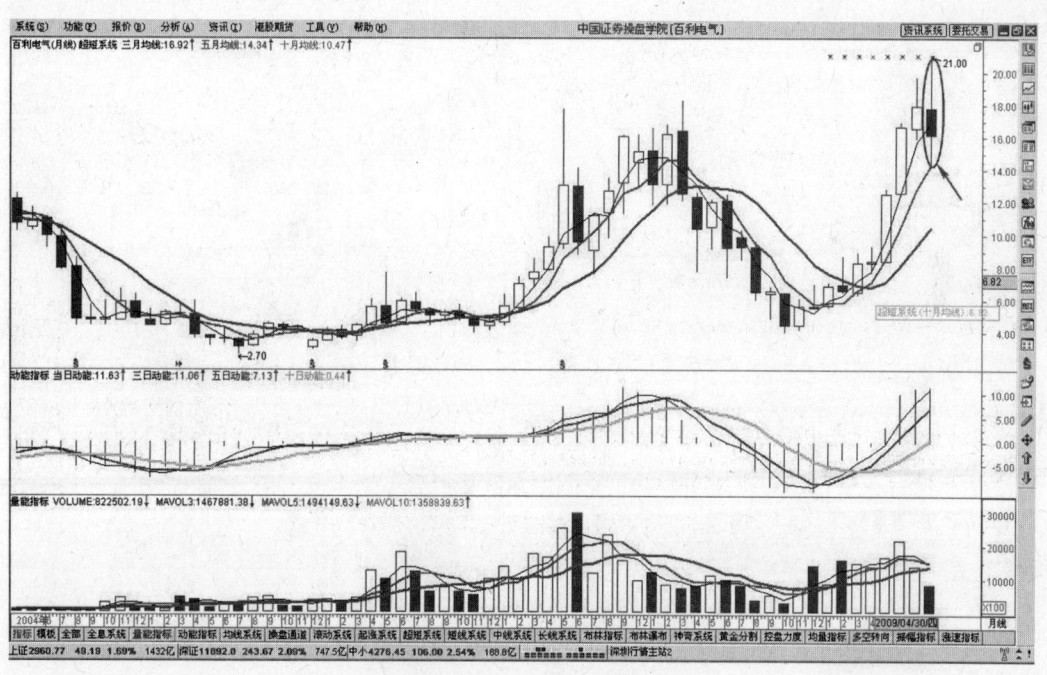

图【90】月均线止盈法则示意图

第4节 月线均线系统止损原则

【技术特征】

第一,在月线均线交易系统里,3月均线高位拐头向下是最常见的一种,也是最有效的一种止损法则。如图【91】所示。

第二,在拉升的末期或者盘头阶段,3月均线出现拐头向下,意味着趋势已经改变。

第三,止损均线的参数,可以设定为3月,3月均线拐头向下,就必须止损。

第四,在操作上,投资者务必执行止损纪律,一旦3月均线拐头向下,要坚决执行操盘纪律,坚决止损,否则,可能会跌入万丈深渊,亏损累累,难以翻身。

【实战图谱】

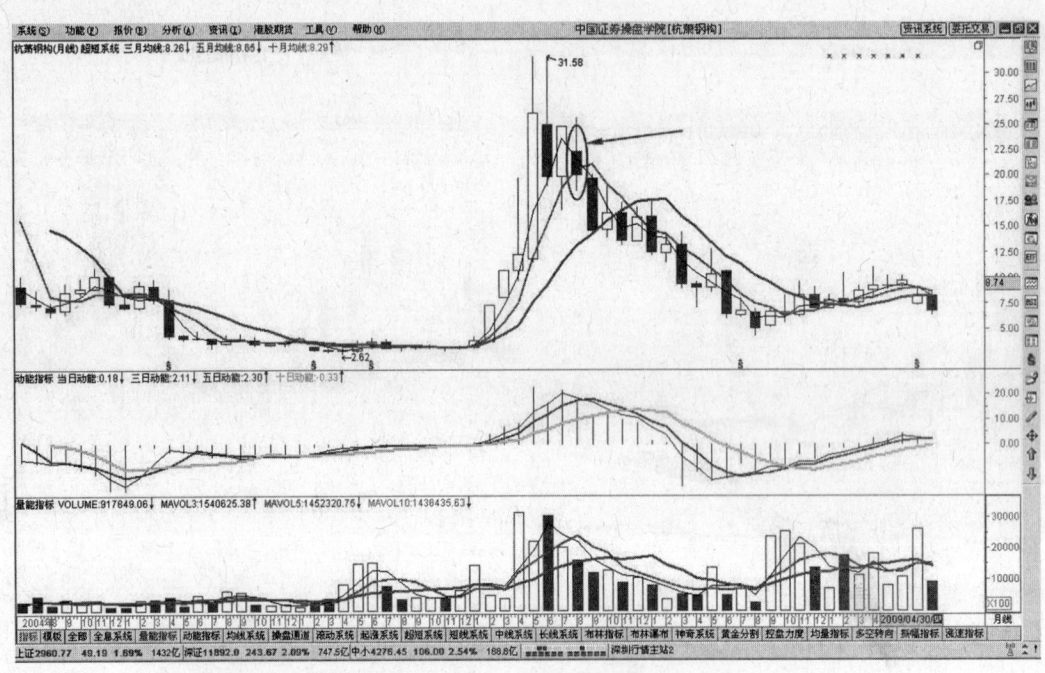

图【91】股价高位拐头向下有效跌穿月均线止损法则示意图

第五章

经典均线交易系统

本章学习要点

1. 了解 136 均线的基本含义，并掌握它的基本用法。
2. 了解 136 均线的主要特征，并学会在实战中熟练运用。
3. 掌握运用 136 均线买卖的基本要领，并在实战中熟练运用。
4. 对照软件，学会根据实战需要自行调整 136 均线系统的参数。
5. 对照软件，学会根据个股的走势特征调出适合它的参数。

第1节　经典 136 均线的基础元素

1. 什么是 136 均线

所谓 136 均线，就是由 10 日均线、30 日均线和 60 日均线三条均线组成的均线交易系统。这是市场上最常用、最实用、最有操作价值的均线系统之一，因此，我把它命名为经典均线交易系统，简称经典系统。为了方便大家交流，也叫 136 均线。

136 均线的分析周期，默认值是日线周期。如图【92】所示。

对于喜欢做短线的投资者来说，可以把分析周期设定为 60 分钟。

对于喜欢做中线的投资者来说，可以把分析周期设定为周线。

在 136 均线交易系统里，每一根均线都具有独特的市场含义，需要我们好好理解和把握。

10 日均线，代表了实战操盘的小周期，所以也叫小均线。

30 日均线，代表了实战操盘的中周期，所以也叫中均线。

60 日均线，代表了实战操盘的大周期，所以也叫大均线。

由大、中、小三根均线领衔的均线交易系统，分别代表了大趋势、中趋势和小趋势，反映出职业操盘手和职业操盘机构操作目标股票的运作周期，需要我们好好研究，深刻领会它们隐藏的市场内涵，从而挖掘和捕捉投资机会，创造财富。

【实战图谱】

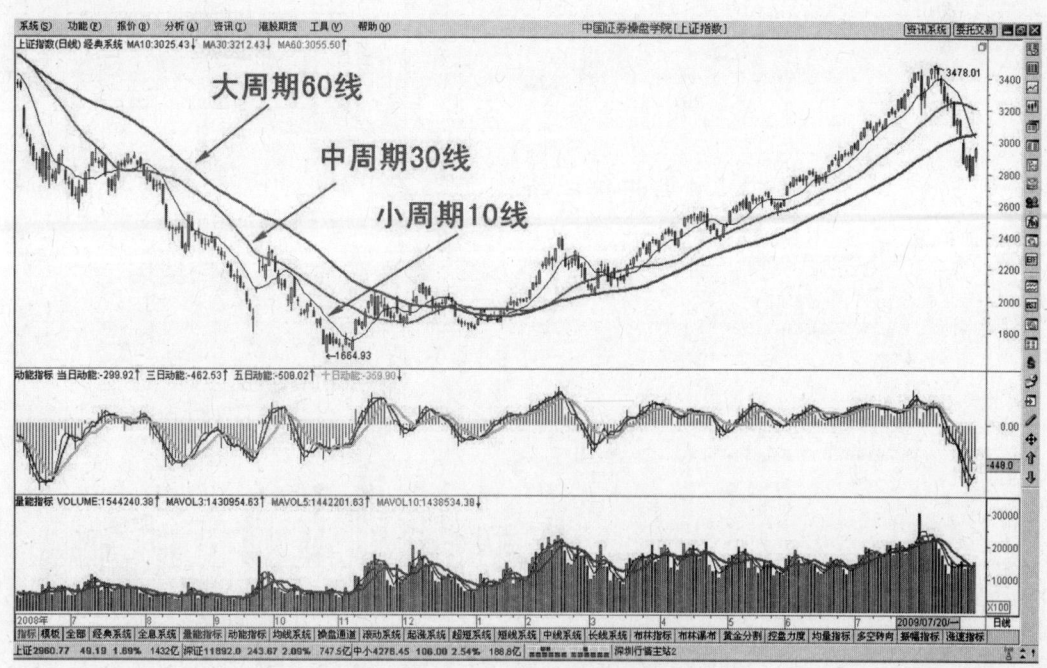

图【92】神奇的经典均线交易系统示意图

2. 10日均线的技术意义

什么是10日均线？

10日均线就是指操作目标对象在市场上以当前交易日作为计算基准，根据往前10个交易日的平均收盘价格所绘制出来的价格曲线。如图【93】所示。

10日均线的市场意义，在于它反映了操作目标对象在10个交易日内的市场平均成本。10日均线属于反映主力操盘小周期连续趋势的技术指标，具有极高的实战价值。

10日均线可以用来研判大盘的短期趋势，通常情况下，大盘10日均线走平后拐头向上，意味着将会连续两周（即10个交易日）沿着10日均线运动，当指数再次走平，拐头向下跌破10日均线时，宣告一个操作周期结束。

10日均线可以用来研判许多个股的操盘计划，掐住主力的命门。对于已经长线控盘或者基本控盘的个股，在主升段的走势往往沿着10日均线拉升，一些机构甚至以拉出大阳K线作为行情的起涨点，再以收出大阳K线宣告行情的结束。

因此，10日均线是职业投资者和职业操盘手必须熟练掌握的最短均线，也是职业机构用来操盘的重要技术指标。对于中小投资者来说，10日均线是研判顶部与底部最实用的操盘技术，需要用心领会。在我们的操盘手内训课程里，10日均线的操作要领是最核心的内容之一。当然，更为精确的操盘技术，则必须结合多日分时量能技术、资金投入时间管理、单一经典K线与关键K线组合、仓位管理技术等内容来进行特训。

【实战图谱】

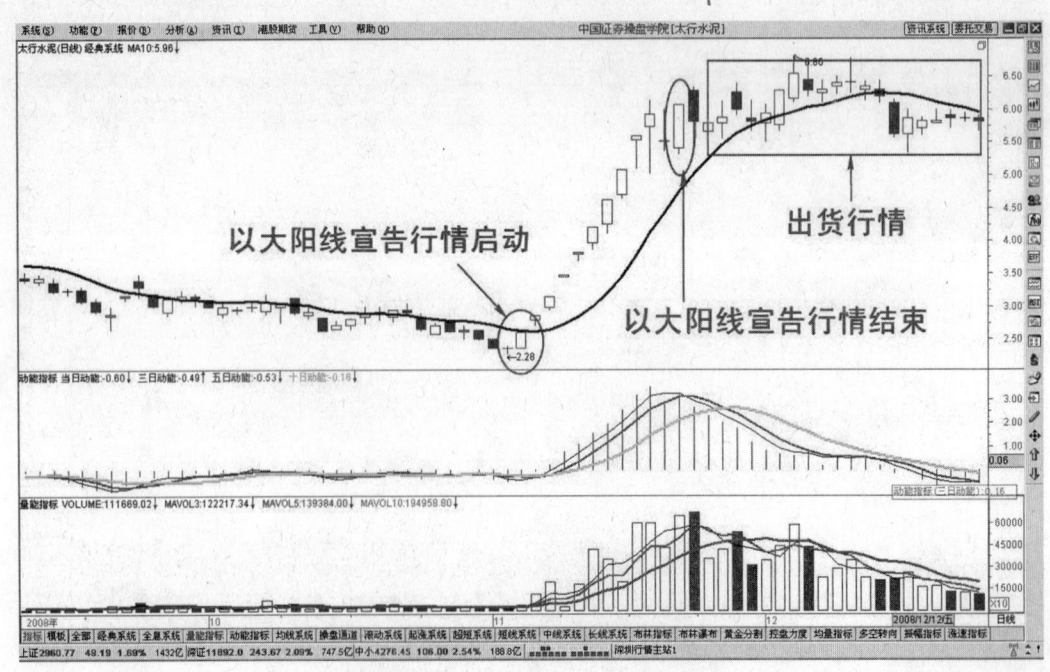

图【93】10日均线的技术意义示意图

3. 30日均线的技术意义

什么是30日均线？

30日均线就是指操作目标对象在市场上以当前交易日作为计算基准，根据往前30个交易日的平均收盘价格所绘制出来的价格曲线。如图【94】所示。

30日均线的市场意义，在于它反映了操作目标对象在30个交易日内的市场平均成本。30日均线属于反映主力操盘中周期连续趋势的技术指标，具有极高的实战价值。

30日均线可以用来研判大盘的中期趋势，通常情况下，大盘30日均线走平后拐头向上，意味着将会连续6周（即30个交易日）沿着30日均线运动，当指数再次走平，拐头向下跌破30日均线时，宣告一个操作周期结束。

30日均线可以用来研判许多个股的操盘计划，掐住主力的命门。对于已经长线控盘或者基本控盘的个股，在下跌阶段末段，30日均线开始走平的时候，意味着它们已经开始低位回补；对于新进机构来说，股价不断由下向上往30日均线靠拢，K线结构阴阳交错，意味着主力正处于阶段性建仓之中。而在主升段，主力往往沿着30日均线拉升，做大波段行情，一些机构甚至以拉出大阳K线突破30日均线作为行情的起涨点，再以收出大阳K线宣告行情的结束。一轮中级行情的酝酿、诞生以及成长、结束，都与30日均线密切相关。因此，30日均线又被称为主力机构的生命线。

【实战图谱】

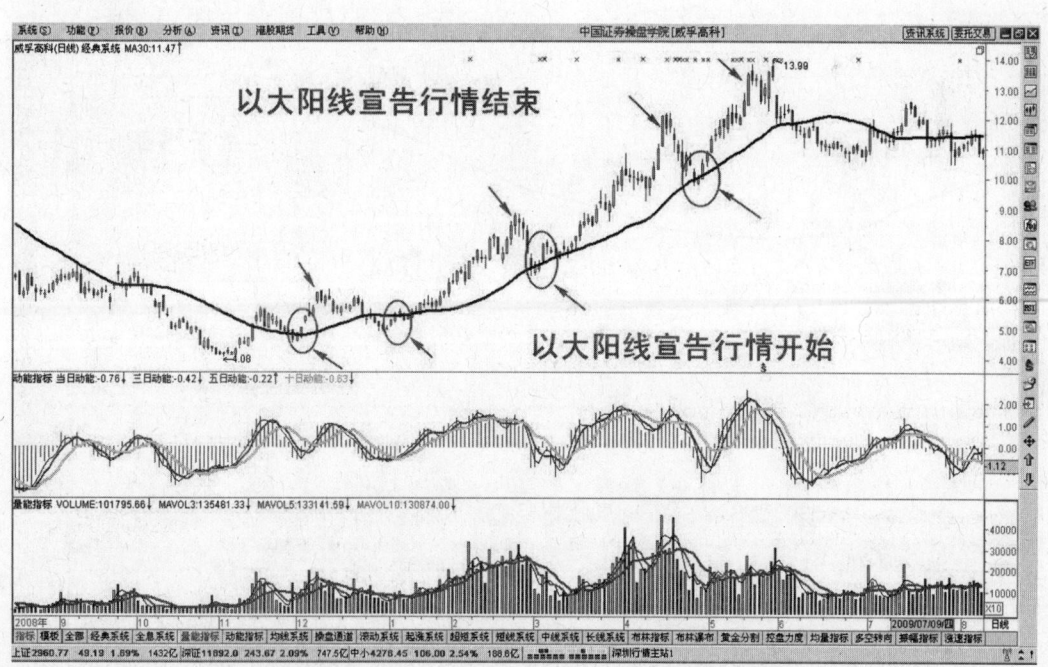

图【94】30日均线的技术意义示意图

4. 60日均线的技术意义

什么是60日均线？

60日均线就是指操作目标对象在市场上以当前交易日作为计算基准，根据往前60个交易日的平均收盘价格所绘制出来的价格曲线。如图【95】所示。

60日均线的市场意义，在于它反映了操作目标对象在60个交易日内的市场平均成本。60日均线属于反映主力操盘大周期连续趋势的技术指标，具有极高的实战价值。

60日均线可以用来研判大盘的长期趋势，通常情况下，大盘60日均线走平后拐头向上，意味着将会连续12周（即60个交易日）沿着60日均线运动，当指数再次走平，拐头向下跌破60日均线时，宣告一个大操作周期结束。

60日均线可以用来研判许多主力机构的操盘计划，剖析他们的操盘意图，掐住他们的命门。对于已经长线控盘或者滚动操盘的个股，在下跌阶段的末段，当60日均线出现走平迹象的时候，预示着主力低位回补已经结束，即将发动大级别行情。而对于新进机构来说，60日均线走平则宣告他们的建仓计划已经完成，一旦拉出大阳K线向上突破60日均线，则是大级别行情的起涨点，意味着投资者获取暴利的机会已经来临。

【实战图谱】

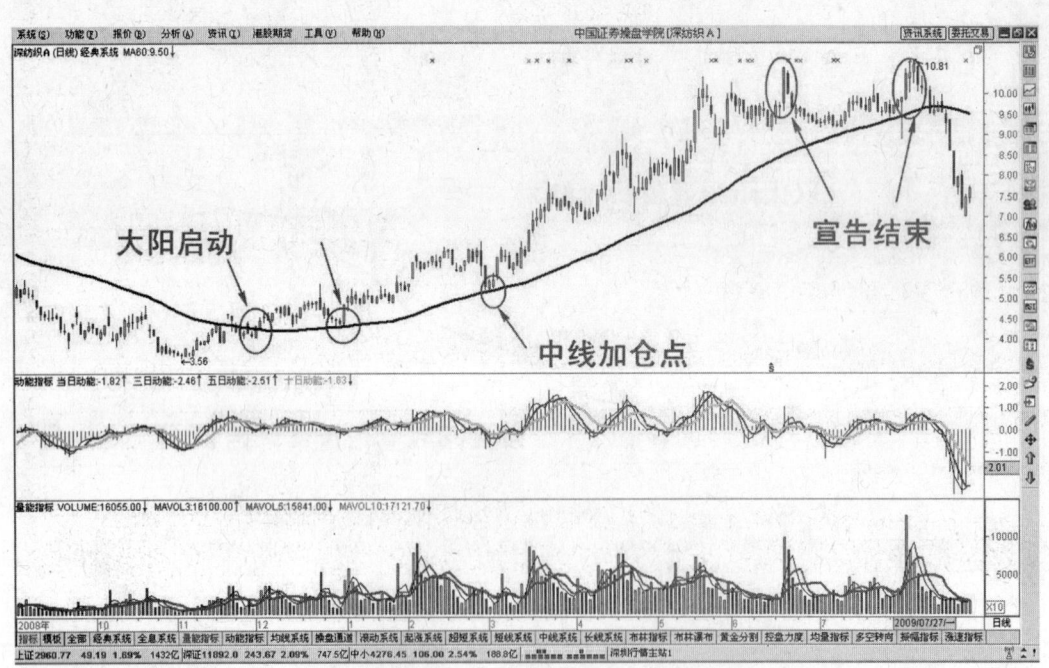

图【95】60日均线的技术意义示意图

5. 经典均线交易系统的市场意义

【技术特征】

第一，经典均线交易系统 136 均线交易系统是最实用的交易系统。如图【96】所示。

第二，这个均线交易系统的每一条均线都有特定的技术含义和市场意义，投资者要认真分析，深刻领会，切实掌握它的操作要领。

第三，136 均线系统强调的是长短结合的操盘技术，因此在操作上可以采用滚动操盘的方式，留住底仓，盯住 10 日均线做小波段，紧扣 30 日均线做中波段，顺着 60 日均线做大波段，大中小结合，吃全鱼，头尾通吃，很爽！

第四，在操作上，注意控制好仓位，建立底仓时，可以运用滚动建仓的方式操盘，十分稳健，在波段套利的时候，采用滚动技术操盘，与主力同进退，降低底仓持仓成本，保持良好心态，做足大波段，吃够中波段，玩齐小波段，这样操盘，主力也奈何不了你！

【实战图谱】

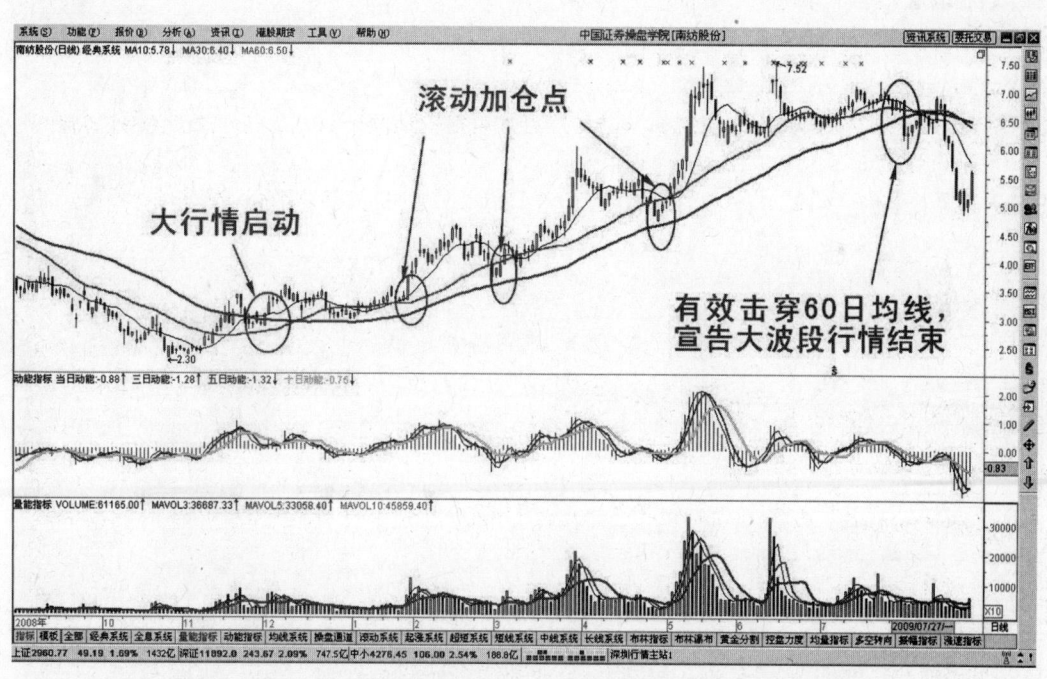

图【96】经典均线交易系统 136 均线交易系统的市场意义示意图

第2节 136均线交易系统起涨买入法

1. 60分钟136均线交易系统起涨点买入法

【技术特征】

第一,和传统的起涨技术不同,60分钟136均线交易系统的起涨点不是以均线金叉来计算的,而是以股价有效突破均线系统压制来计算的。如图【97】所示。

第二,60分钟起涨点的选择,以10均线走平,并且明显的放量穿越10均线为准。

第三,如果此时均量线、动量线同时呈现为突破态势,则起涨信号的可信程度更高。

第四,在操作上,60分钟均线系统属于超短线操作系统,投资者要坚决按照超短线操盘技术来操作,一旦出现止盈信号,要及时卖出。

【实战图谱】

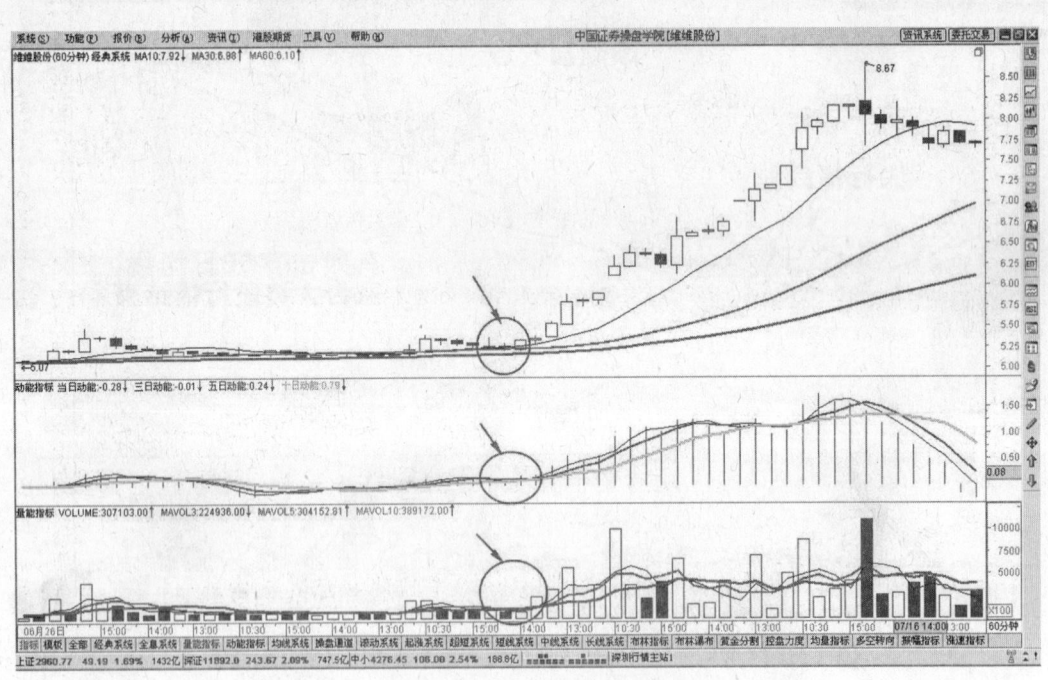

图【97】60分钟136均线交易系统起涨点买入法示意图

【思考题与练习】

打开软件，对照传统起涨技术 60 分钟分析周期起涨信号的出现时点，与 60 分钟 136 均线交易系统起涨点买入信号出现时点的差异，写下自己的心得体会。

【实战图谱】

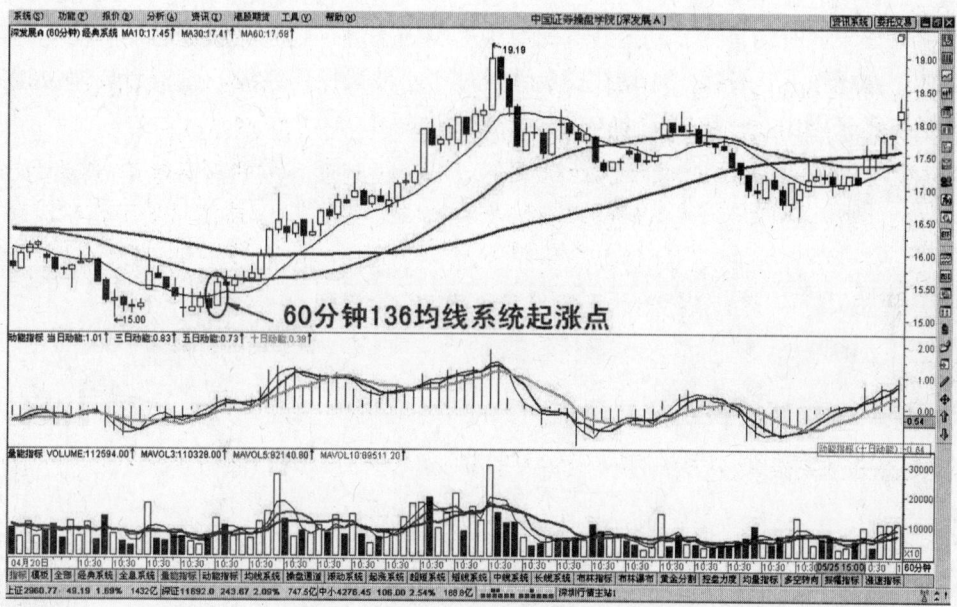

图【98】60 分钟 136 均线交易系统起涨点买入信号示意图

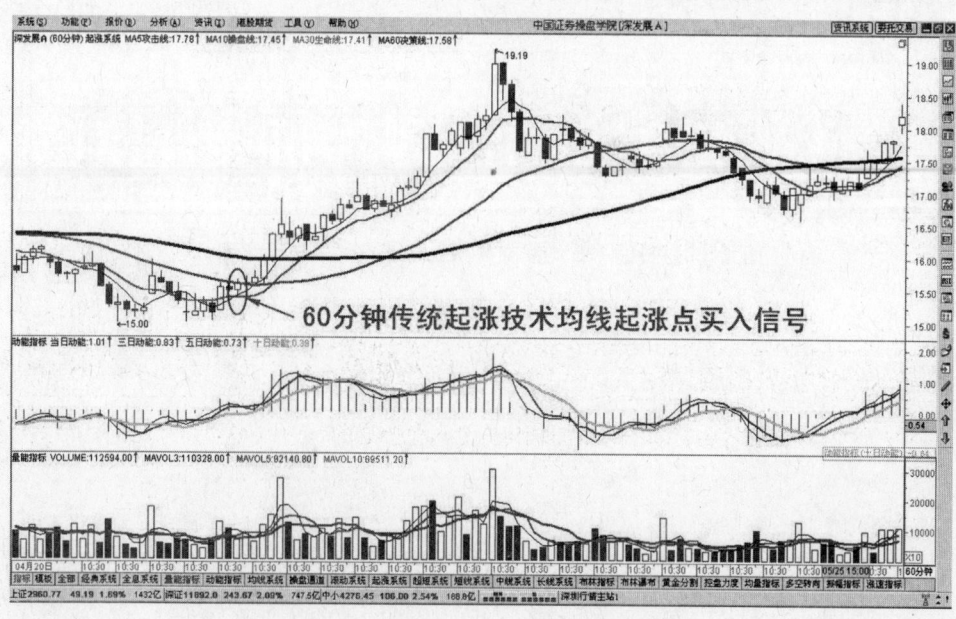

图【99】60 分钟传统起涨技术均线起涨点买入信号示意图

2. 日线136均线交易系统起涨点买入法

【技术特征】

第一，和传统的起涨技术不同，日线136均线交易系统的起涨点不是以均线金叉来计算的，而是以股价有效突破均线系统压制来计算的。如图【100】所示。

第二，日线起涨点的选择，以10日均线走平，并且明显的放量穿越10日均线为准。

第三，如果此时均量线、动量线同时呈现为突破态势，则起涨信号的可信程度更高。

第四，在操作上，日线136均线交易系统属于小波段操作系统，投资者要坚决按照小波段操盘技术来操作，一旦出现止盈信号，要及时卖出。

【实战图谱】

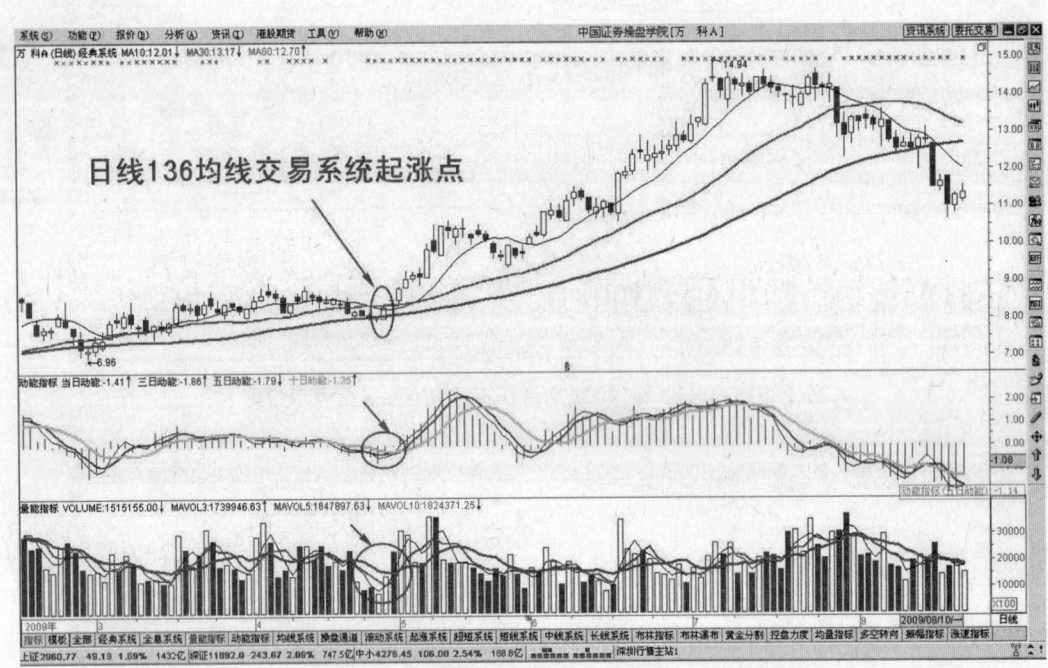

图【100】日线136均线交易系统起涨点买入法示意图

【思考题与练习】

打开软件，对照传统起涨技术日线分析周期起涨信号的出现时点，与日线136均线交易系统起涨点买入信号出现时点的差异，写下自己的心得体会。

【实战图谱】

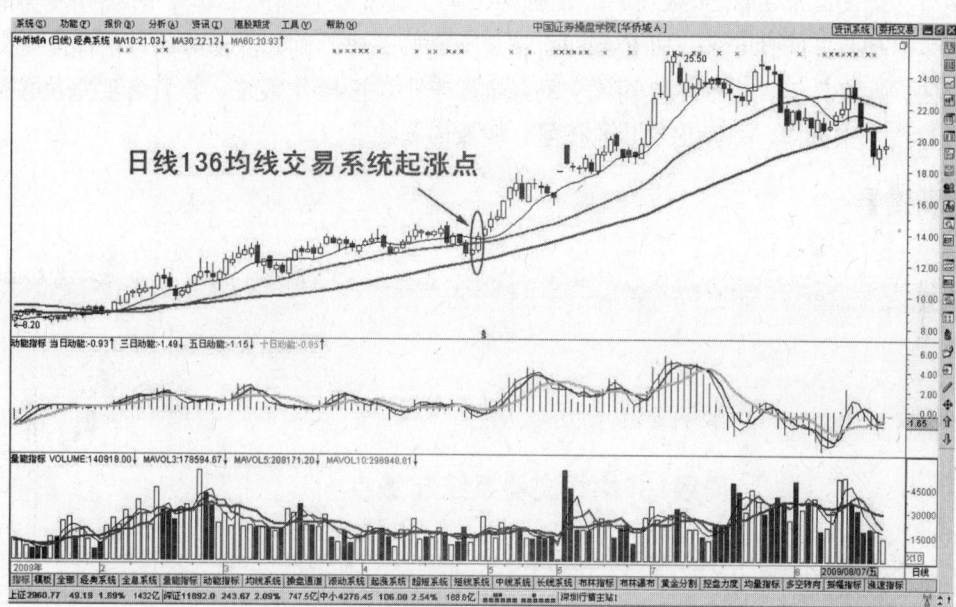

图【101】日线136均线交易系统起涨点买入信号示意图

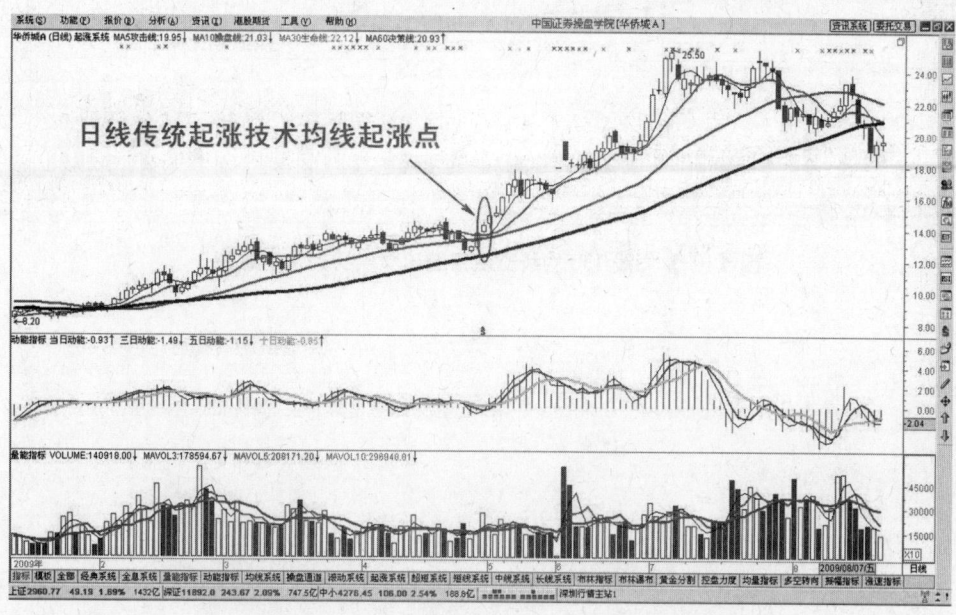

图【102】日线传统起涨技术均线起涨点买入信号示意图

3. 周线136均线交易系统起涨点买入法

【技术特征】

第一，和传统的起涨技术不同，周线136均线交易系统的起涨点不是以均线金叉来计算的，而是以股价有效突破均线系统压制来计算的。如图【103】所示。

第二，周线起涨点的选择，以10周均线走平，并且明显的放量穿越10周均线为准。

第三，如果此时均量线、动量线同时呈现为突破态势，则起涨信号的可信程度更高。

第四，在操作上，周线136均线交易系统属于中波段操作系统，投资者要坚决按照中波段操盘技术来操作，一旦出现止盈信号，要及时卖出。

【实战图谱】

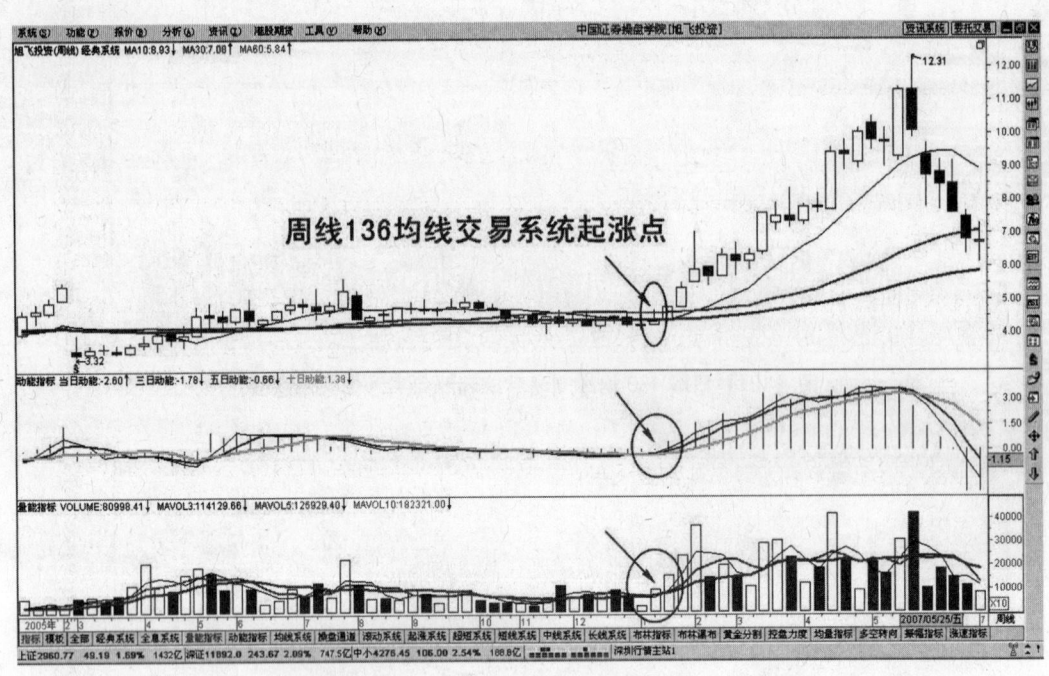

图【103】周线136均线交易系统起涨点买入法示意图

【思考题与练习】

打开软件，对照传统起涨技术周线分析周期起涨信号的出现时点，与周线136均线交易系统起涨点买入信号出现时点的差异，写下自己的心得体会。

【实战图谱】

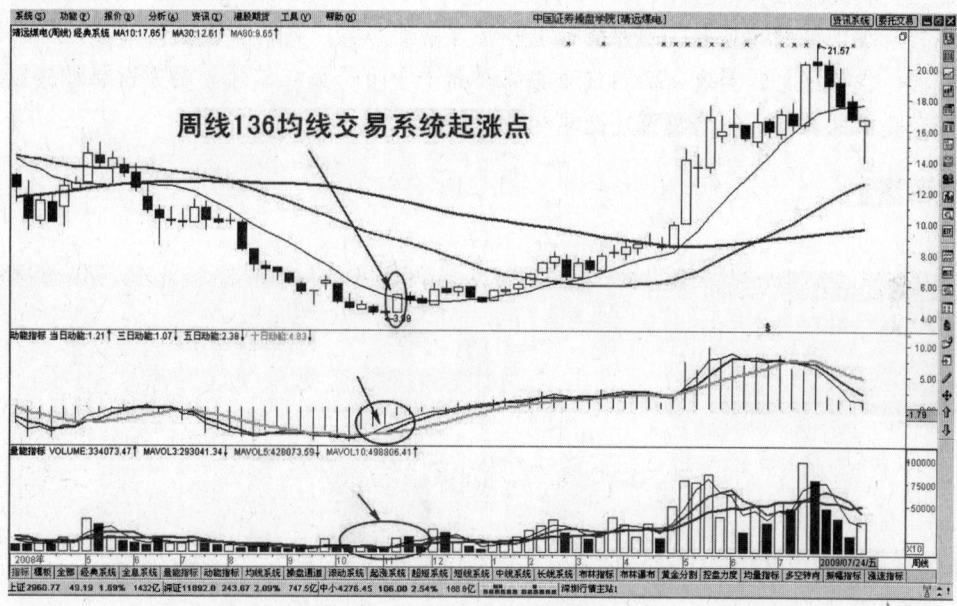

图【104】周线136均线交易系统起涨点买入信号示意图

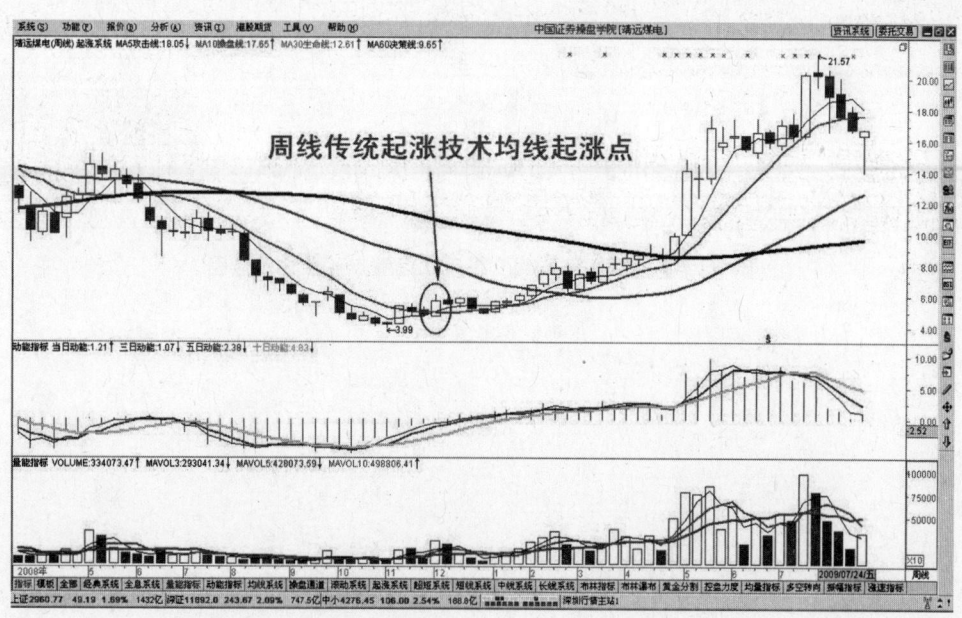

图【105】周线传统起涨技术均线起涨点买入信号示意图

4. 月线 136 均线交易系统起涨点买入法

【技术特征】

第一，和传统的起涨技术不同，月线 136 均线交易系统的起涨点不是以均线金叉来计算的，而是以股价有效突破均线系统压制来计算的。如图【106】所示。

第二，月线起涨点的选择，以 10 月均线走平，并且明显的放量穿越 10 月均线为准。

第三，如果此时均量线、动量线同时呈现为突破态势，则起涨信号的可信程度更高。

第四，在操作上，月线 136 均线交易系统属于大波段操作系统，投资者要坚决按照大波段操盘技术来操作，一旦出现止盈信号，要及时卖出。

【实战图谱】

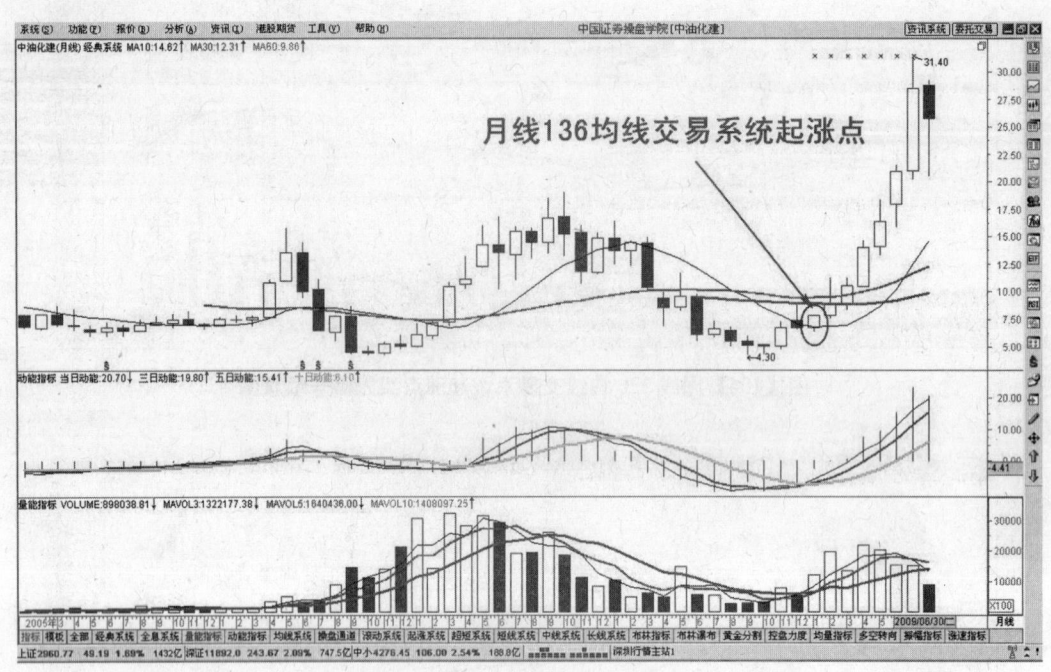

图【106】月线 136 均线交易系统起涨点买入法示意图

【思考题与练习】

打开软件，对照传统起涨技术月线分析周期起涨信号的出现时点，与月线 136 均线交易系统起涨点买入信号出现时点的差异，写下自己的心得体会。

【实战图谱】

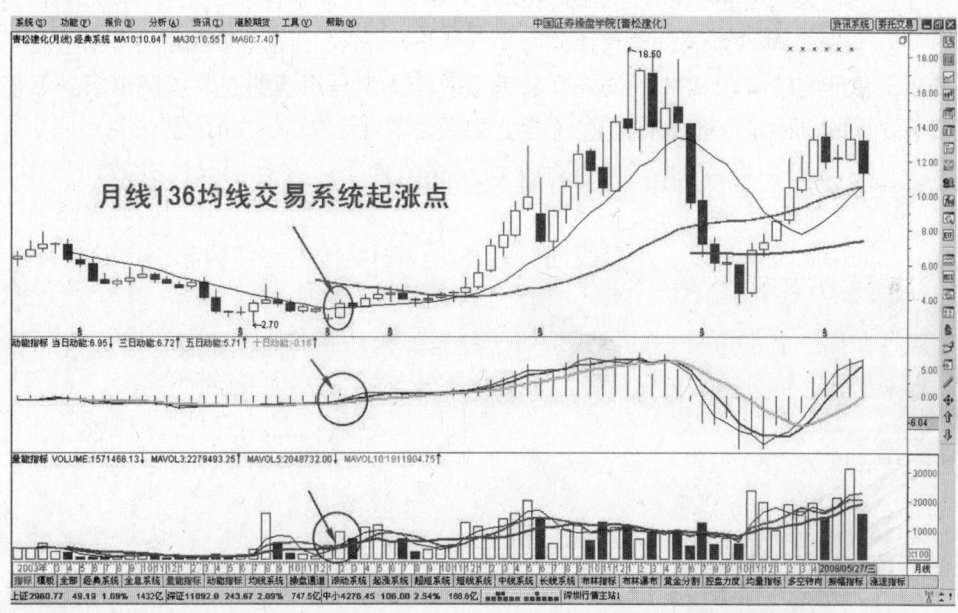

图【107】月线 136 均线交易系统起涨点买入信号示意图

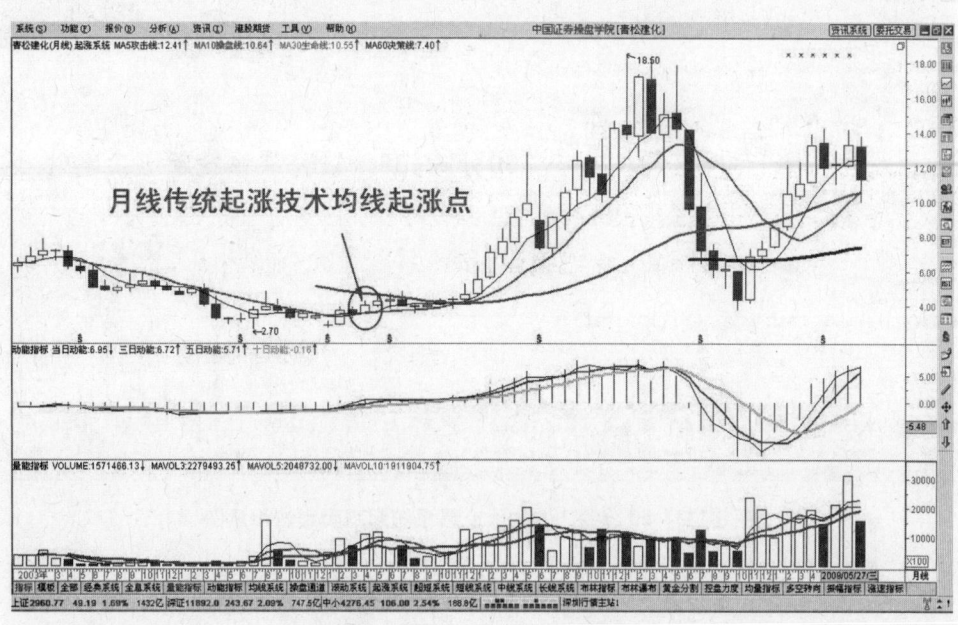

图【108】月线传统起涨技术均线起涨点买入信号示意图

第3节 136均线交易系统起跌卖出法

1. 60分钟136均线交易系统起跌卖出法

【技术特征】

第一，和传统的起跌技术不同，60分钟136均线交易系统的起跌点卖出信号不是以均线死叉来计算的，而是以股价有效跌破均线系统支撑来计算的。如图【109】所示。

第二，60分钟起跌点的选择，以10均线拐头向下，并且明显的有效跌穿10均线为准。

第三，如果此时均量线、动量线同时呈现为向下突破态势，则起跌信号的可信程度更高。

第四，在操作上，60分钟均线系统属于超短线操作系统，投资者要坚决按照超短线操盘技术来操作，一旦出现止损信号，要及时卖出。

【实战图谱】

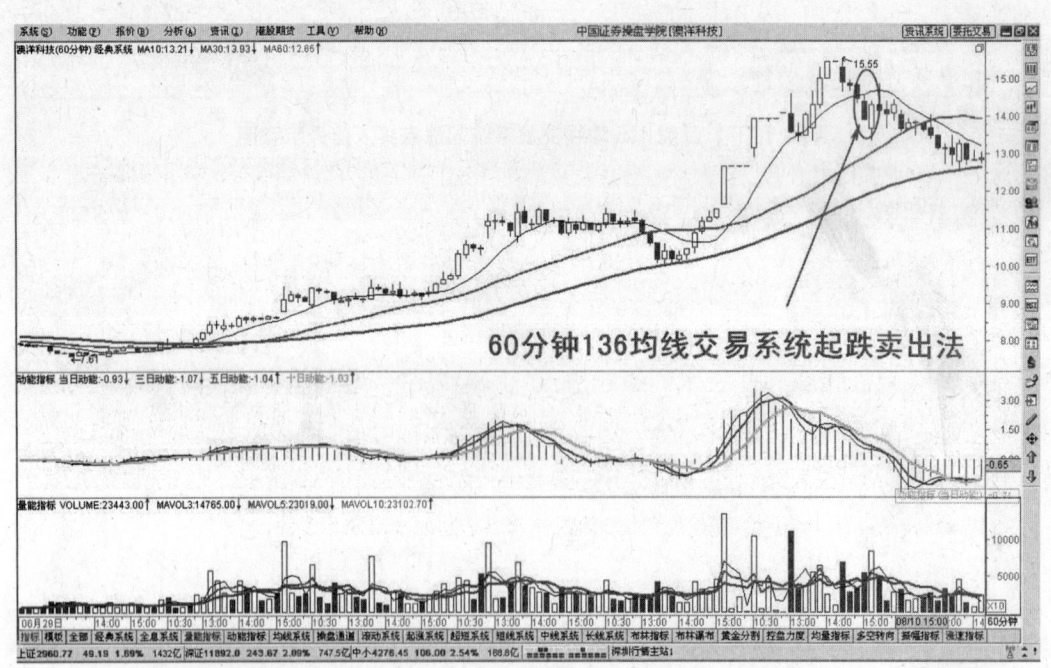

图【109】60分钟136均线交易系统起跌卖出法示意图

2. 日线136均线交易系统起跌卖出法

【技术特征】

第一，和传统的起跌技术不同，日线136均线交易系统的起跌点卖出信号不是以均线死叉来计算的，而是以股价有效跌破均线系统支撑来计算的。如图【110】所示。

第二，日线起跌点的选择，以10日均线拐头向下，并且明显的有效跌穿10日均线为准。

第三，如果此时均量线、动量线同时呈现为向下突破态势，则起跌信号的可信程度更高。

第四，在操作上，日线均线系统属于小波段操作系统，投资者要坚决按照小波段操盘技术来操作，一旦出现止损信号，要及时卖出。

【实战图谱】

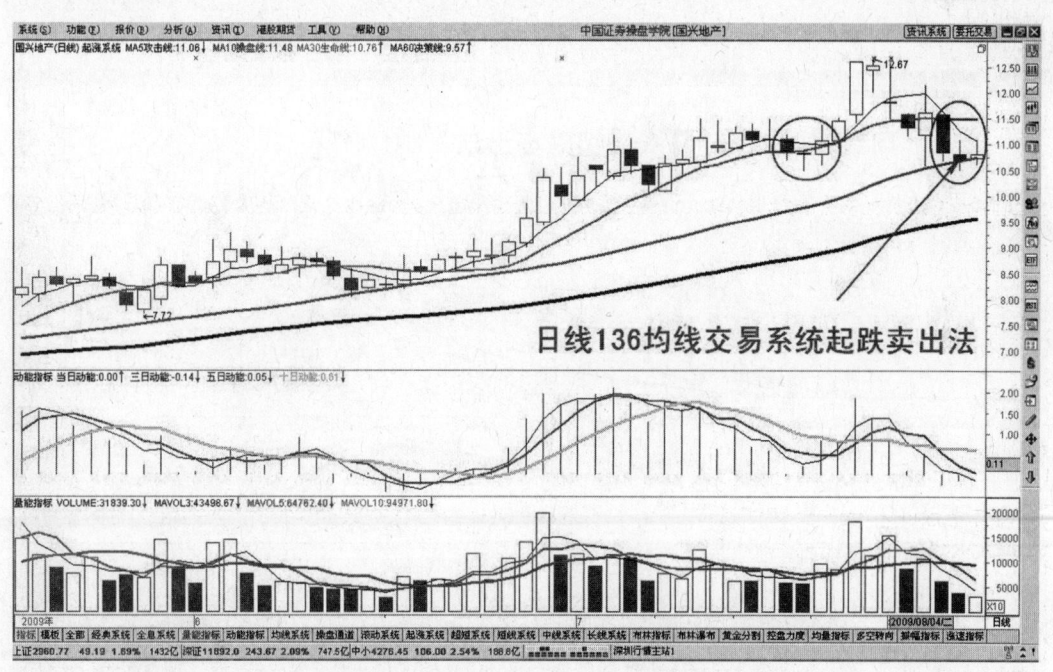

图【110】日线136均线交易系统起跌卖出法示意图

3. 周线 136 均线交易系统起跌卖出法

【技术特征】

第一，和传统的起跌技术不同，周线 136 均线交易系统的起跌点卖出信号不是以均线死叉来计算的，而是以股价有效跌破均线系统支撑来计算的。如图【111】所示。

第二，周线起跌点的选择，以 10 周均线拐头向下，并且明显的有效跌穿 10 周均线为准。

第三，如果此时均量线、动量线同时呈现为向下突破态势，则起跌信号的可信程度更高。

第四，在操作上，周线均线系统属于中波段操作系统，投资者要坚决按照中波段操盘技术来操作，一旦出现止损信号，要及时卖出。需要说明的是，周线操盘技术仅适合于大机构中线操作，小机构和中小投资者不宜采用。

【实战图谱】

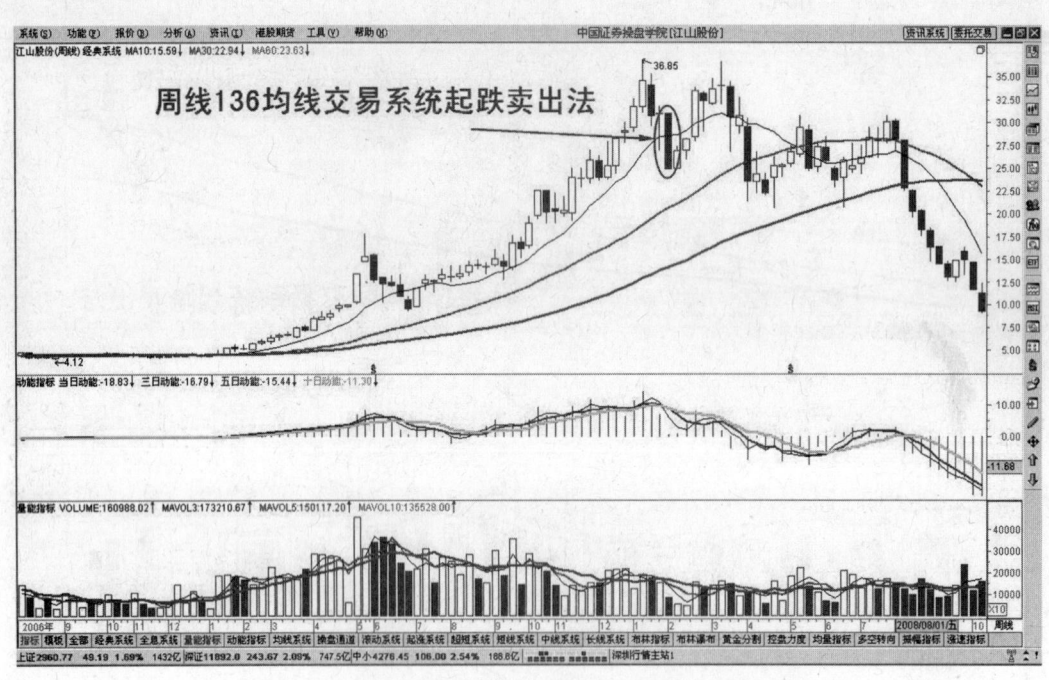

图【111】周线 136 均线交易系统起跌卖出法示意图

4．月线 136 均线交易系统起跌卖出法

【技术特征】

第一，和传统的起跌技术不同，月线 136 均线交易系统的起跌点卖出信号不是以均线死叉来计算的，而是以股价有效跌破均线系统支撑来计算的。如图【112】所示。

第二，月线起跌点的选择，以 10 月均线拐头向下，并且明显的有效跌穿 10 月均线为准。

第三，如果此时均量线、动量线同时呈现为向下突破态势，则起跌信号的可信程度更高。

第四，在操作上，月线均线系统属于大波段操作系统，投资者要坚决按照大波段操盘技术来操作，一旦出现止损信号，要及时卖出。需要说明的是，月线操盘技术仅适合于大机构长线操作，小机构和中小投资者不宜采用。

【实战图谱】

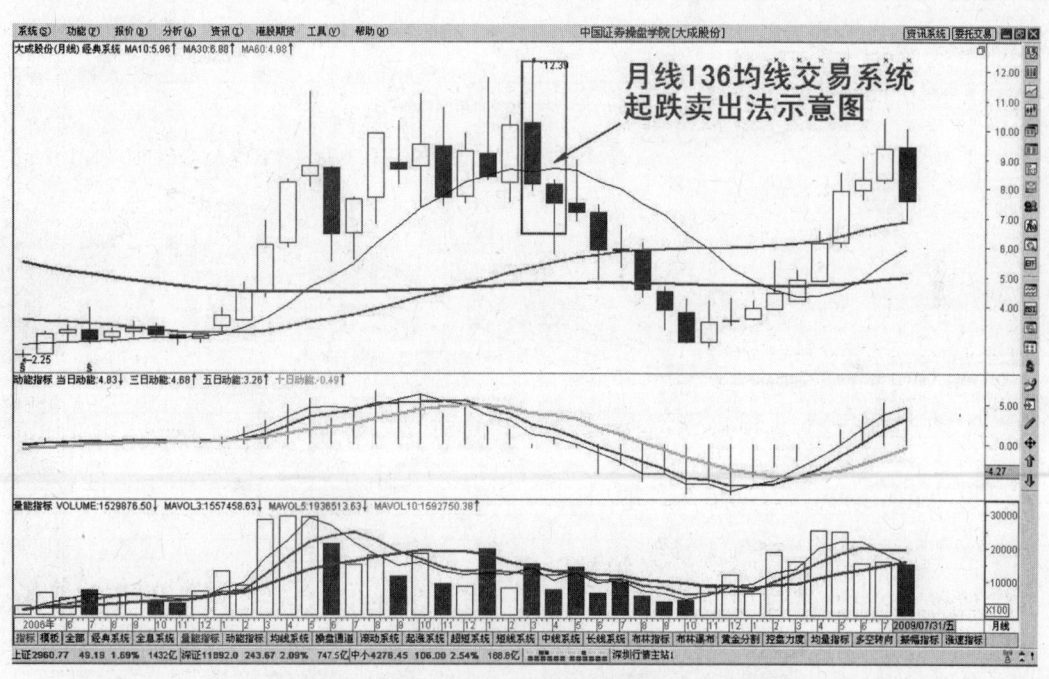

图【112】月线 136 均线交易系统起跌卖出法示意图

第4节　136均线交易系统止盈法则

1. 60分钟136均线交易系统止盈法则

【技术特征】

第一，60分钟的136均线交易系统研究的是超短线强势操作法，只要股价不能保持强势特征，就需要严格按照强势操作法止盈，以提高资金利用效率。如图【113】所示。

第二，如果股价偏离60分钟136均线系统中的10均线过远，出现乖离过大，或者出现10均线走势趋缓走平，攻击力度变弱，都需要及时分批止盈。

第三，止盈的时候，要分批进行，严格按照技术要领操作。

第四，在操作上，如果136均线系统的斜率出现缩小趋势，此时就可以考虑分批止盈。

【实战图谱】

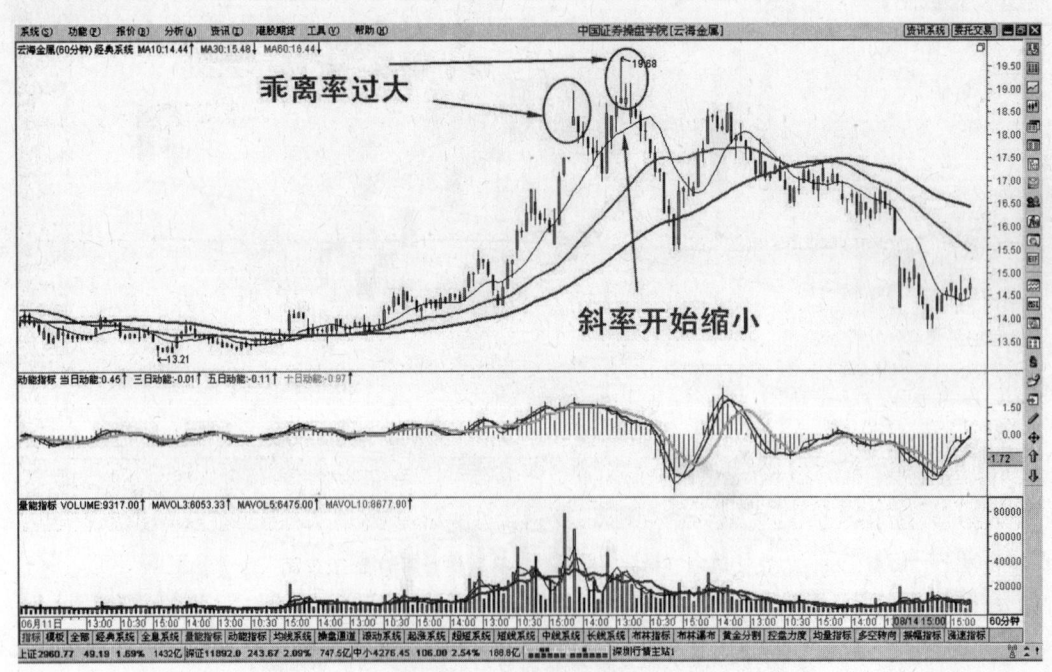

图【113】60分钟136均线交易系统止盈法则示意图

2. 日线136均线交易系统止盈法则

【技术特征】

第一，日线136均线交易系统研究的是小波段强势操作法，只要股价不能保持强势特征，就需要严格按照强势操作法止盈，以提高资金利用效率。如图【114】所示。

第二，如果股价偏离日线136均线系统中的10日均线过远，出现乖离过大，或者出现10日均线走势趋缓走平，攻击力度变弱，都需要及时分批止盈。

第三，止盈的时候，要分批进行，严格按照技术要领操作。

第四，在操作上，如果日线136均线系统的斜率出现缩小趋势，就可以考虑分批止盈。

【实战图谱】

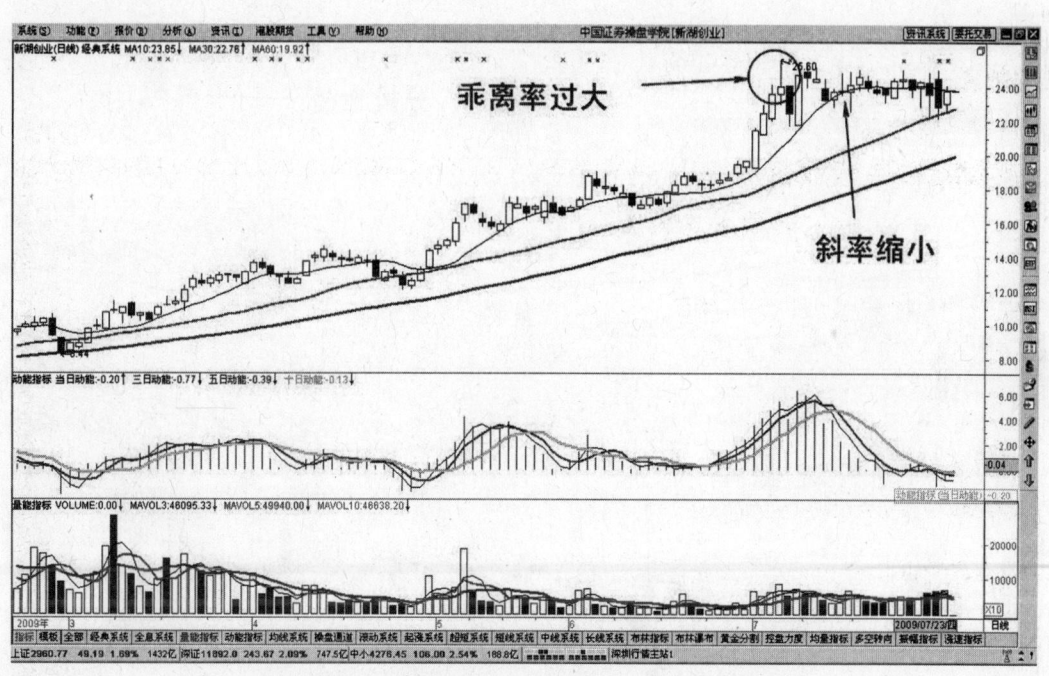

图【114】日线136均线交易系统止盈法则示意图

3. 周线 136 均线交易系统止盈法则

【技术特征】

第一，周线 136 均线交易系统研究的是中波段强势操作法，只要股价不能保持强势特征，就需要严格按照强势操作法止盈，以提高资金利用效率。如图【115】所示。

第二，如果股价偏离周线 136 均线系统中的 10 周均线过远，出现乖离过大，或者出现 10 周均线走势趋缓走平，攻击力度变弱，都需要及时分批止盈。

第三，止盈的时候，要分批进行，严格按照技术要领操作。

第四，在操作上，如果周线 136 均线系统的斜率出现缩小趋势，就可以考虑分批止盈。

【实战图谱】

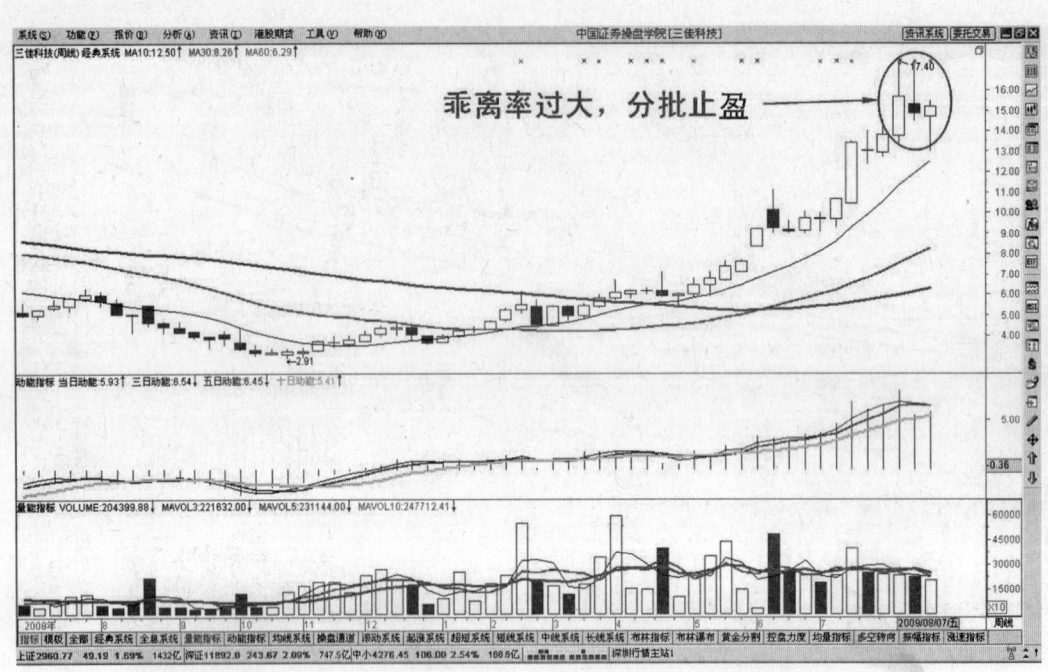

图【115】周线 136 均线交易系统止盈法则示意图

4. 月线136均线交易系统止盈法则

【技术特征】

第一，月线136均线交易系统研究的是大波段强势操作法，只要股价不能保持强势特征，就需要严格按照强势操作法止盈，以提高资金利用效率。如图【116】所示。

第二，如果股价偏离月线136均线系统中的10月均线过远，出现乖离过大，或者出现10月均线走势趋缓走平，攻击力度变弱，都需要及时分批止盈。

第三，止盈的时候，要分批进行，严格按照技术要领操作。

第四，在操作上，如果月线136均线系统的斜率出现缩小趋势，就可以考虑分批止盈。

【实战图谱】

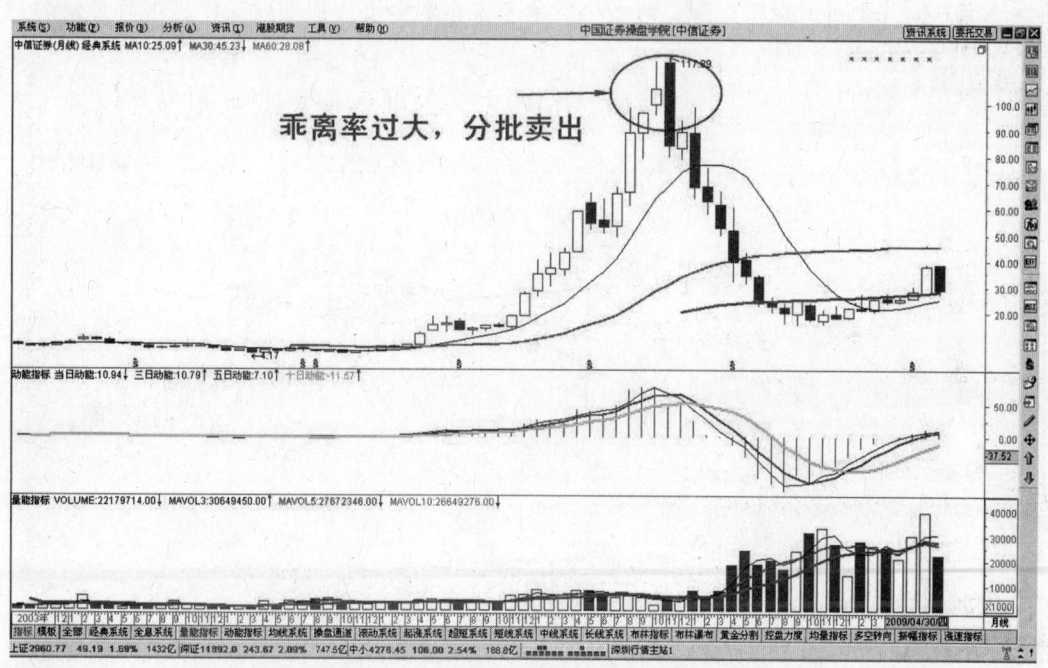

图【116】月线136均线交易系统止盈法则示意图

第5节　136均线交易系统止损法则

1．60分钟136均线交易系统止损法则

【技术特征】

　　第一，136均线交易系统要求投资者只做强势行情，绝不参与调整，因此，实行的是1根K线止损法则，只要第二天收盘时跌穿昨天的买入价，就止损出局。如图【117】所示。

　　第二，这是一种很激进的操盘技术，适合于中小投资者，但不适合于大资金操作。

　　第三，如果投资者的项目资金比较大，可以采用有效跌穿10均线止损法则来操作。

　　第四，在操作上，投资者可以根据自己的投资风格，选择适合自己的止损策略，不要硬性规定亏损几个百分点就止损。对于小资金来说，弱势则止损换股操作是很有必要的。

【实战图谱】

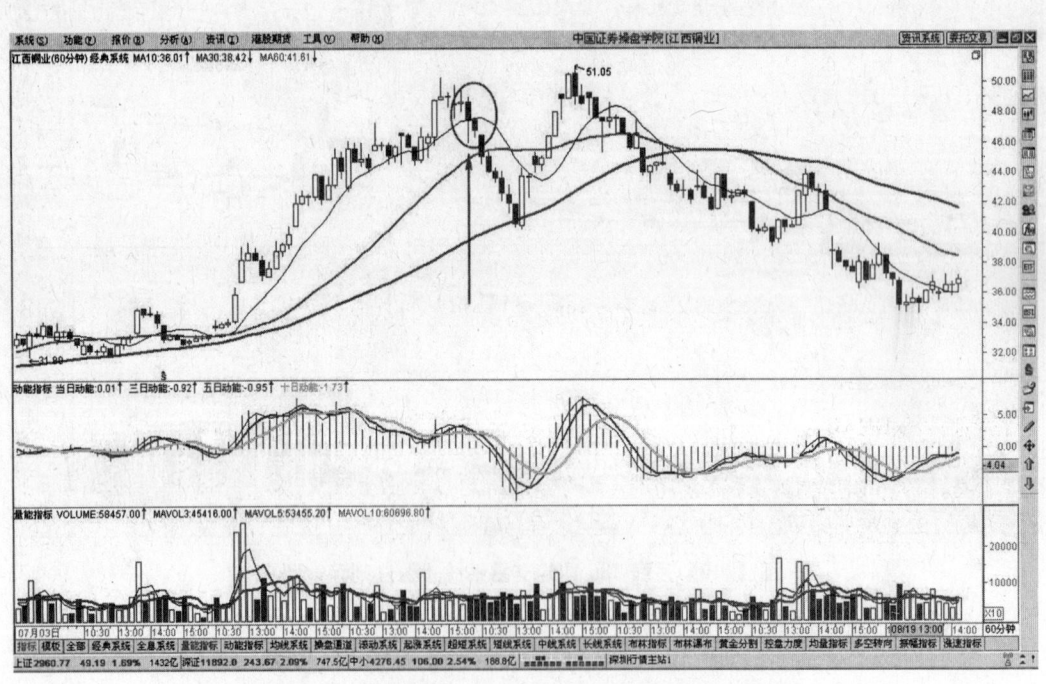

图【117】60分钟136均线交易系统止损法则示意图

2. 日线 136 均线交易系统止损法则

【技术特征】

　　第一，日线 136 均线交易系统要求投资者只做强势小波段行情，快进快出绝不参与调整，因此，可以实行 1 根 K 线止损法则，只要第二天收盘时跌穿昨天的买入价，就止损出局。如图【118】所示。

　　第二，这是一种很激进的操盘技术，适合于中小投资者，但不适合于大资金操作。

　　第三，如果投资者的项目资金比较大，可以采用有效跌穿 10 日均线止损法则来操作。

　　第四，在操作上，投资者可以根据自己的投资风格，选择适合自己的止损策略，不要硬性规定亏损几个百分点就止损。对于小资金来说，弱势则止损换股操作是很有必要的。

【实战图谱】

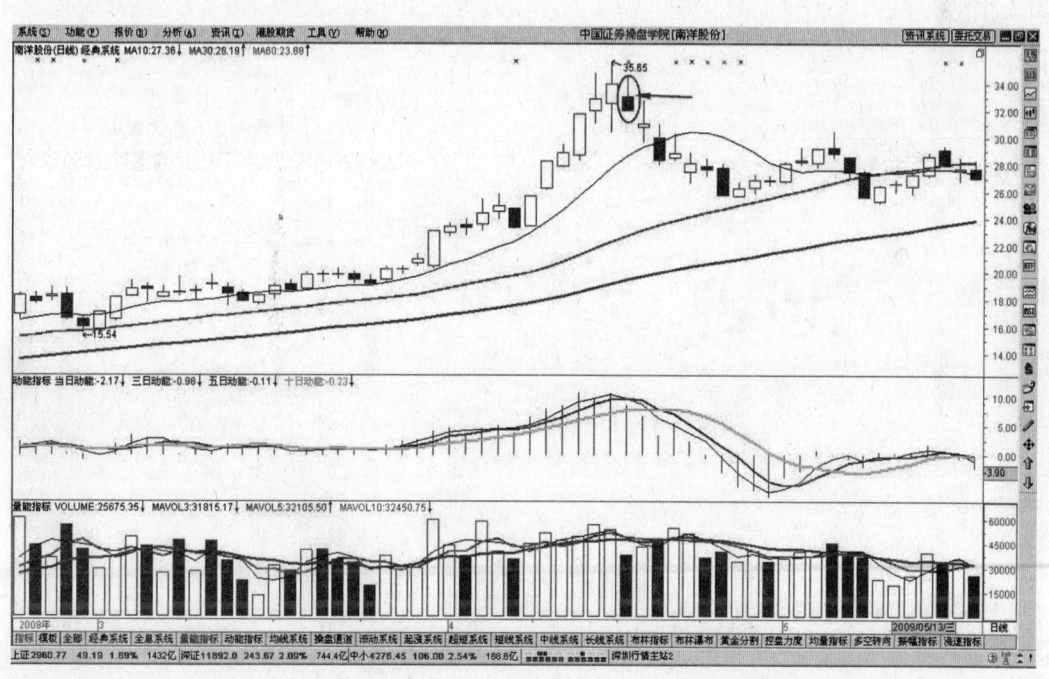

图【118】日线 136 均线交易系统止损法则示意图

3. 周线 136 均线交易系统止损法则

【技术特征】

第一，周线 136 均线交易系统要求投资者只做强势中波段行情，绝不参与调整以免浪费时间，因此，实行的是 1 根 K 线止损法则，只要第二周收盘时跌穿昨天的买入价，就止损出局。如图【119】所示。

第二，这是一种比较稳健的操盘技术，适合于中小投资者，也适合于大资金操作。

第三，如果投资者的项目资金比较大，可以采用有效跌穿 10 周均线止损法则来操作。

第四，在操作上，投资者可以根据自己的投资风格，选择适合自己的止损策略，不要硬性规定亏损几个百分点就止损。对于小资金来说，弱势则止损换股操作是很有必要的。

【实战图谱】

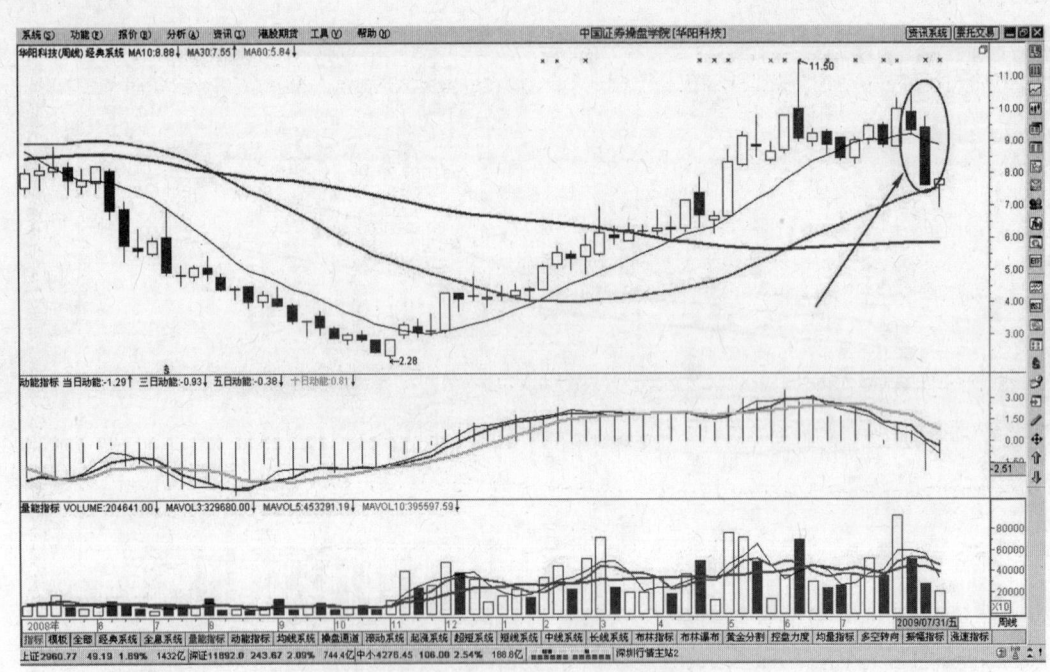

图【119】周线 136 均线交易系统止损法则示意图

4. 月线136均线交易系统止损法则

【技术特征】

第一,月线136均线交易系统要求投资者只做强势大波段行情,绝不参与漫长的弱势调整,因此,实行的是1根K线止损法则,只要第二个月K线收盘时跌穿前月的买入价,就止损出局。如图【120】所示。

第二,这是一种很稳健的长线操盘技术,适合于中小投资者,更适合于大资金操作。

第三,如果投资者的项目资金比较大,也可以采用有效跌穿10月均线止损法则来操作。

第四,在操作上,投资者可以根据自己的投资风格,选择适合自己的止损策略,不要硬性规定亏损几个百分点就止损。对于小资金来说,弱势则止损换股操作是很有必要的。

【实战图谱】

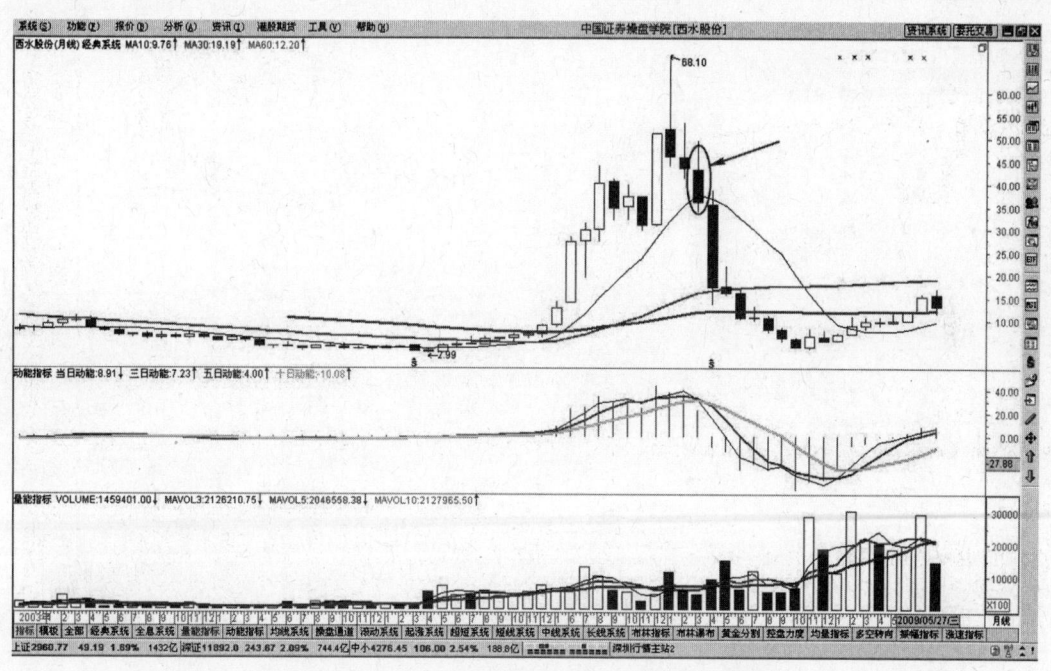

图【120】月线136均线交易系统止损法则示意图

第六章
均线交易系统训练图谱

本章学习要点

1. 认真细致地回顾前边学过的均线定式，好好复习和归类，温故而知新。

2. 一边对照软件，一边对照下边列举的实战图谱，写下自己的心得体会。

3. 反复演练下边各种图谱，要做到烂熟于心，信手拈来皆能运用自如。

4. 每次操盘时准备好一个笔记本，及时写下自己的操盘细节和操作感悟。

5. 按照我们提供的训练思路，自己继续演练，逐日复盘解析，训练盘感。

第1节 60分钟均线系统操盘训练

1．如何选择60分钟均线系统的买点

【60分钟均线系统买点训练图谱】

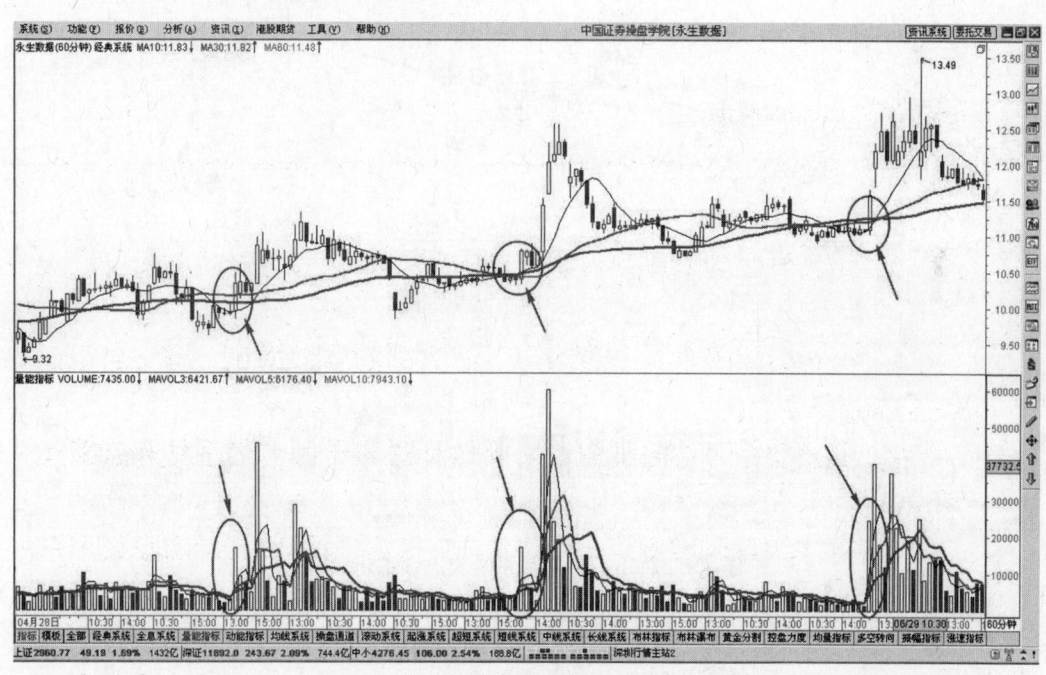

图【121】60分钟均线系统买点训练示意图

分析上边的训练图谱，写下自己的心得体会：

_____
_____
_____
_____
_____
_____
_____
_____
_____
_____

2. 如何选择60分钟均线系统的卖点

【60分钟均线系统卖点训练图谱】

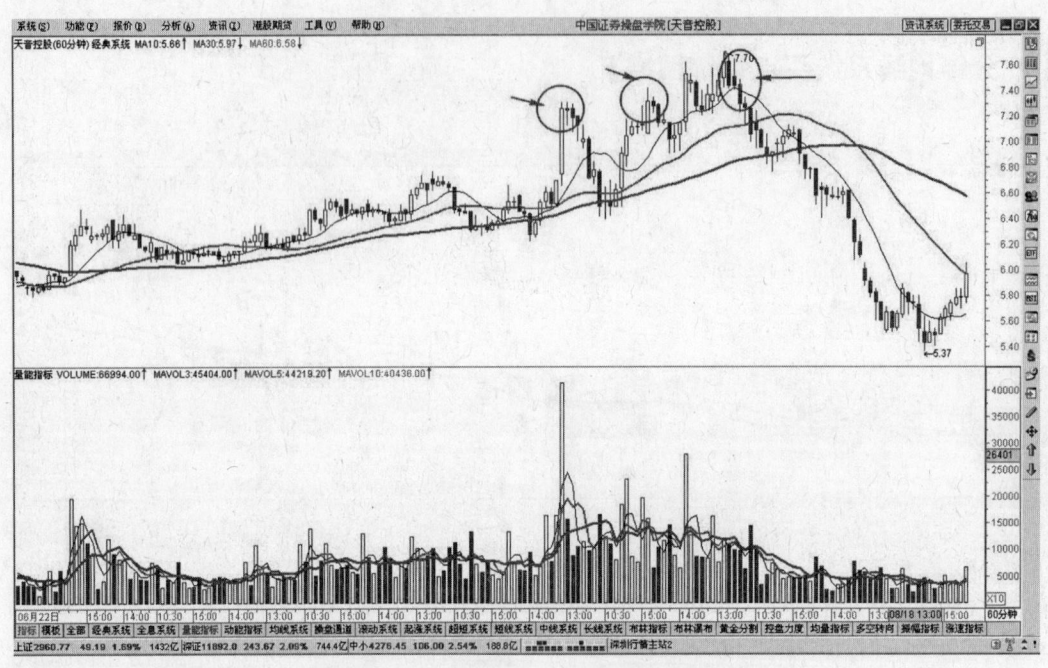

图【122】60分钟均线系统卖点训练示意图

分析上边的训练图谱，写下自己的心得体会：

3. 如何利用 60 分钟均线系统去止盈

【60 分钟均线系统止盈训练图谱】

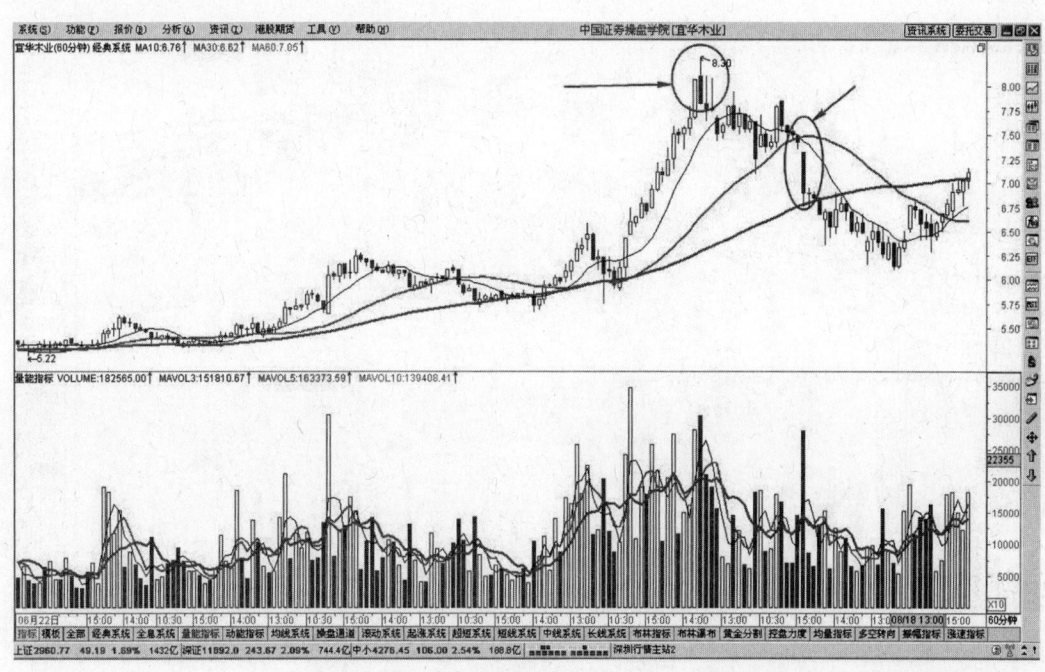

图【123】60 分钟均线系统止盈训练示意图

分析上边的训练图谱，写下自己的心得体会：

4．如何利用 60 分钟均线系统来止损

【60 分钟均线系统止损训练图谱】

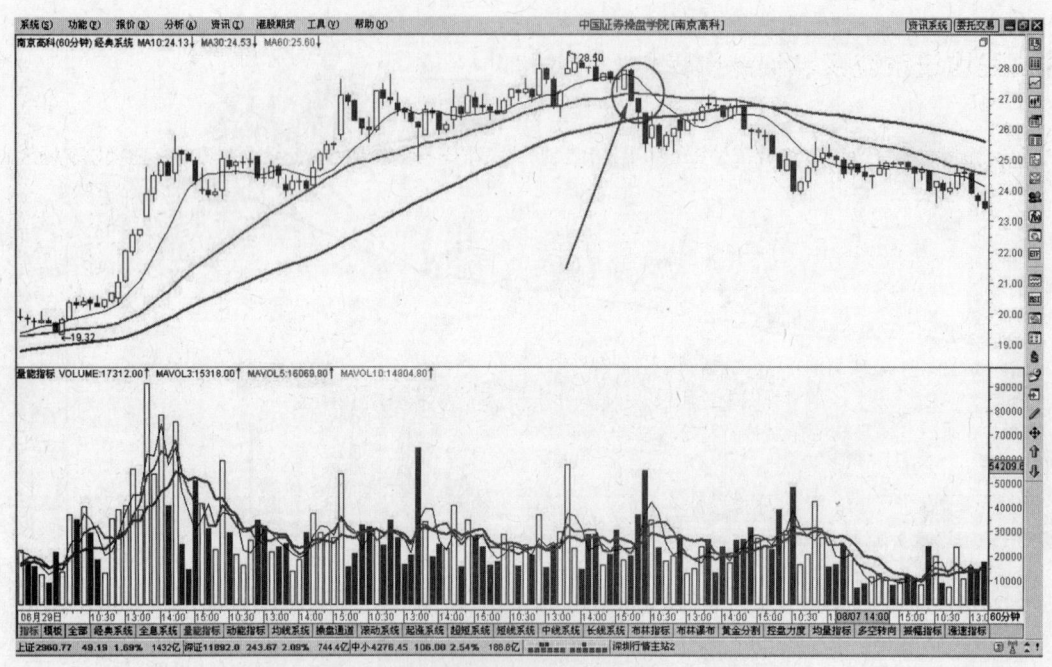

图【124】60 分钟均线系统止损训练示意图

分析上边的训练图谱，写下自己的心得体会：

第2节 日线均线系统操盘训练

1. 如何选择日线均线系统的买点

【日线均线系统买点训练图谱】

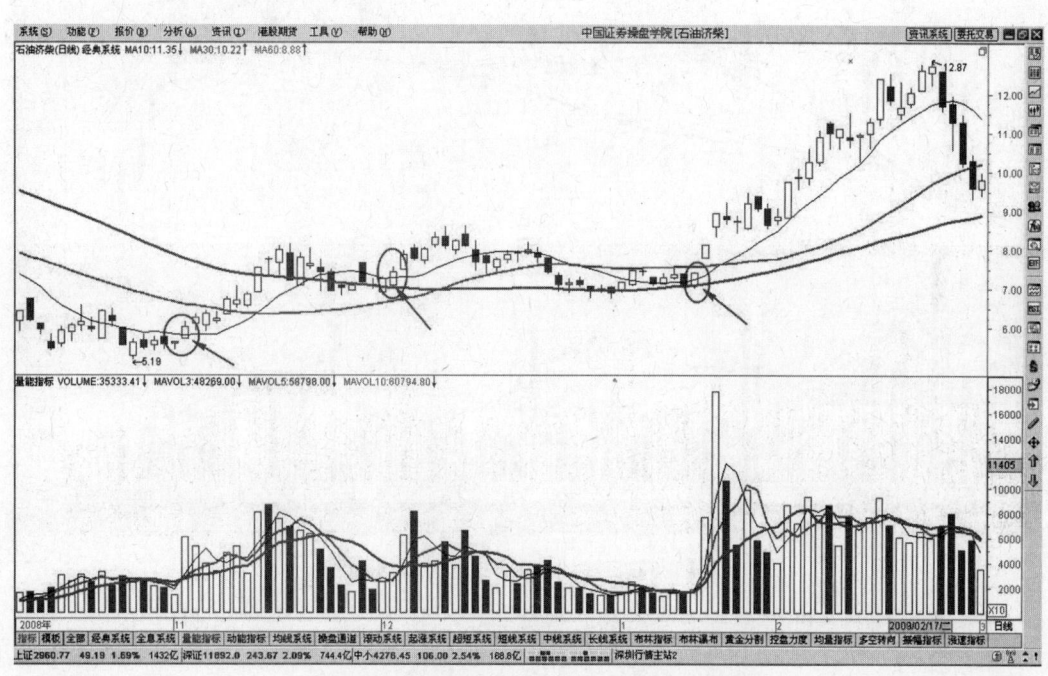

图【125】日线均线系统买点训练示意图

分析上边的训练图谱，写下自己的心得体会：

2. 如何选择日线均线系统的卖点

【日线均线系统卖点训练图谱】

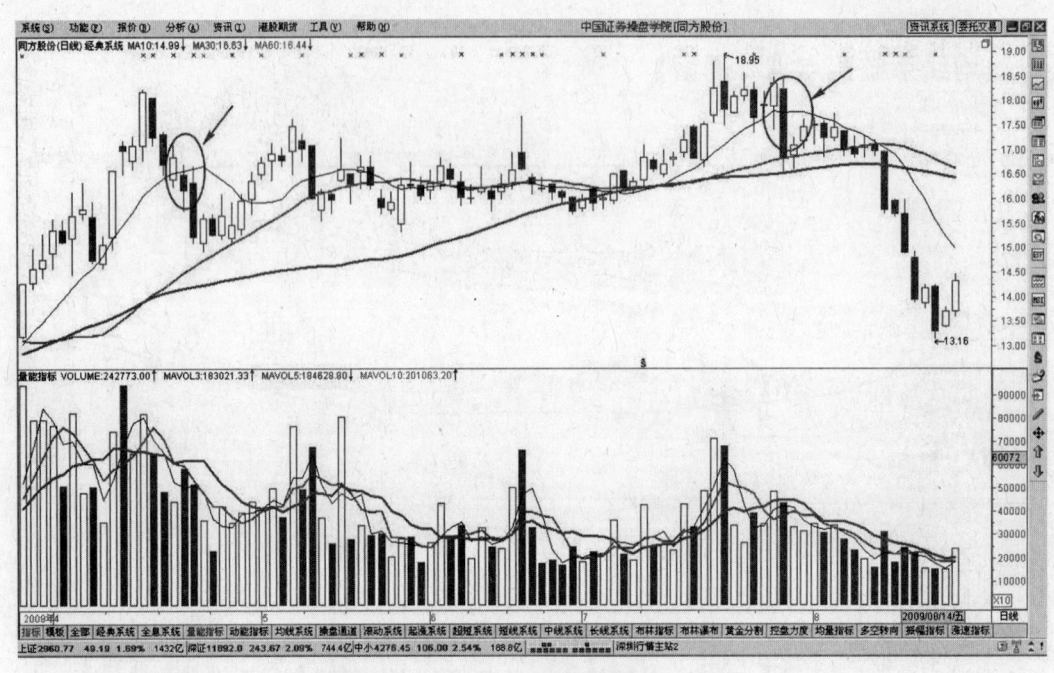

图【126】日线均线系统卖点训练示意图

分析上边的训练图谱，写下自己的心得体会：

3. 如何利用日线均线系统去止盈

【日线均线系统止盈训练图谱】

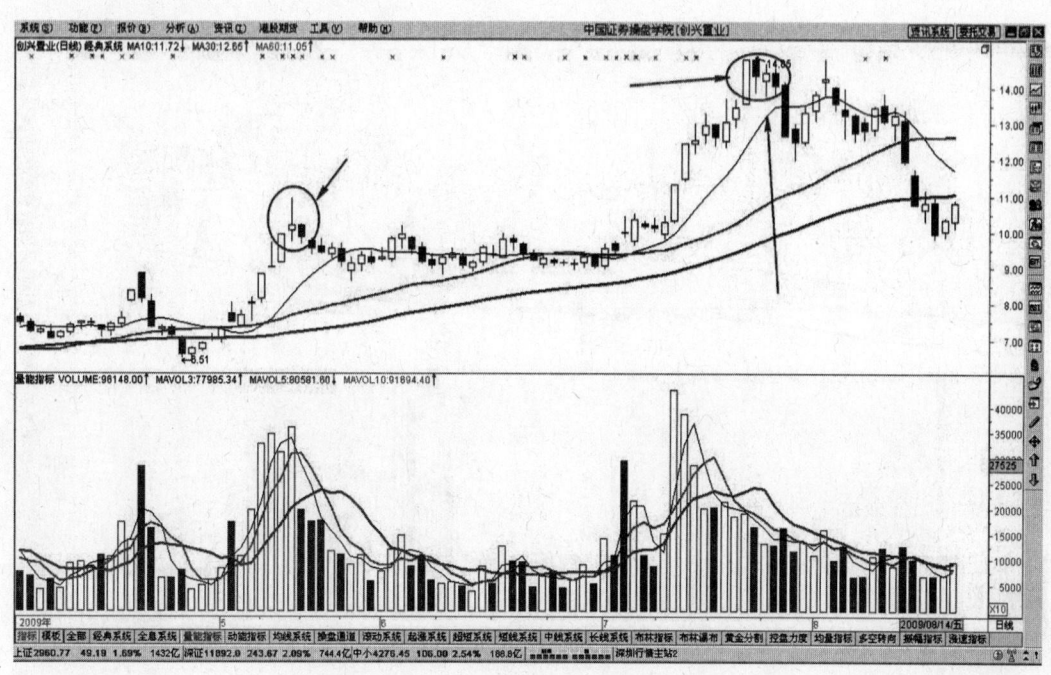

图【127】日线均线系统止盈训练示意图

分析上边的训练图谱，写下自己的心得体会：

4. 如何利用日线均线系统来止损

【日线均线系统止损训练图谱】

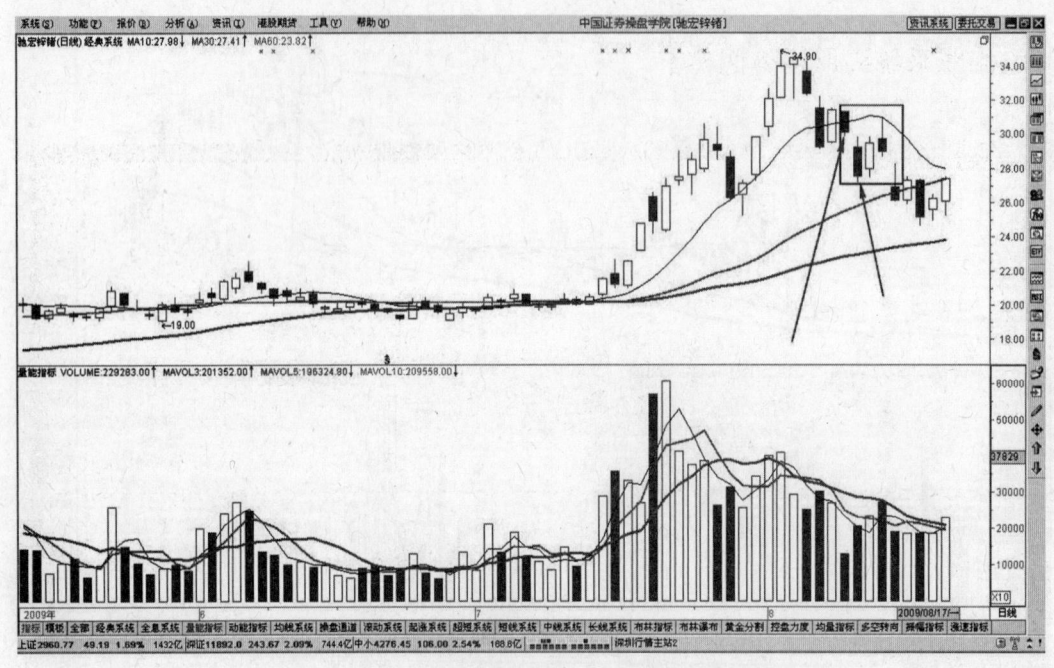

图【128】日线均线系统止损训练示意图

分析上边的训练图谱,写下自己的心得体会:

_____
_____
_____
_____
_____
_____
_____
_____
_____
_____
_____
_____
_____
_____

第3节 周线均线系统操盘训练

1. 如何选择周线均线系统的卖点

【周线均线系统买点训练图谱】

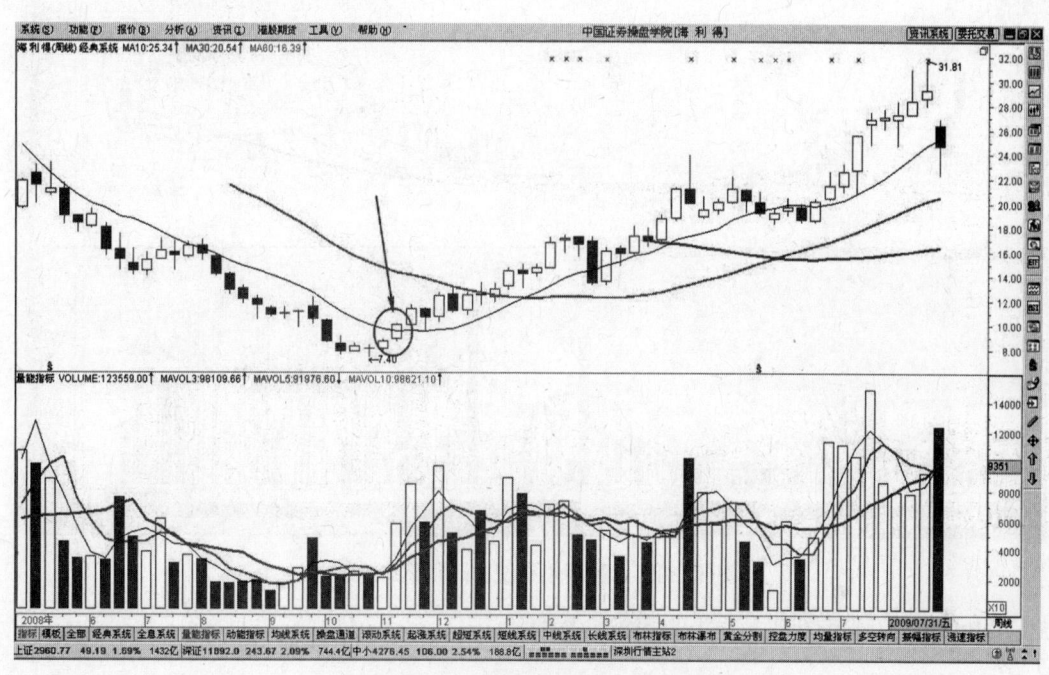

图【129】周线均线系统买点训练示意图

分析上边的训练图谱，写下自己的心得体会：

2．如何选择周线均线系统的卖点

【周线均线系统卖点训练图谱】

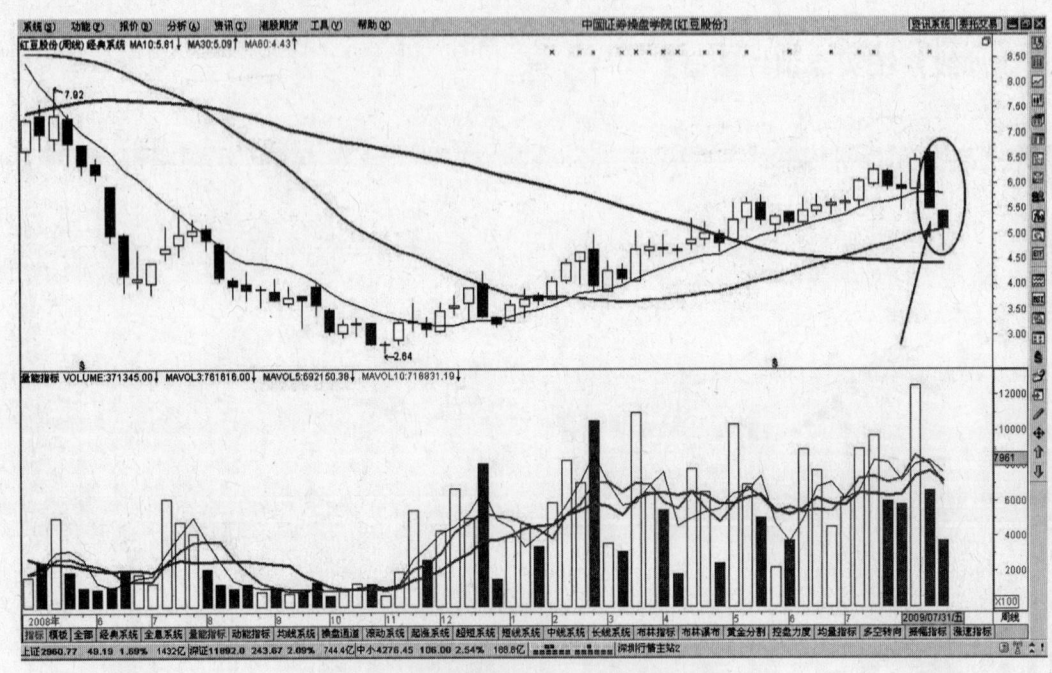

图【130】周线均线系统卖点训练示意图

分析上边的训练图谱，写下自己的心得体会：

3. 如何利用周线均线系统去止盈

【周线均线系统止盈训练图谱】

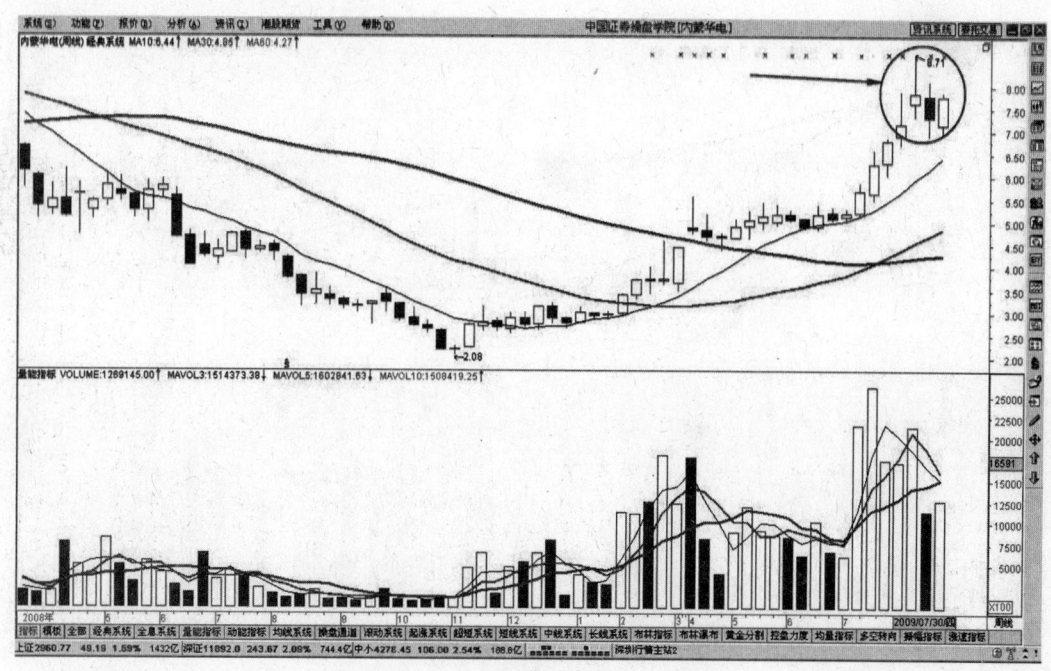

图【131】周线均线系统止盈训练示意图

分析上边的训练图谱，写下自己的心得体会：

4. 如何利用周线均线系统来止损

【周线均线系统止损训练图谱】

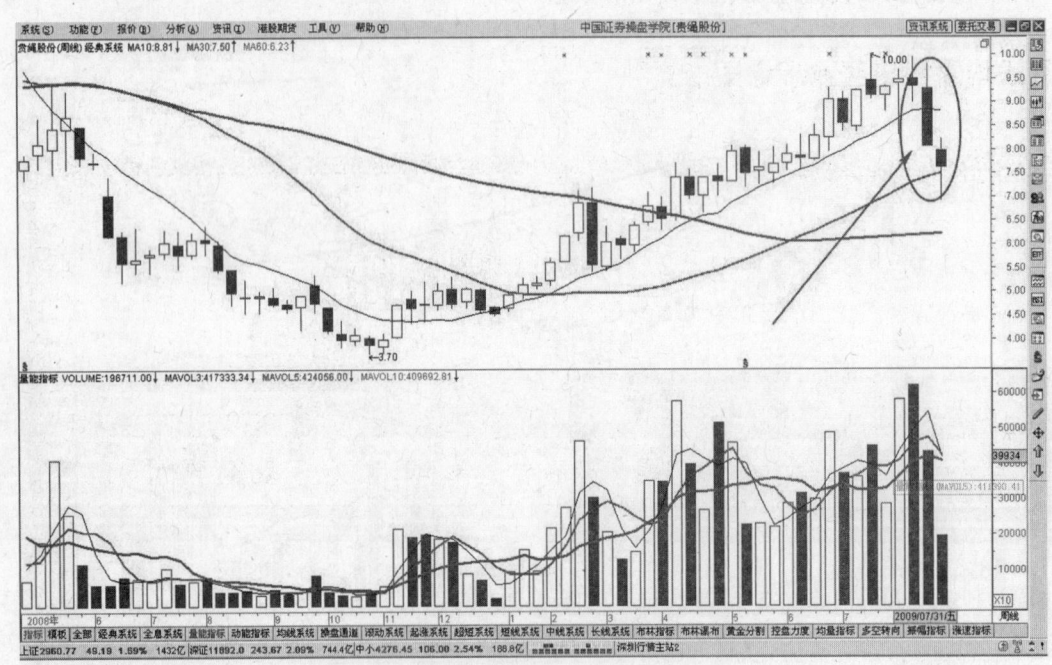

图【132】周线均线系统止损训练示意图

分析上边的训练图谱，写下自己的心得体会：

第4节 月线均线系统操盘训练

1. 如何选择月线均线系统的买点

【月线均线系统买点训练图谱】

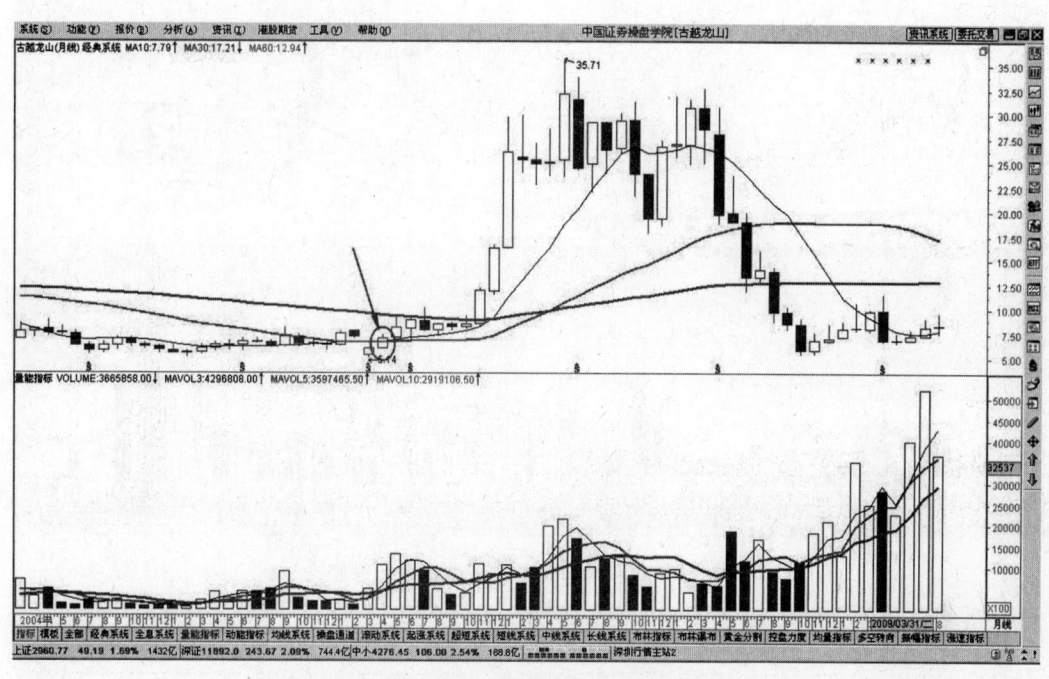

图【133】月线均线系统买点训练示意图

分析上边的训练图谱，写下自己的心得体会：

2. 如何选择月线均线系统的卖点

【月线均线系统卖点训练图谱】

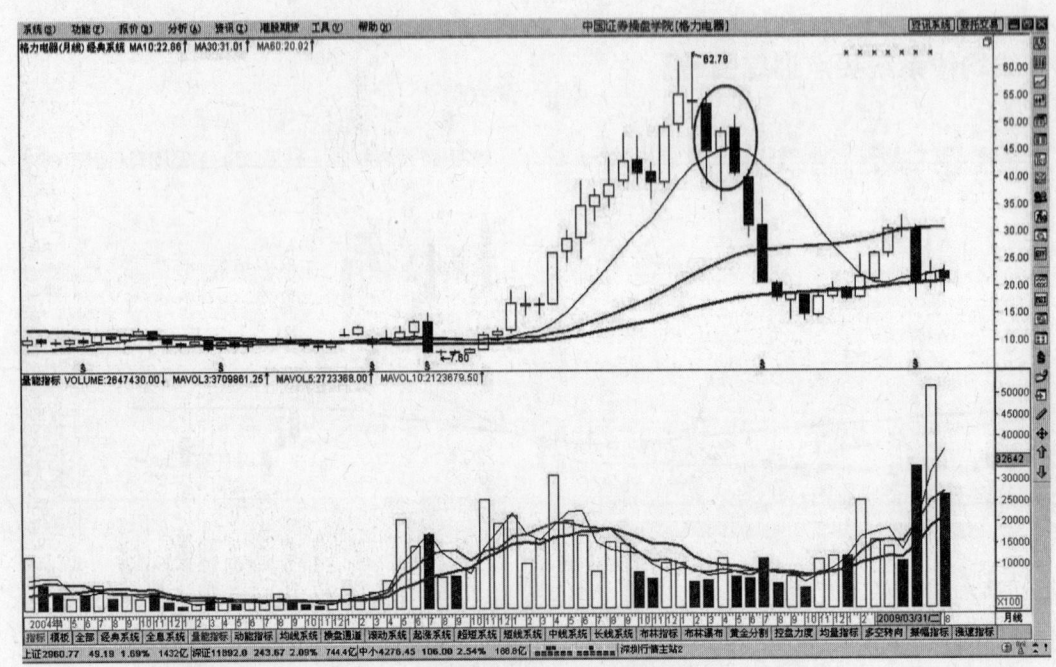

图【134】月线均线系统卖点训练示意图

分析上边的训练图谱,写下自己的心得体会:

3. 如何利用月线均线系统去止盈

【月线均线系统止盈训练图谱】

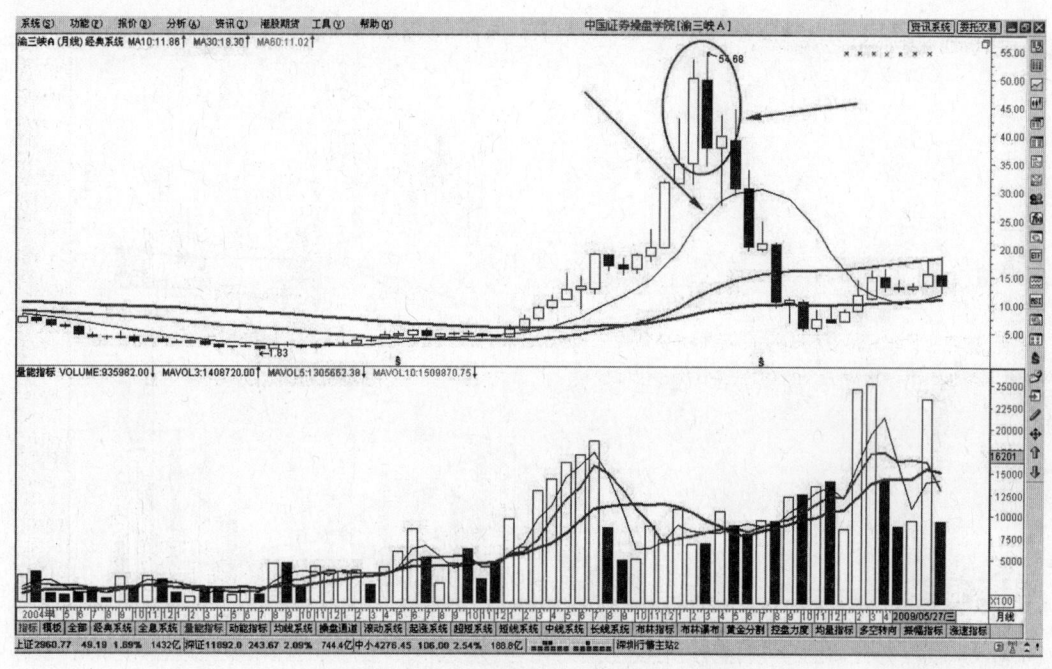

图【135】月线均线系统止盈训练示意图

分析上边的训练图谱，写下自己的心得体会：
_____
_____
_____
_____
_____
_____
_____
_____
_____
_____
_____
_____
_____
_____
_____
_____
_____
_____

4. 如何利用月线均线系统来止损

【月线均线系统止损训练图谱】

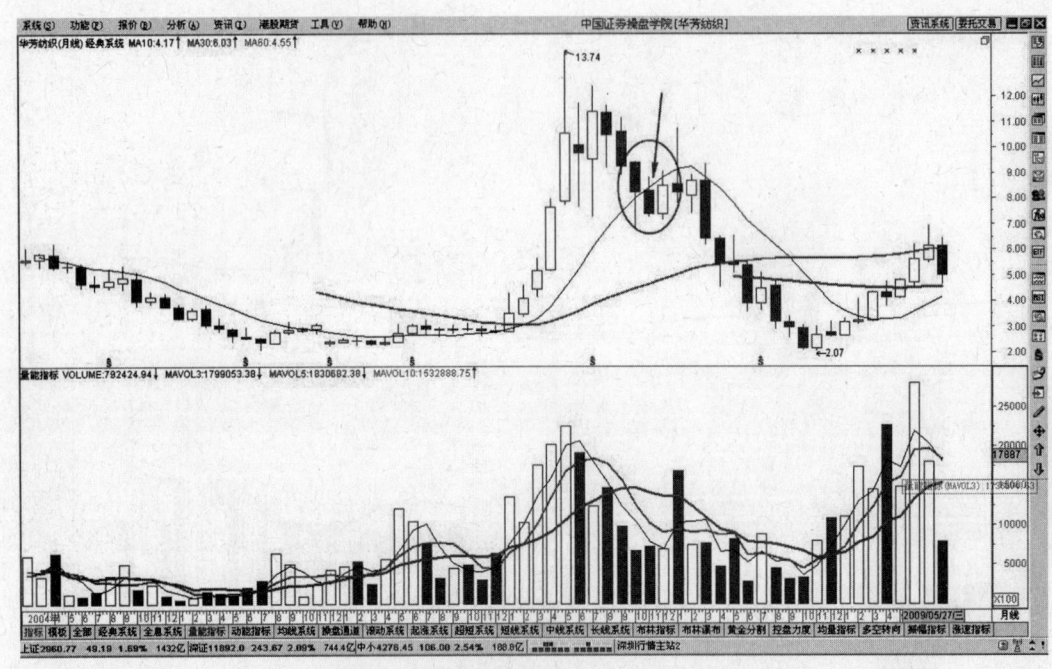

图【136】月线均线系统止损训练示意图

分析上边的训练图谱,写下自己的心得体会:

第七章

学员疑难问题解答

本章学习要点

1. 认真细致地回顾前边学过的均线定式，好好复习和归类，温故而知新。

2. 对照软件和教材，找出自己学习和实战中存在的问题，尝试自己解决。

3. 市场是最好的老师，带着问题去看盘，在实战操盘中尝试寻找答案。

4. 坚持每天写操盘日记，把自己在操作中的疑惑问题记录下来。

5. 坚持每天写好复盘作业，并把复盘作业装订成册，存档备查。

问题 1 135 均线和 136 均线谁更好

问：金老师，我听过你的讲课，很受启发，首先谢谢你。你在讲课时提到过 135 均线和 136 均线，我想咨询一下，我该使用 135 均线好呢，还是使用 136 均线更好？

答：首先你要明确一点，任何技术分析方法，它们本身并没有什么特别的优劣之分，如果说有差别，主要还是取决于使用者，也就是人的因素起决定性作用。就拿均线系统来说，有人喜欢简单平均，有人喜欢算术平均，有人喜欢加权平均，有人喜欢原始的，有人喜欢平滑的，个人所好，不必强求一致。你提到的 135 均线，实际上就是取材于斐波纳奇数列的一种均线组合，参数分别是 13、34、55，是一种比较另类的均线交易系统。而 136 均线则是比较大众化的均线交易系统。请看下边的对比图，不难发现，二者并没有本质的区别。

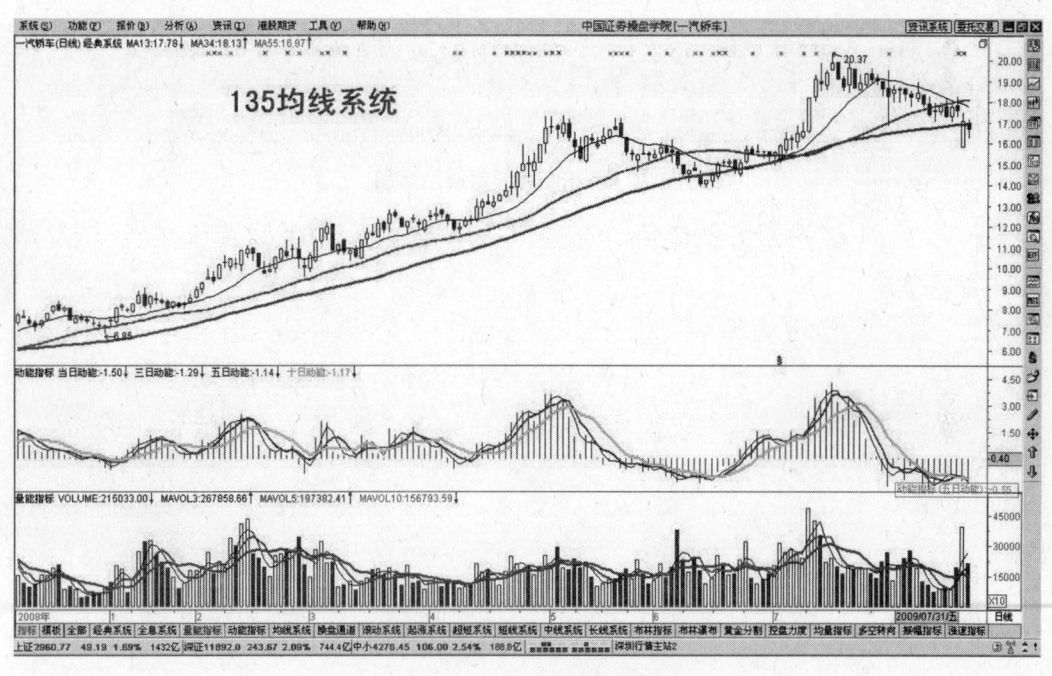

图【137】135 均线系统示意图

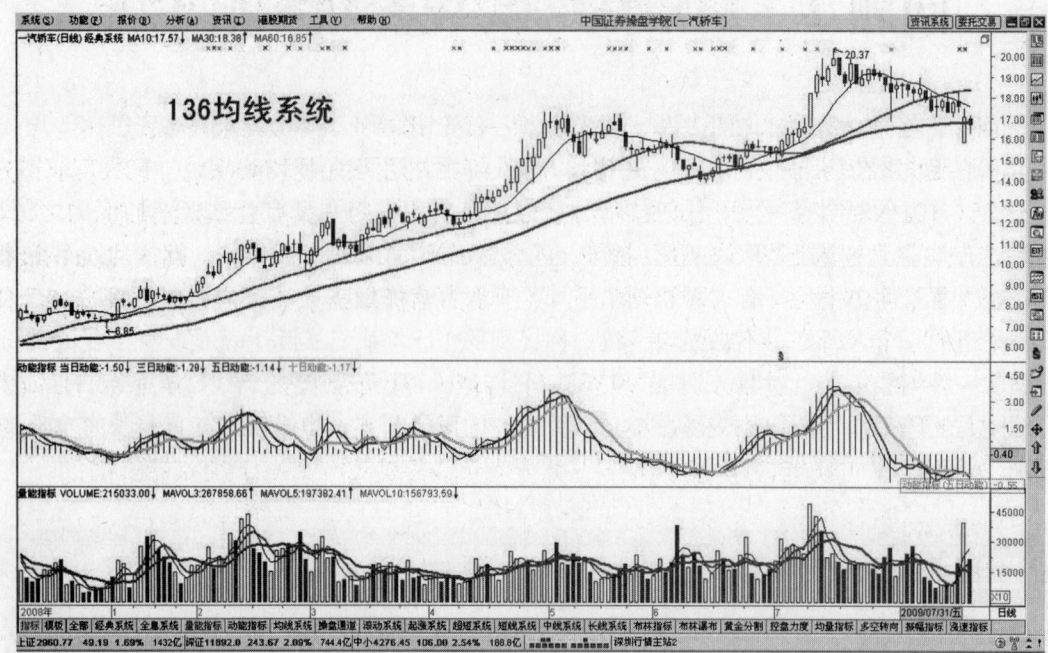

图【138】 136 均线系统示意图

问题 2 超短线的均线参数如何设置

问：金老师，我喜欢做超短线，我想请教一下，选择什么参数比较合适？

答：超短线的玩法很讲技术，在均线方面，建议选用超短线均线系统，参数可以设定为 3、5、10，其中 3 日均线用来观察攻击力度，5 日均线用来观察主力操盘意愿，10 日均线用来观察主力的进出情形和短期趋势。通常情况下，10 日均线朝上，属于主力积极操作区域，可以积极做多。10 日均线朝下，属于主力消极做盘区域，应该保持观望。具体而言，可以分析如下，供你操盘参考。

第一种情况，10 日均线走平并呈现为向上趋势，股价带量从下向上穿越 10 日均线。如图【139】所示。这是很好的买入点，是波段行情的起点，也是我们讲授的 136 均线系统起涨突破点，它表明股价将继续上升，投资者可以跟随 10 日均线反复滚动操作。

【实战图谱】

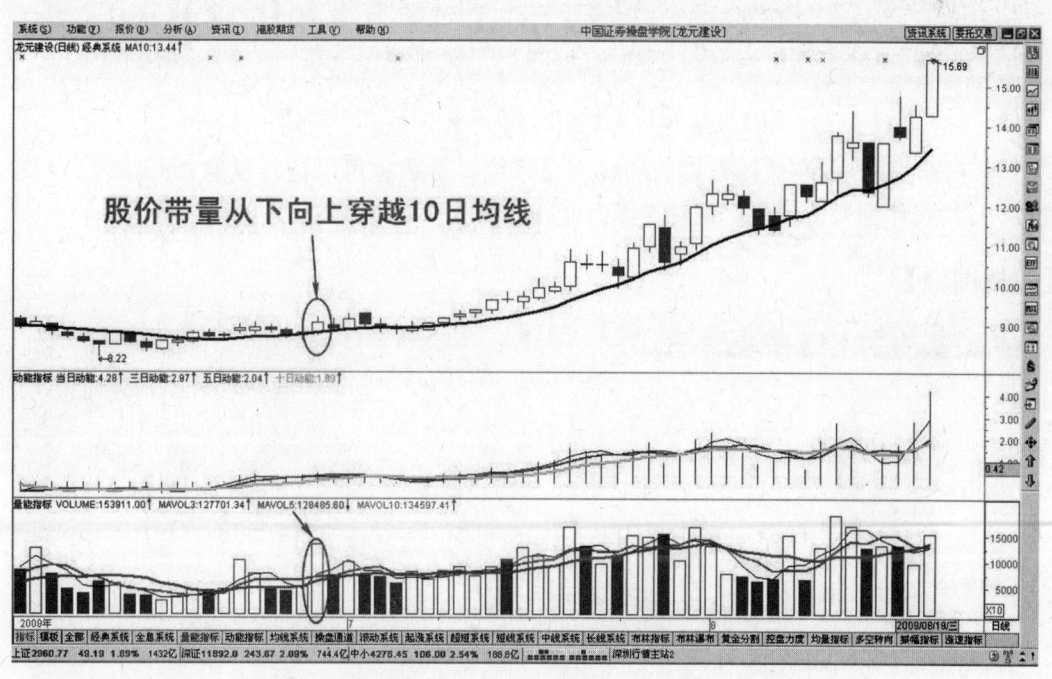

图【139】股价带量从下向上穿越 10 日均线示意图

第二种情况，10 日均线朝上运行，股价拉升过快，出现了比较大的乖离率，终于出现回落，但回落到 10 日均线附近就打住了，没有击穿 10 日均线，这是强势洗盘的特征之一，只要股价没有真正有效地击穿 10 日均线，就说明主力还在坚守阵地，投资者可以在 10 日均线附近大胆狙击，或者加码买进。如图【140】所示。

【实战图谱】

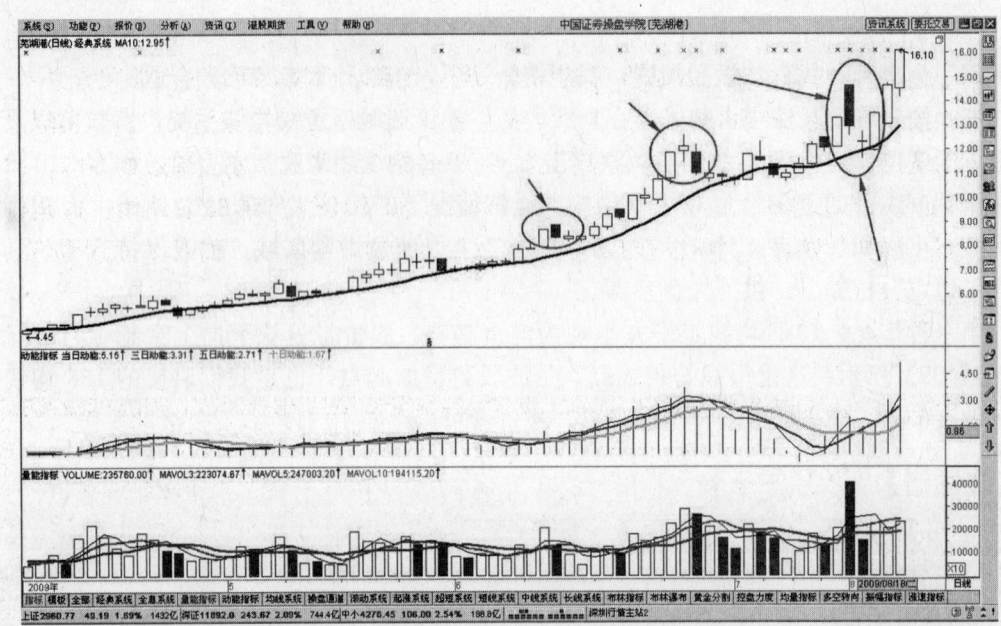

图【140】股价从上向下回落不破10日均线示意图

至于刚才说到的超短线常用的均线交易系统,参数也可以这样设定:3、5、10、30,把30日均线作为最后防线,观察支撑力度。如图【141】所示。

【实战图谱】

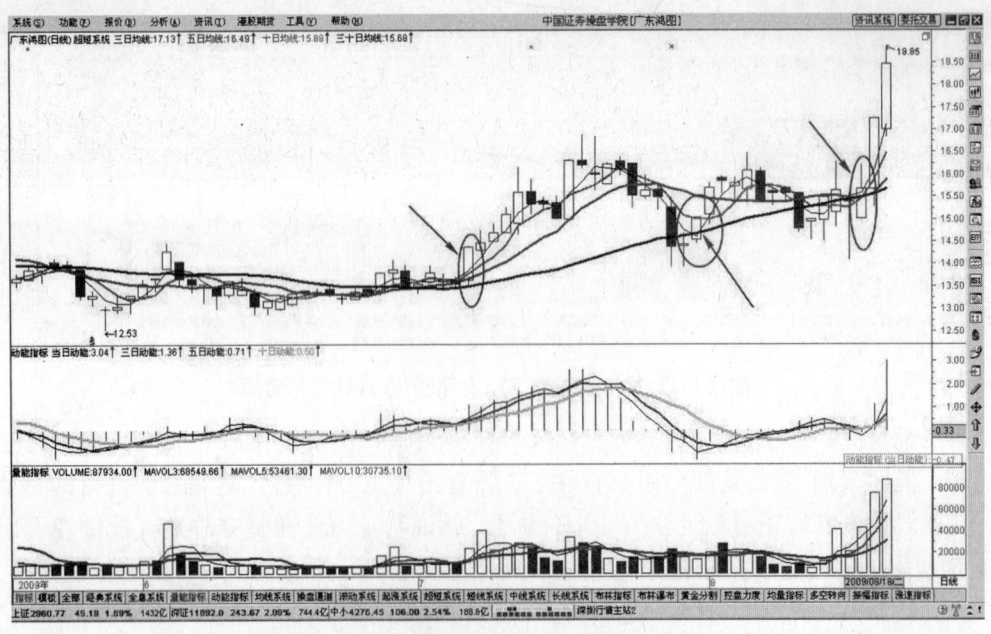

图【141】超短线常用的均线交易系统示意图

问题 3　有没有一定会涨的均线信号

问：金老师，5日均线上穿多少日的均线为最佳的买入时机，可以说涨势稳定的？

答：按照传统起涨技术的说法，5日均线上穿10日均线为短期最佳买点，但实际上它的有效性值得怀疑。要寻找稳涨的均线组合，可以考虑136均线，参见前边的内容。或者5日均线上穿10日均线、10日均线上穿30日均线、30日均线上穿60日均线，这是典型的强势多头排列，说明主力积极做多的力度很强劲，后市坚决看涨。如图【142】所示。

【实战图谱】

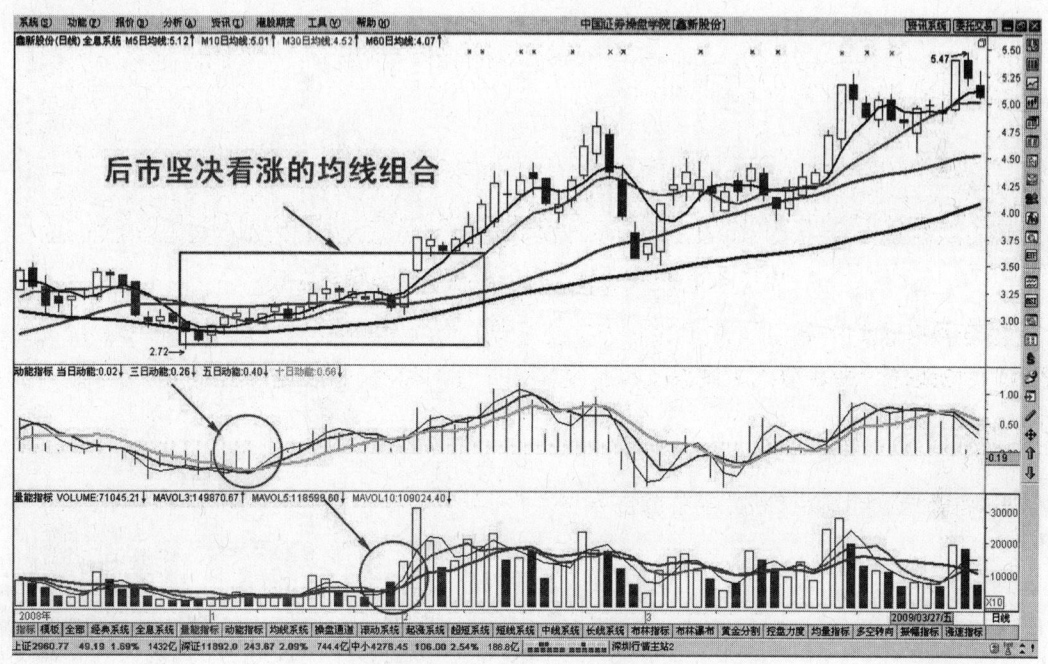

图【142】后市坚决看涨的均线交易系统示意图

问题4 三线开花是不是必涨的均线组合

问：金老师，听说三线开花是必涨的均线组合，您能介绍一下吗？

答：不客气。首先要说明一下，世界上没有绝对的东西，所谓必涨，也只是上涨的概率比较大而已，但不排除有意外情形出现。至于三线开花，有很多版本，我的理解是136均线加动能线，再加量能线，这三组指标线都同时金叉朝上，上涨的概率就很大。如图【143】所示。

【实战图谱】

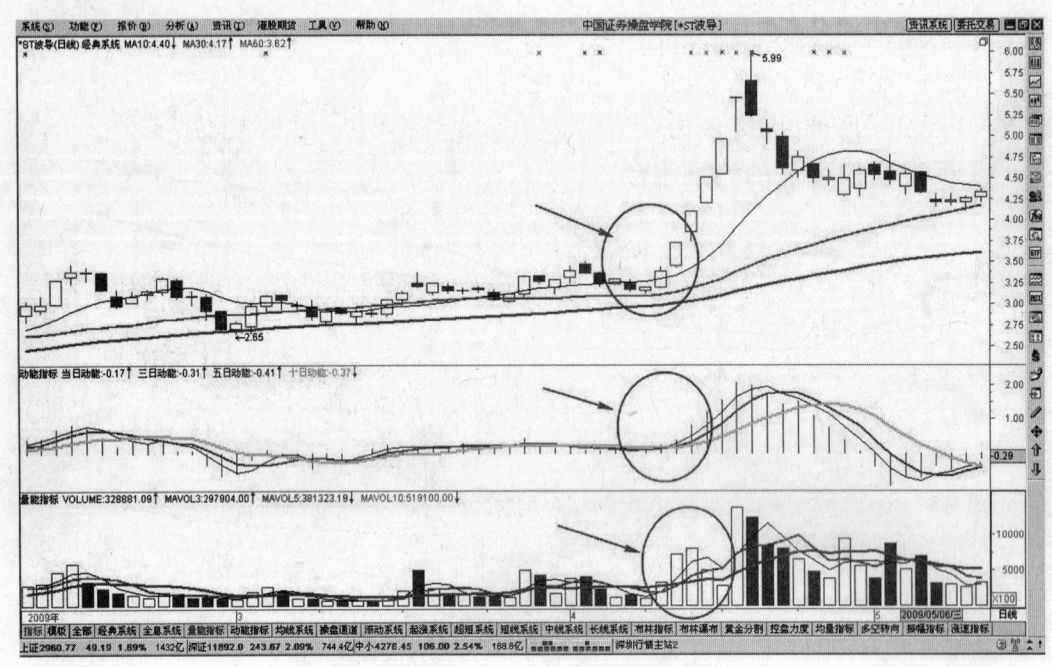

图【143】后市坚决看涨的三线开花示意图

问题 5　哪种周期组合的均线最靠谱

问：金老师，请问哪种周期组合的均线最靠谱？

答：均线涉及的内容很多，博大精深，见仁见智，我个人的看法是，最好选择大多数人都在使用的均线组合，如此更能贴近市场。例如：

M5：MA（CLOSE，5）；

M10：MA（CLOSE，10）；

M20：MA（CLOSE，20）；

M30：MA（CLOSE，30）；

M60：MA（CLOSE，60）；

M120：MA（CLOSE，120）；

M250：＝MA（CLOSE，250）。

这种均线组合最能反映市场的声音，可以作为操盘的参考。如图【144】所示。

【实战图谱】

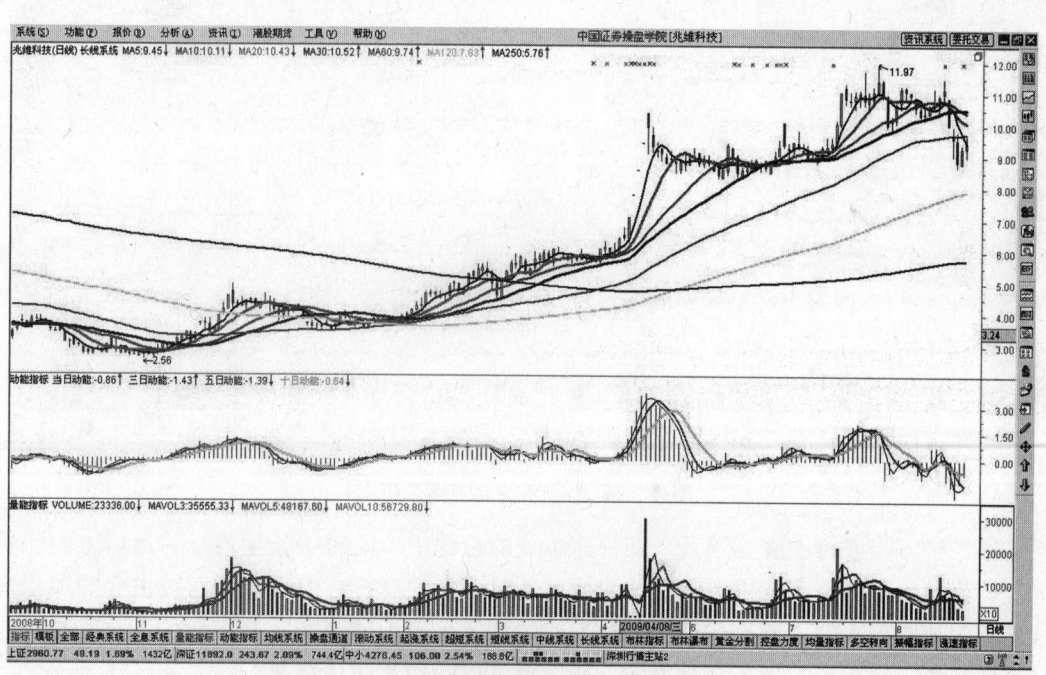

图【144】大多数人都在使用的均线组合示意图

问题6 什么叫均线背离

问：金老师，请问什么叫均线背离？

答：所谓均线背离，是指下边两种情况：

第一种，当股价下跌见底后，从底部上涨时，此时中长期均线的运行方向一般都是向下的，当股价突破一根均线以后，股价的运行方向与所突破的均线的方向是"交叉"并相反的，这就是均线背离。因为此时处于底部区域，所以也可以叫作均线底背离。如图【145】所示。

【实战图谱】

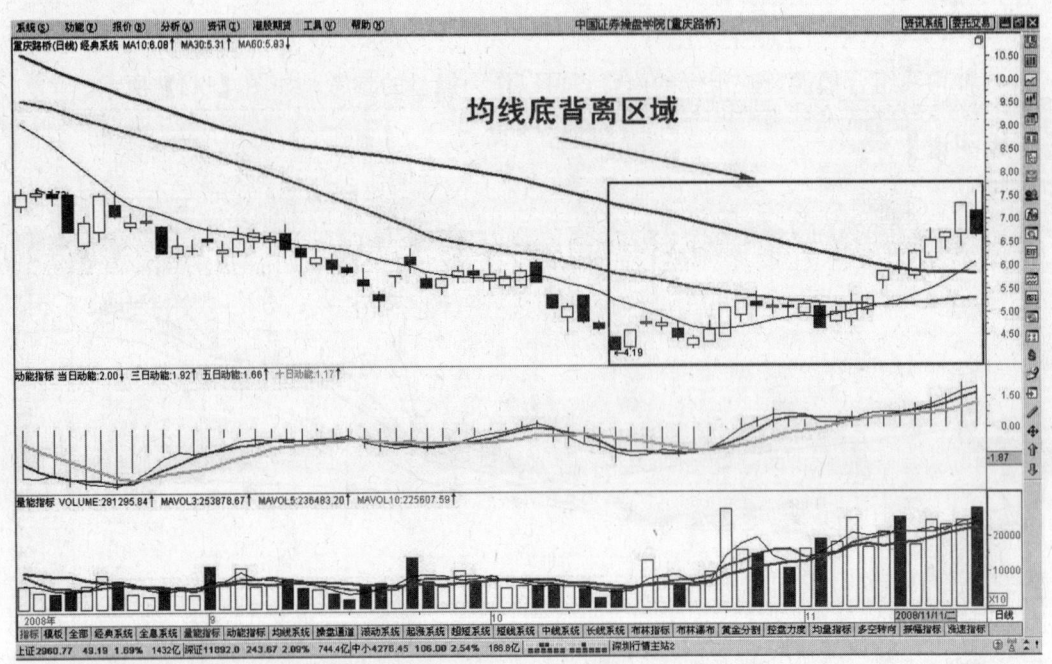

图【145】均线系统底背离示意图

第二种，当股价上涨见顶后，在快速下跌的过程中，此时中长期均线的运行方向仍然向上，当股价快速击穿一根中长期均线后，此时股价的运行方向向下，而被击穿的那根均线的方向却是向上的，股价与被击穿的均线的方向呈现为"交叉"并相反的，这就是均线背离的现象。因为此时处于顶部区域，所以也可以叫作均线顶背离。如图【146】所示。

【实战图谱】

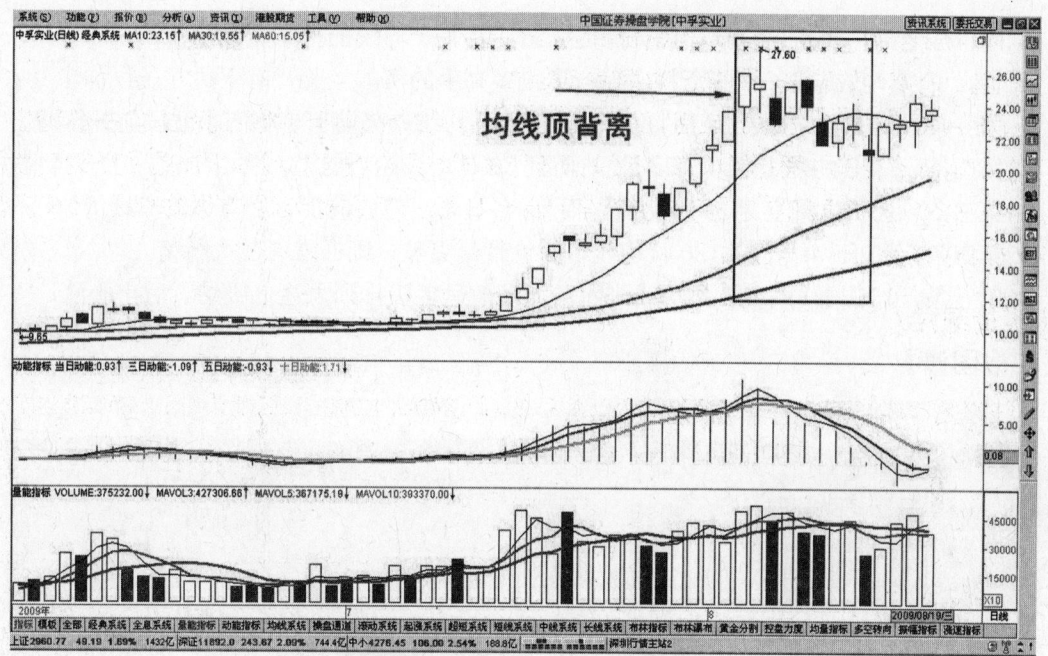

图【146】均线系统顶背离示意图

问题 7 关于均线的基本定律

问：金老师，我是一位新股民，您能介绍一些关于均线的基本定律吗？

答：可以，我查阅了一些资料，综合了很多高手的实战经验，有下边几条供你参考：

第一条，5日均线上穿10日均线，而且10日均线趋势向上，将有小波段上升行情。

第二条，10日均线上穿30日均线，而且30日均线趋势向上，将有中波段上升行情。

第三条，股价放量上穿60日均线，而且60日均线趋势向上，必有大波段行情。

第四条，60日均线上穿120日均线，股价带量突破，则通常有较大行情。

第五条，136均线系统3条均线刚刚向上发散呈多头排列可逢低吸纳，后市必涨。

【实战图谱】

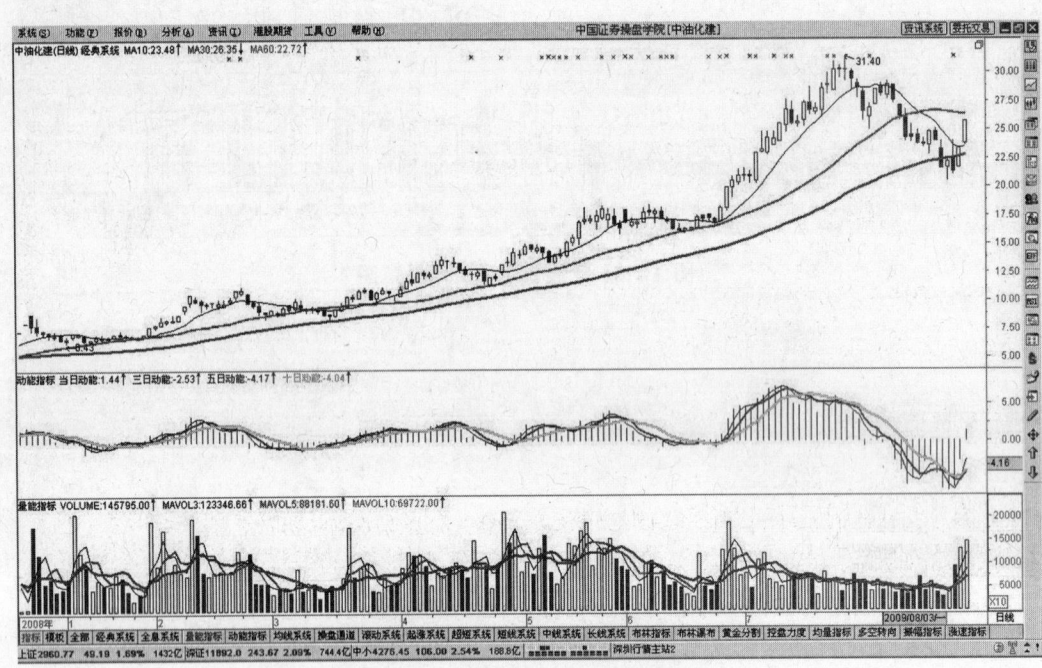

图【147】均线系统必涨定律示意图

问题8　用均线判断一只股票有没有大机构

问：金老师，怎么用均线判断一只股票有没有大机构在操作？

答：这个问题很简单，看它的图形，如果K线上下乱跳，成交量忽大忽小，均线忽开忽合，凡此种种，都表明该股没有大机构进驻，也没有长线控盘主力，更没有高水平的操盘手主持工作，即使有机构在里边，也是消极操盘，无心恋战，导致盘面失控，均线凌乱。这样的股票还是少碰为好。

【实战图谱】

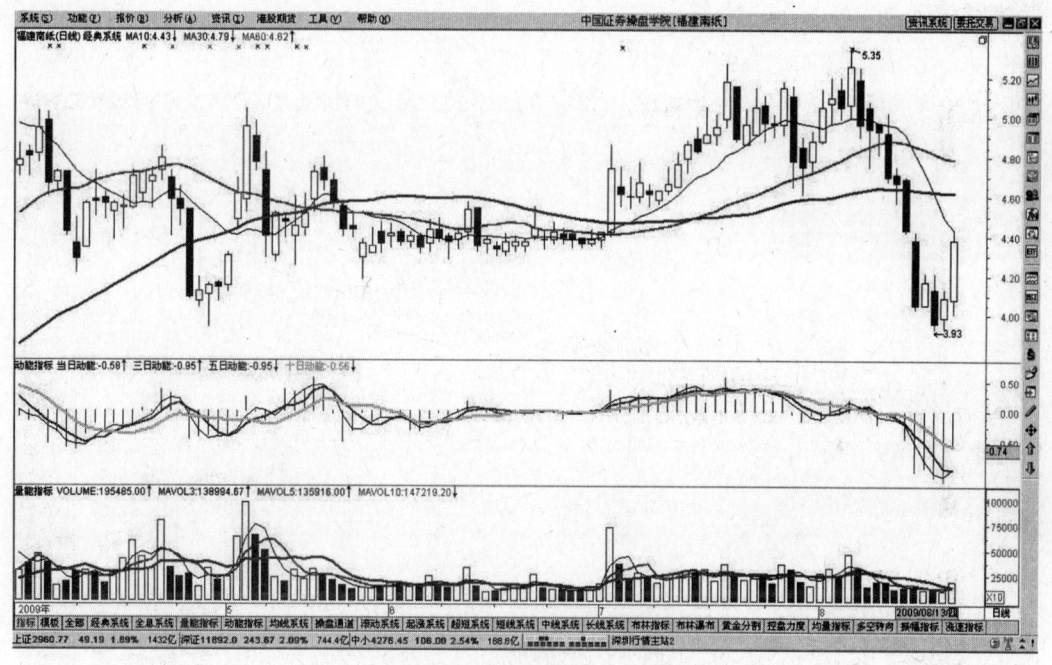

图【148】均线系统凌乱示意图

第八章

均线操盘口诀图解

本章学习要点

1. 熟读下边列举的均线操盘口诀,并在实战中反复演练。
2. 对照软件,尝试着自己总结更多有用的均线操盘口诀。
3. 将经典的走势图打印出来,贴在显眼的地方备查。
4. 对照软件,将下边的均线操盘口诀和K线图一一对应分析。
5. 对照软件,将下边的均线操盘口诀和成交量一一对应分析。

口诀1 牛熊线走平，老熊要变频

【技术特征】

第一，年线也叫牛熊线，是判断大趋势的重要依据，可信程度很高。如图【149】所示。

第二，如果年线由下跌趋势转为走平，呈现为拐头向上的趋势，意味着熊市将要结束。

第三，年线的参数，可以选择250，也可以选择240，或者233，本质相同。

第四，在操作上，一旦反应最快的年线4开始走平，可以积极操作。

【实战图谱】

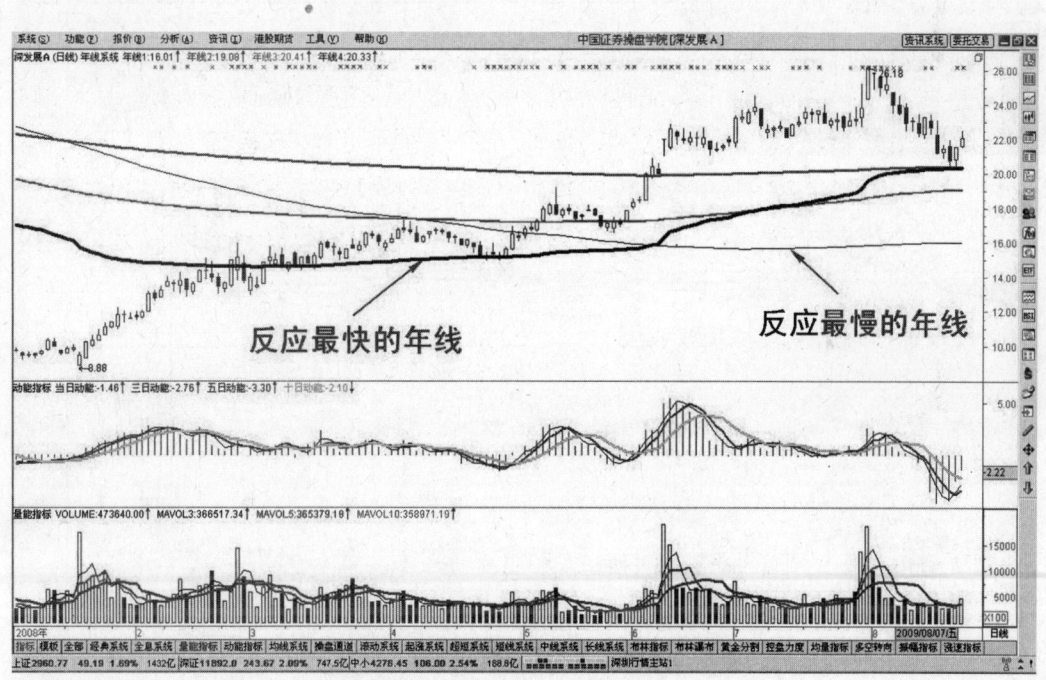

图【149】年线均线系统示意图

口诀2　牛熊线上拐，回踩逢低买

【技术特征】

第一，牛熊线也叫年线，是确定大趋势的大均线，如图【150】所示。

第二，牛熊线上拐，说明多头不断进场吸筹，股价的趋势很有可能发生逆转。

第三，如果牛熊线很坚挺，那么每一次缩量回踩，都是买进机会，不要错过。

第四，在操作上，长线投资者可以逢低买进，短线投资者则耐心等待放量突破时再买进也不迟，没有必要过早介入。

【实战图谱】

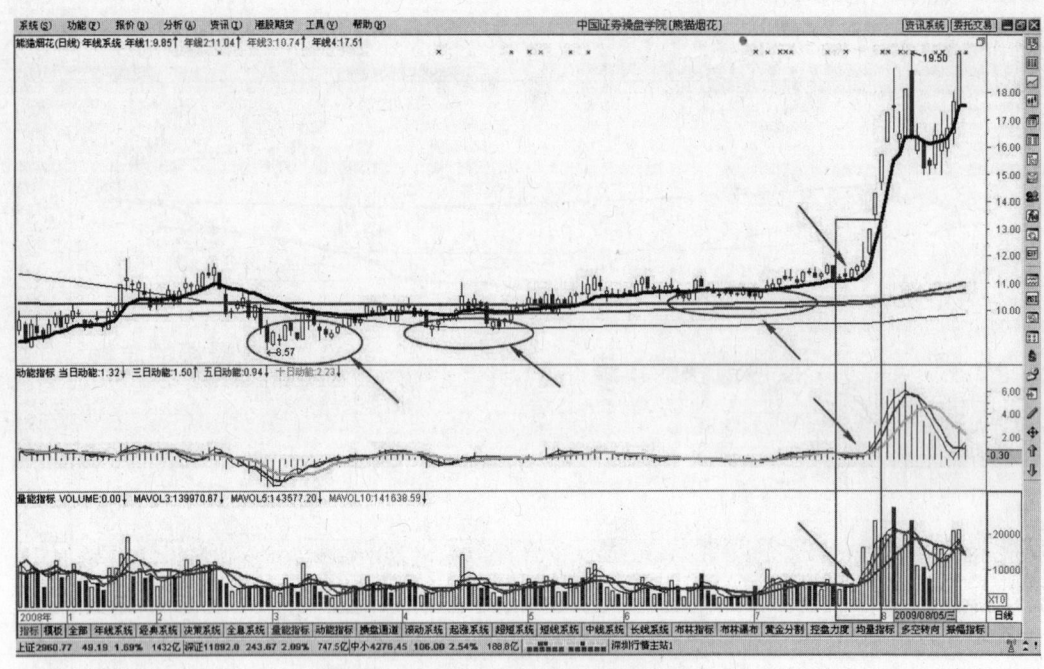

图【150】年线均线系统回踩买入法示意图

口诀3　牛熊线下行，尽快把仓清

【技术特征】

第一，牛熊线下行，意味着大级别的调整已经展开。如图【151】所示。

第二，股价一旦有效击穿牛熊线，后市不容乐观，跌幅巨大。

第三，如果放量下跌，说明主力此时正在拼命出逃，不计成本甩货。

第四，在操作上，要尽快止损，不要有任何幻想。漫漫熊途，不要留步！

【实战图谱】

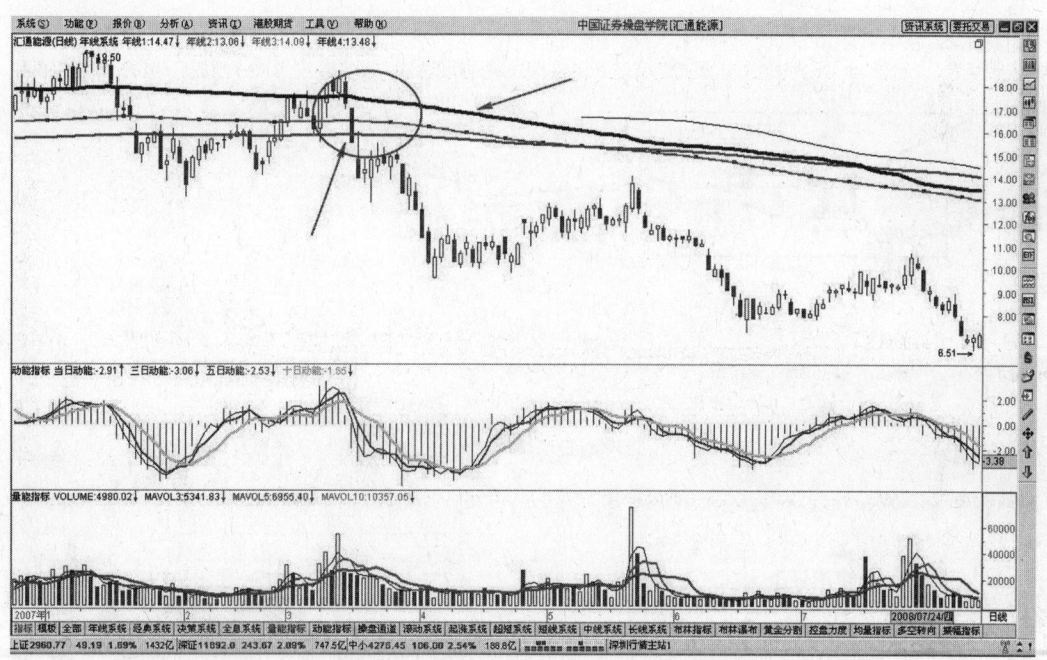

图【151】年线均线系统下行示意图

口诀4 趋势线暧昧,空仓等机会

【技术特征】

第一,120日均线也叫趋势线,是决定股价趋势的重要均线。如图【152】所示。

第二,趋势线方向不明,说明此时处于整理阶段,后市走势不明确。

第三,短线投资者可以空仓观望,不要介入。

第四,在操作上,只有等待明显的大阳线突破信号出现时,才是介入良机。

【实战图谱】

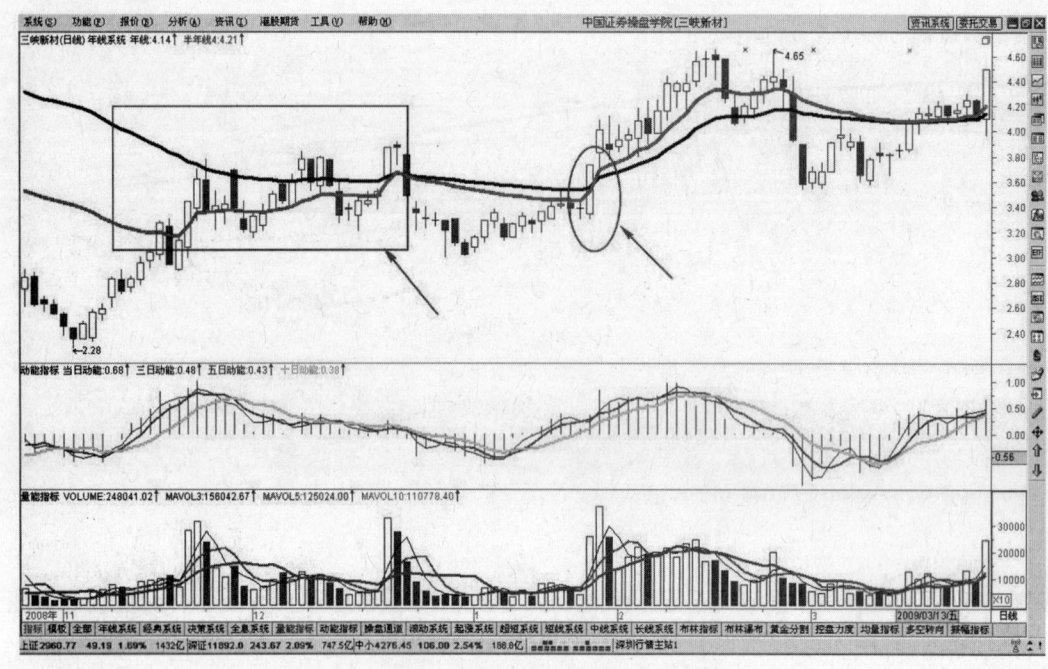

图【152】等待半年线均线系统示意图

口诀5 跌穿牛熊线，至少熊半年

【技术特征】

第一，牛熊线决定了行情的性质，跌穿牛熊线，就是熊市。如图【153】所示。
第二，股价有效跌穿牛熊线，整理的时间漫长，至少也要半年。
第三，牛熊线之下的行情，都是反弹行情，操作要谨慎，期望值不要过高。
第四，每一次反弹，高度很难超过前高，说明熊途漫漫，后市还将继续下跌。

【实战图谱】

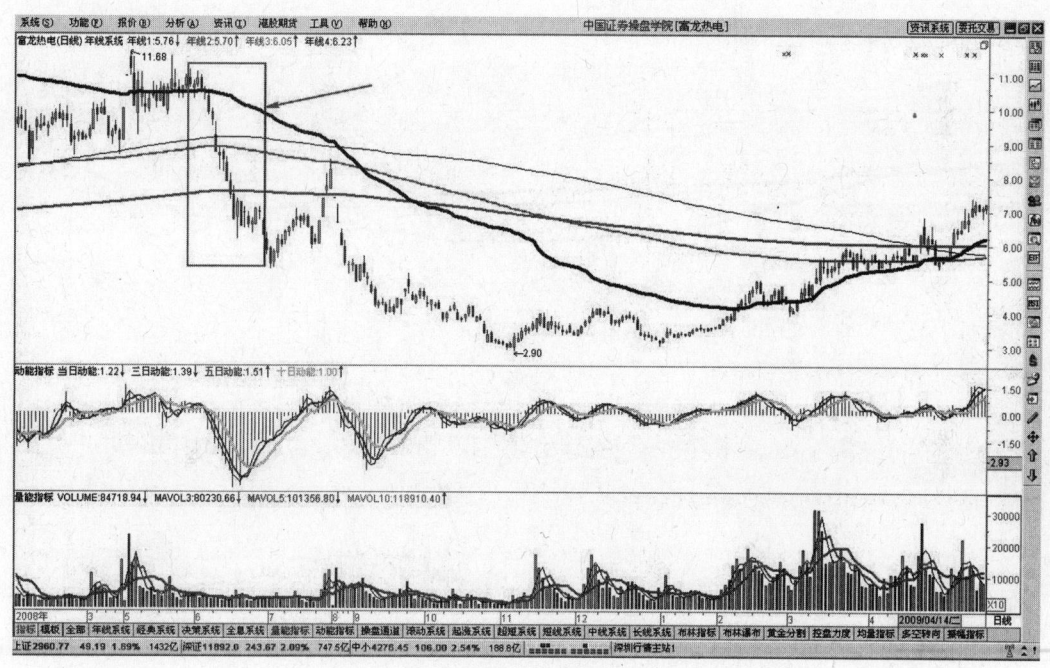

图【153】深跌破年线均线系统示意图

口诀6　站上牛熊线，曙光在眼前

【技术特征】

第一，股价从下向上突破牛熊线的压制，成功站稳在牛熊线之上。如图【154】所示。

第二，能够突破牛熊线的压制，说明多头的实力强大，攻击力度强劲。

第三，如果能够有效突破牛熊线的压制，说明牛市行情已经展开。

第四，在操作上，此时可以大胆操作，每一次缩量回调，都是很好的机会。

【实战图谱】

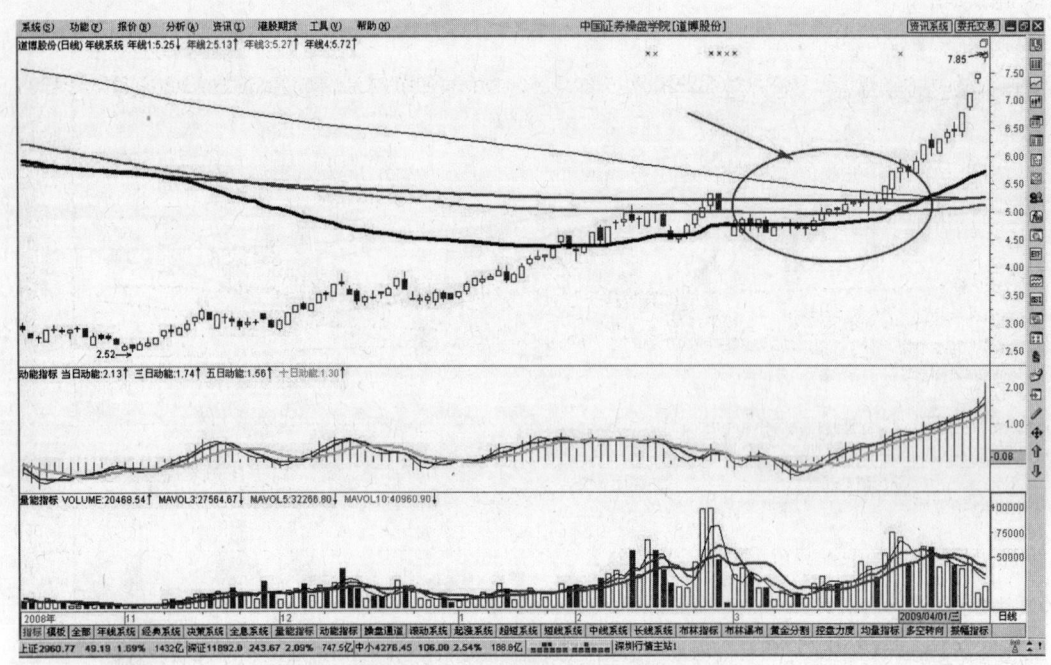

图【154】拐头上年线均线系统示意图

口诀7　一阳穿三线，神仙帮数钱

【技术特征】

　　第一，牛熊线向上，说明行情的性质是牛市行情。如图【155】所示。

　　第二，短中期均线粘合在一起，说明持仓成本很接近，行情即将爆发。

　　第三，股价放量穿越粘合均线的压制，连穿三线，说明攻击力度强劲。

　　第四，在操作上，此时可以积极买入，滚动式建仓，也可以在随后的回调时逢低买进。

【实战图谱】

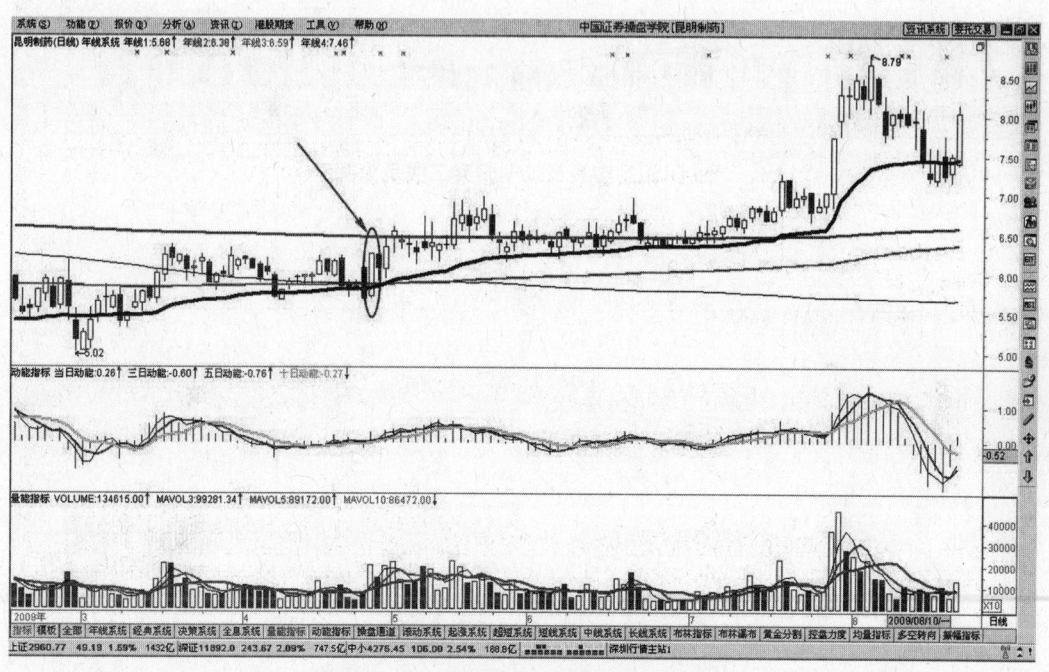

图【155】均线系统一阳穿三线示意图

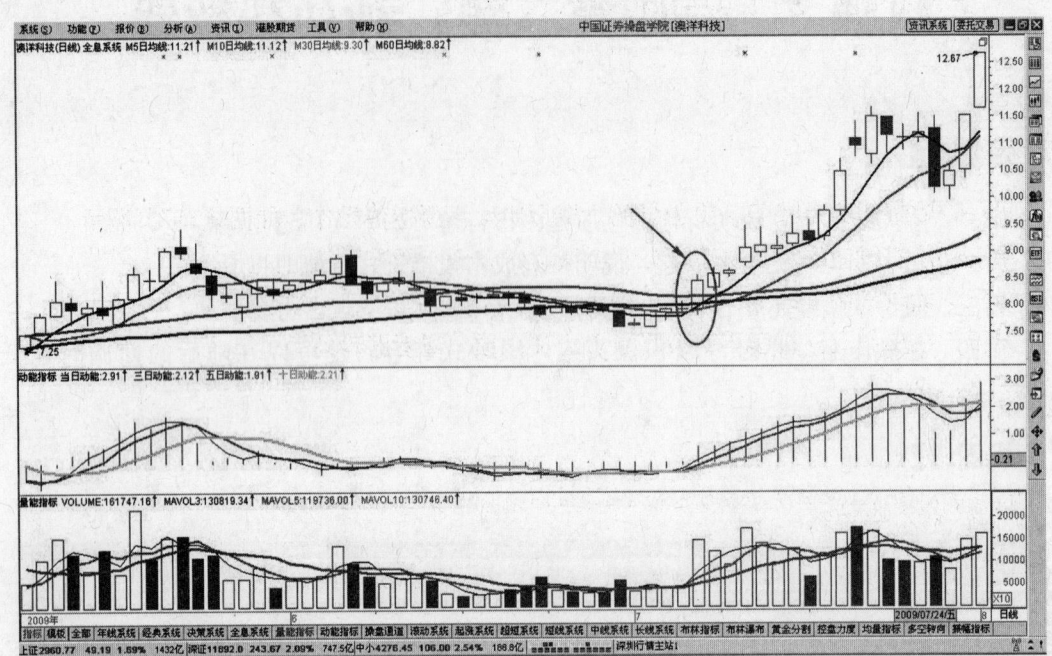

图【156】均线系统一阳穿三线示意图

口诀8　趋势线下拐，千万不要买

【技术特征】

第一，顺势而为是我们一贯倡导的投资原则，不要逆势操作。如图【157】所示。

第二，趋势线向下，说明市场处于空头行情，没有操作价值。

第三，此时最明智的选择是空仓观望，千万不可手痒，自寻烦恼。

第四，在操作上，被套牢的投资者要逢高止损，或者滚动解套。

【实战图谱】

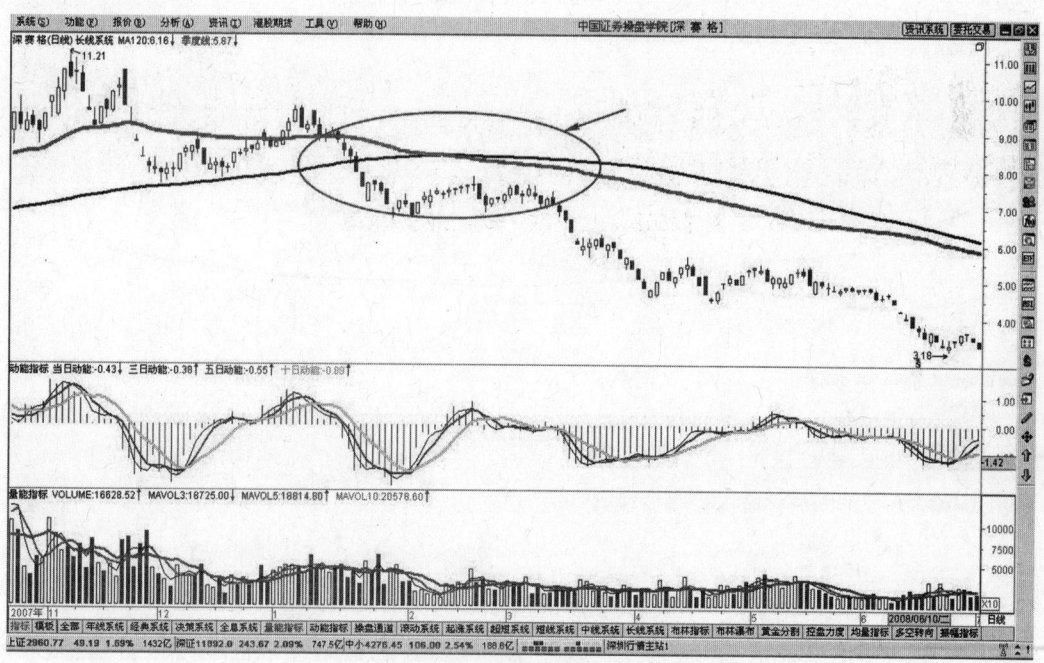

图【157】均线系统半年线拐头向下示意图

口诀9　趋势线上拐，逢低果断买

【技术特征】

第一，趋势线也叫半年线，是120日均线，趋势型均线。如图【158】所示。

第二，趋势线上拐，说明市场以多头行情为主，做多的势力占据上风。

第三，趋势明确上行，每一次缩量回调，就是很不错的低吸机会，可以积极操作。

第四，在操作上，可以逢低果断买进，如果股价乖离率偏大，可以高抛一些。

【实战图谱】

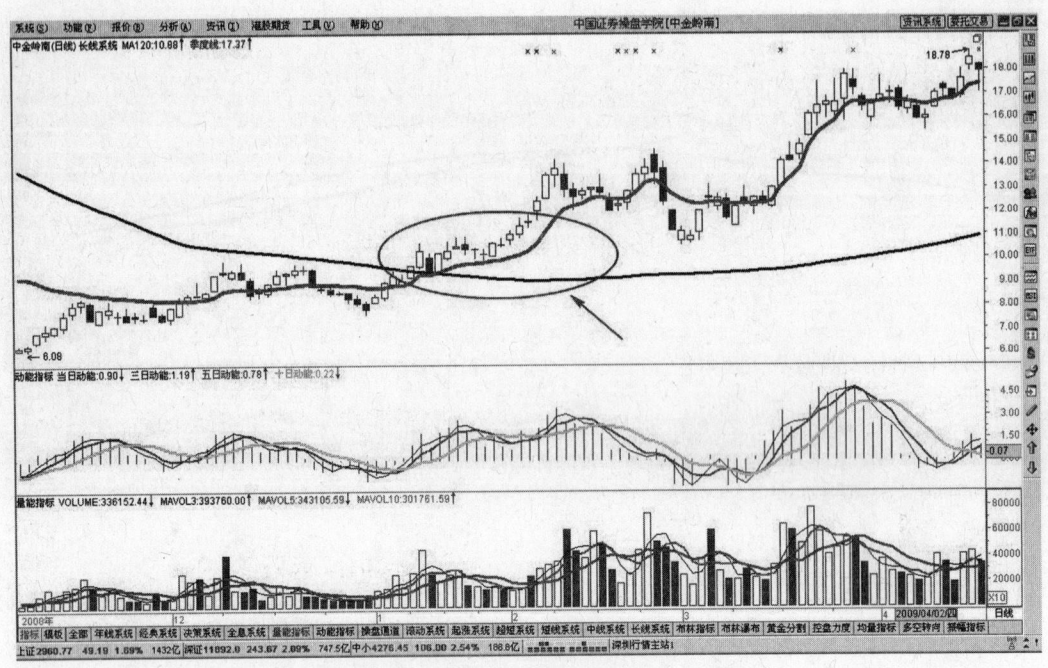

图【158】均线系统半年线拐头向上示意图

口诀 10　季度线下穿，后市不乐观

【技术特征】

第一，季度线是 90 日均线，是一个循环的大周期。如图【159】所示。

第二，季度线的趋势性比较敏感，一旦被股价有效击穿，短期内难以修复。

第三，季度线下行，即将压制股价的反弹力度，后市不容乐观。

第四，在操作上，此时投资者可以保持观望，不可冲动买进。

【实战图谱】

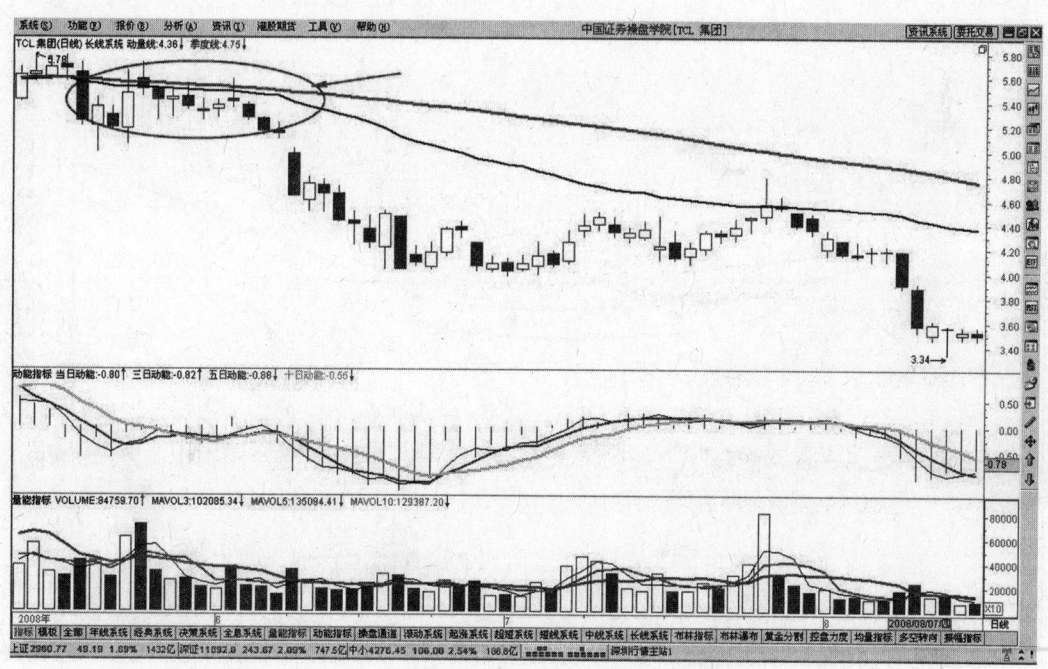

图【159】均线系统季度线拐头向下示意图

口诀11 季度线上行,大波段行情

【技术特征】

第一,季度线属于大机构把持的均线,所以也叫机构线。如图【160】所示。

第二,季度线上行,说明机构建仓完成,行情即将正式启动。

第三,股价放量突破季度线,宣告大波段行情正式开始。

第四,在操作上,投资者此时要做的就是尽快找低点买进,积极操作。

【实战图谱】

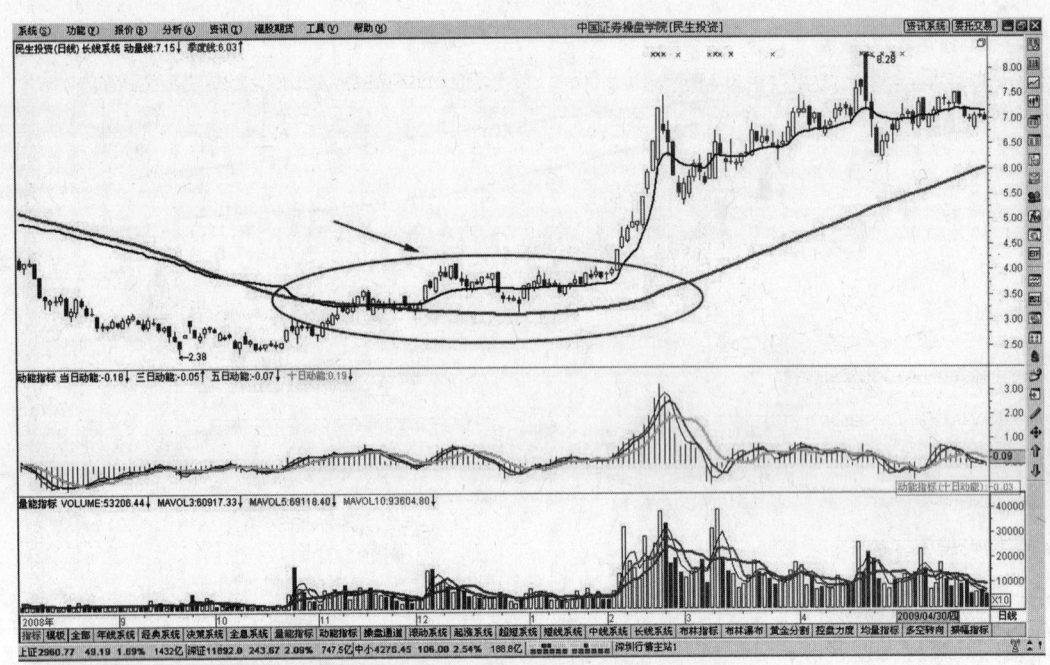

图【160】均线系统季度线拐头向上示意图

口诀 12 月线向上走,行情比较久

【技术特征】

第一,月线是很重要的分析周期,月线向上,行情持久。如图【161】所示。

第二,股价放量上攻,突破均线压制,预示着大牛市来临,涨幅可观。

第三,如果出现月线 5 连阳的 K 线组合,可说明市场已经处于疯狂状态。

第四,在操作上,在月线突破的初期,可以大胆操作,在三连阳之后,需要分批止盈。

【实战图谱】

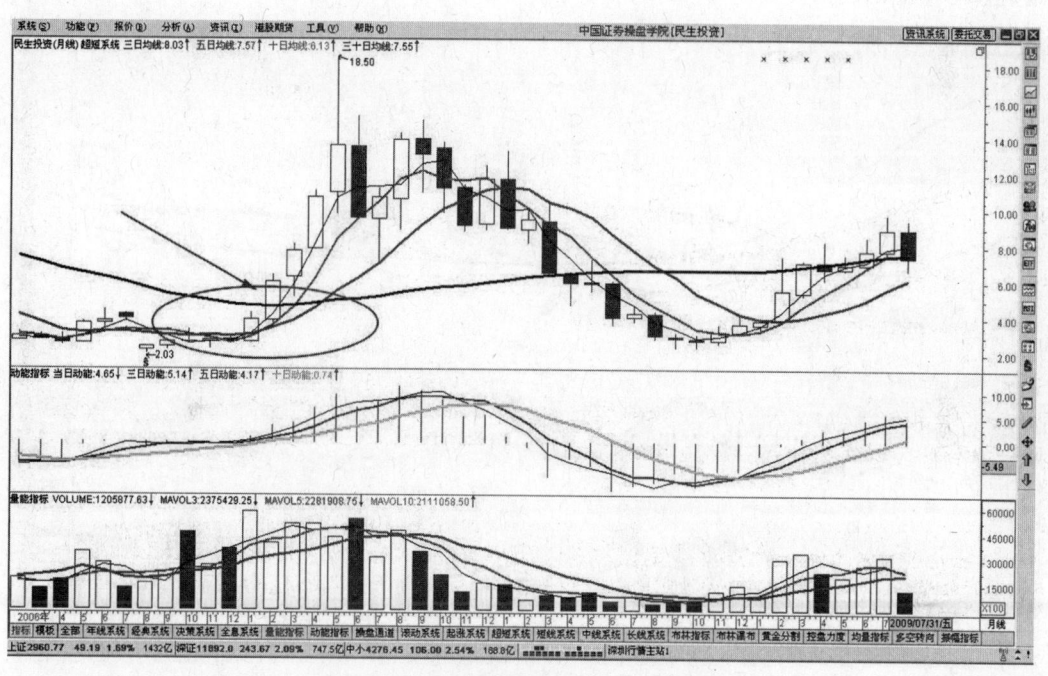

图【161】均线系统月线拐头向上示意图

口诀 13　突破生命线，大胆做波段

【技术特征】

第一，生命线也叫 30 日均线，是非常重要的均线。如图【162】所示。

第二，生命线是大波段行情的启动线，股价一旦从下向上放量突破生命线，预示着波段行情已经展开，波段套利的机会已经到来。

第三，如果此时大均线系统尚未走平，则属于波段反弹，可以轻仓操作。

第四，如果此时大均线系统已经走平或者粘合，则属于大级别行情，可以重仓操作。

【实战图谱】

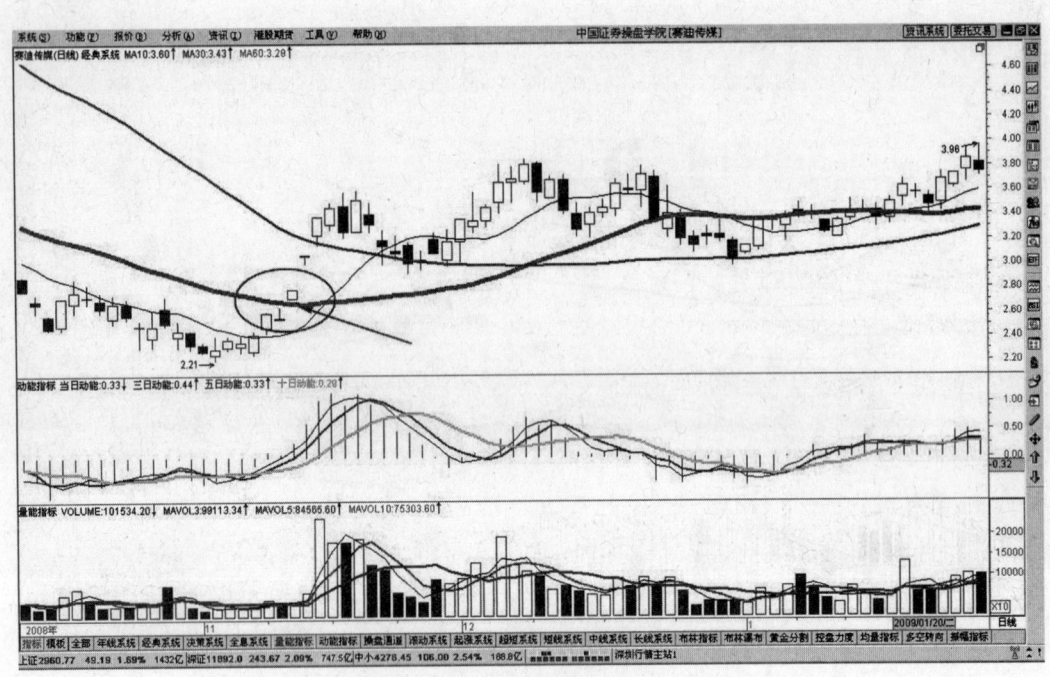

图【162】均线系统生命线拐头向上示意图

口诀14　跌穿生命线，不跑会亏钱

【技术特征】

　　第一，生命线是一轮波段行情的命根子。如图【163】所示，一旦被有效击穿，危矣！
　　第二，在拉升的初期，股价击穿生命线，说明第一波拉升结束，随后将是洗盘阶段。
　　第三，在拉升的中期，股价击穿生命线，说明第二波拉升结束，随后将是洗盘阶段。
　　第四，在拉升的末期，股价击穿生命线，宣告波段行情结束，随后将是盘头阶段。

【实战图谱】

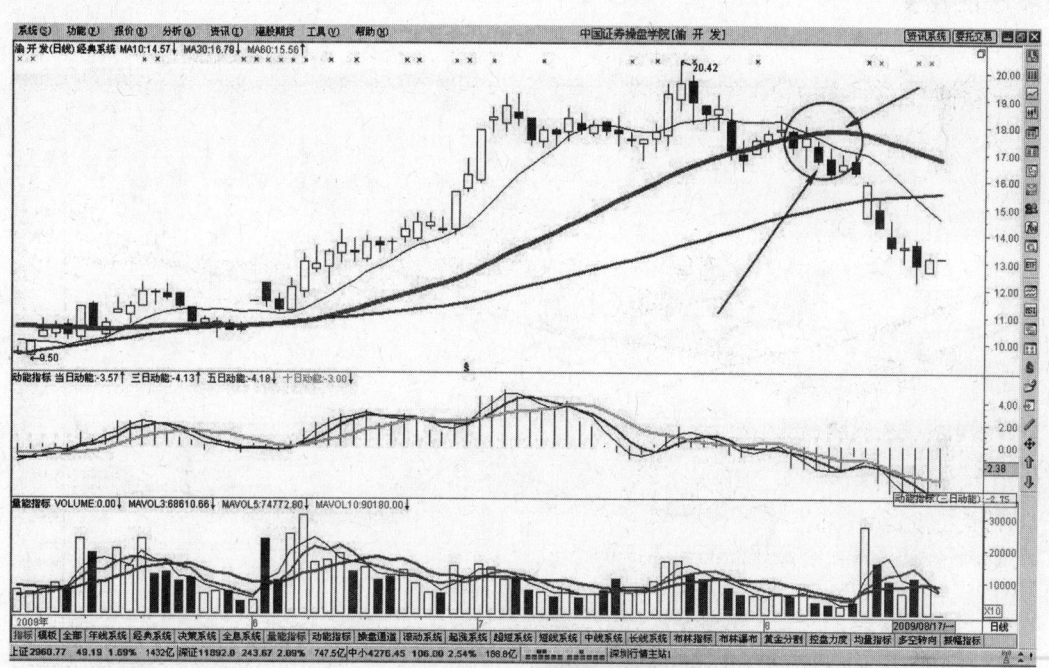

图【163】均线系统生命线拐头向下示意图

口诀15　突破决策线，主力在送钱

【技术特征】

　　第一，决策线也就是60日均线，是最重要的均线之一。如图【164】所示。

　　第二，决策线是大级别行情的操盘依据，股价从下向上突破决策线，预示着波澜壮阔的大行情已经到来。

　　第三，随后的拉升如果沿着10日均线盘升，那么决策线构成了重要的助涨作用。

　　第四，在操作上，投资者可以在股价放量突破决策线的时候，积极介入，重仓操作。

【实战图谱】

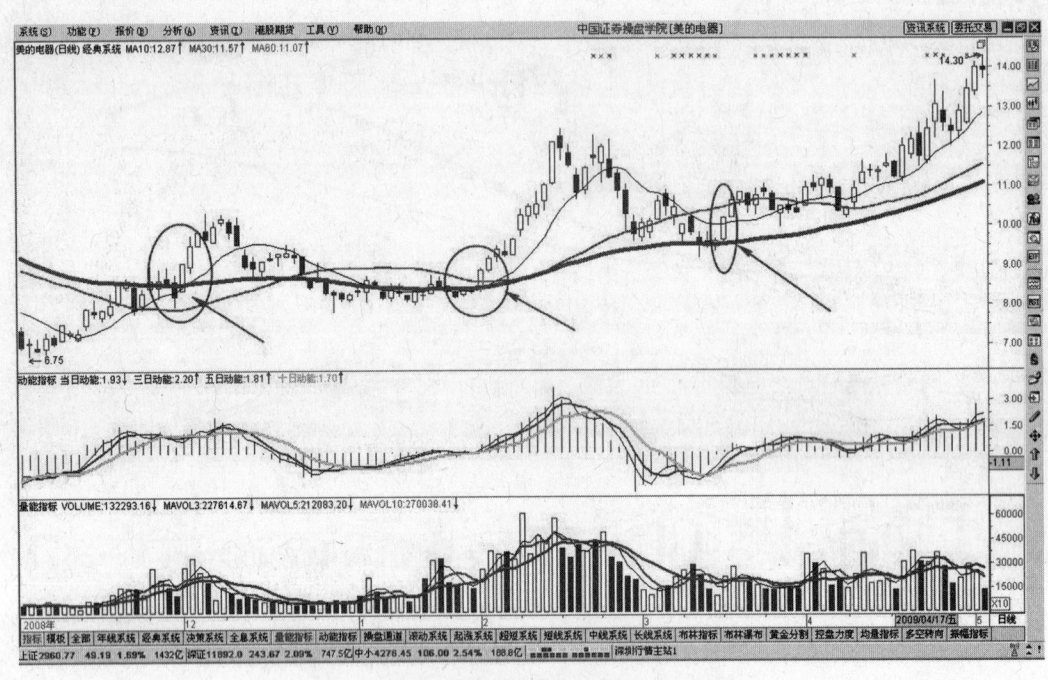

图【164】均线系统决策线拐头向上示意图

口诀16　跌破决策线，中级大调整

【技术特征】

　　第一，决策线是大级别行情的操盘依据，无论是大盘还是个股，一旦有效跌穿决策线，就意味着大级别的调整已经开始。如图【165】所示。

　　第二，如果放量跌穿决策线，说明主力此时已经放弃护盘，后市继续看跌。

　　第三，如果缩量跌穿决策线，弱势反弹结束之后再次放量下跌，说明后市跌幅巨大。

　　第四，在操作上，投资者务必及时止损，避免参与中级大调整。

【实战图谱】

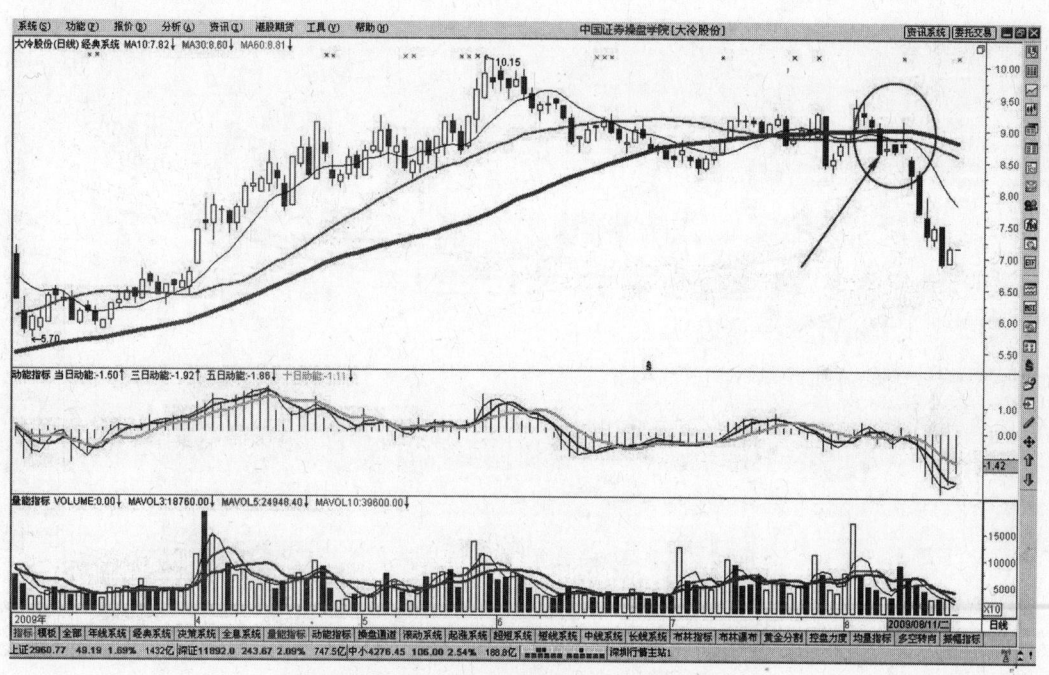

图【165】均线系统决策线拐头向下示意图

口诀17 决策线走平,很快有行情

【技术特征】

第一,决策线在低位走平,说明很快将有大级别行情。如图【166】所示。

第二,如果经过一波拉升之后,股价回落到决策线附近止跌,而此时决策线走平,说明洗盘结束,随后将有加速拉升。

第三,如果股价放量突破走平的决策线压制,说明大级别波段行情正式启动。

第四,在操作上,此时可以积极介入,重仓操作。

【实战图谱】

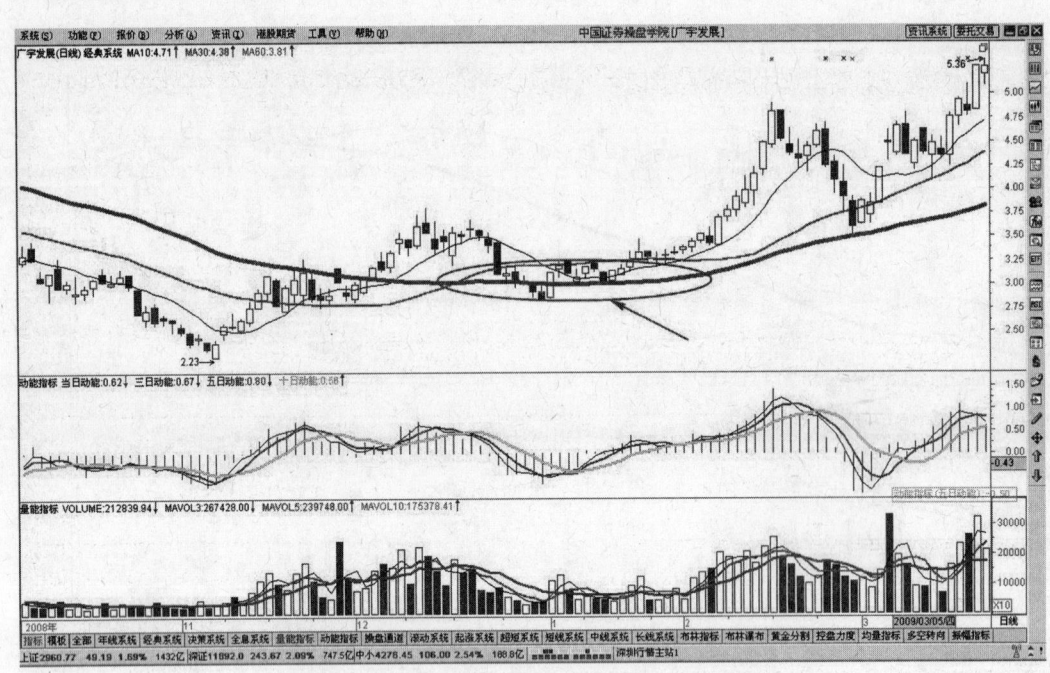

图【166】均线系统决策线低位走平示意图

口诀18 魔鬼线走平,暂时没行情

【技术特征】

第一,魔鬼线也就是20日均线,或者21日均线。如图【167】所示。

第二,魔鬼线的时间跨度比较短,属于短期均线,魔鬼线走平,属于短期多空均衡。

第三,魔鬼线在空头趋势中走平,说明随后将有小反弹,在多头趋势中走平,说明阶段性整理即将结束。

第四,无论属于哪一种情况,魔鬼线走平,都属于暂时没有滚动操盘机会,需要耐心等待股价放量突破。

【实战图谱】

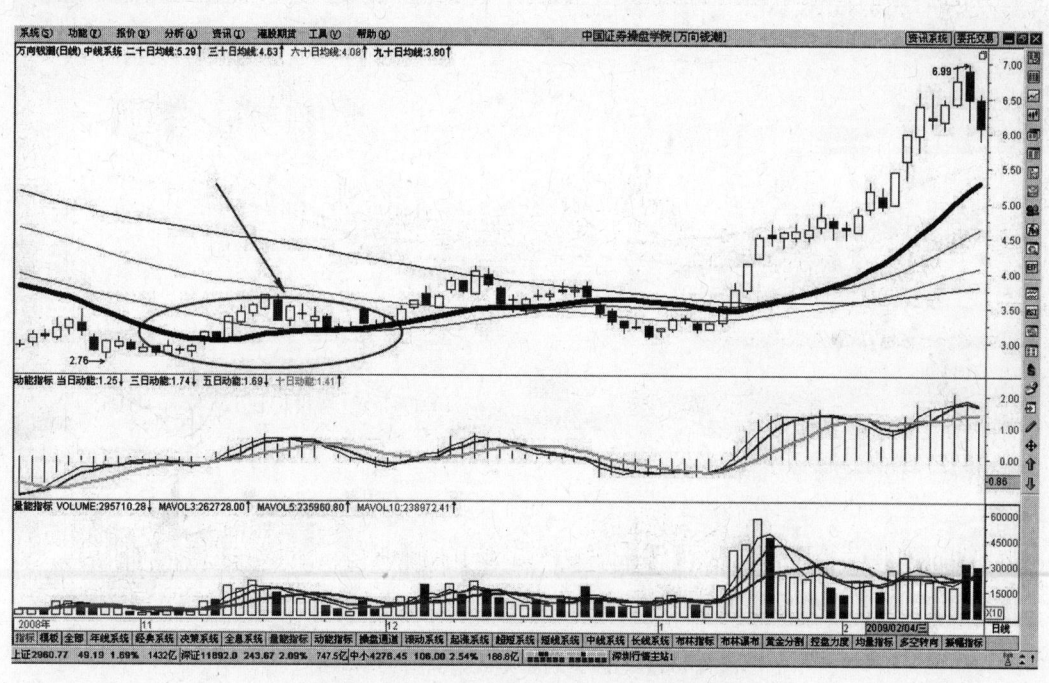

图【167】均线系统魔鬼线低位走平示意图

口诀19 魔鬼线上行,很快有行情

【技术特征】

第一,魔鬼线属于中小波段的操盘依据。如图【168】所示。

第二,如果在空头趋势中,魔鬼线上行,说明反弹行情即将到来,可以小仓位参与。

第三,如果在多头趋势中,魔鬼线上行,说明主升段行情即将到来,可以大仓位参与。

第四,在操作上,首先要区分股价的阶段性位置,然后决定仓位的大小。

【实战图谱】

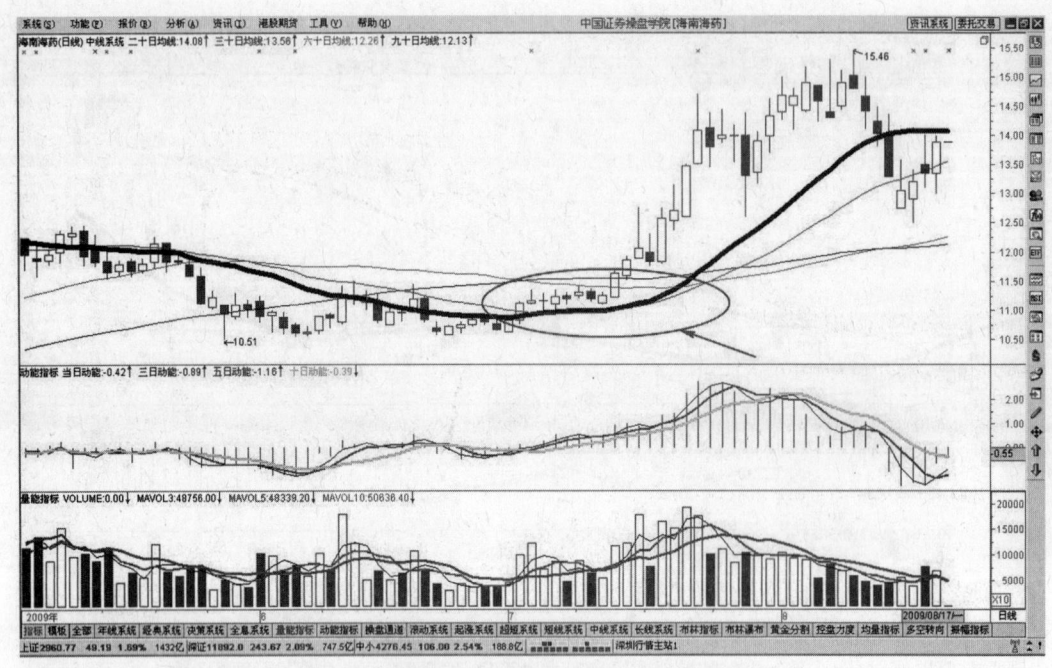

图【168】均线系统魔鬼线拐头向上示意图

口诀 20　主升加速点，很快就见顶

【技术特征】

第一，加速点是主力加速拉升的起点，也是主升段的启动点。如图【169】所示。

第二，主升段行情历来都属于疯狂行情，是拉升的冲刺阶段。

第三，加速拉升的目的在于快速派发，所以主升段也叫出货行情。

第四，在操作上，主升段是短线的天堂，中线的泥潭，长线的地狱。因此，投资者要根据自己的操盘偏好，谨慎参与。

【实战图谱】

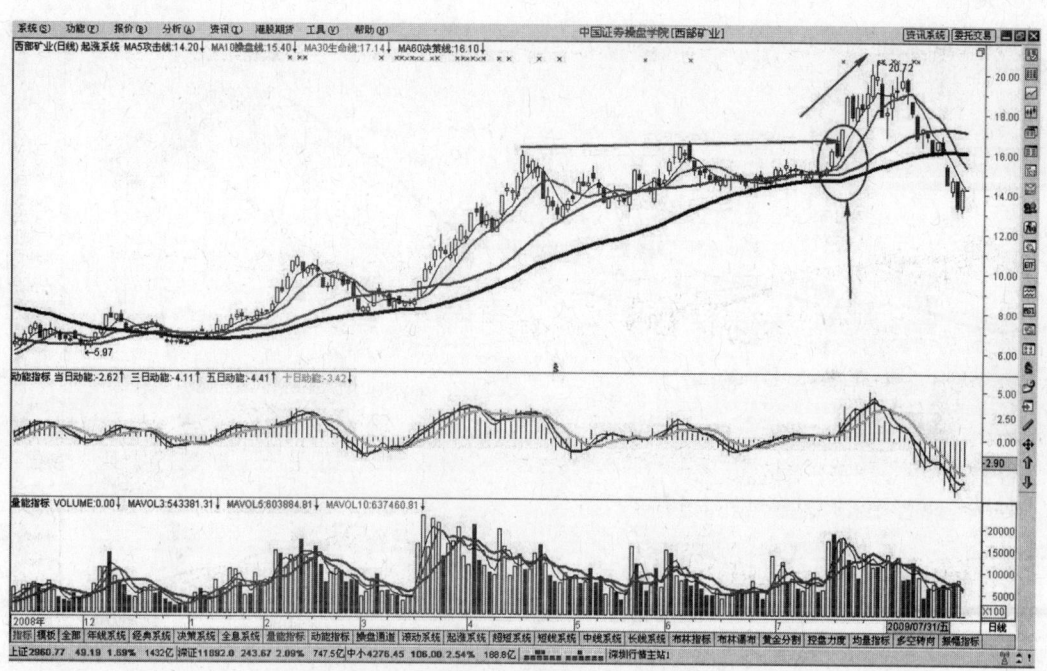

图【169】均线系统加速向上拉升示意图

口诀 21 紧扣十日线，天天都赚钱

【技术特征】

第一，十日线也就是 10 日均线，是主力操盘的主要依据。如图【170】所示。

第二，十日线是小波段行情的做盘依据，也是行情的启动和终结的前沿，不可小视。

第三，股价放量突破十日线，预示着行情启动，有效击穿操盘线，则预示着行情结束。

第四，在操作上，投资者可以紧扣十日线，滚动操作，反复套利。

【实战图谱】

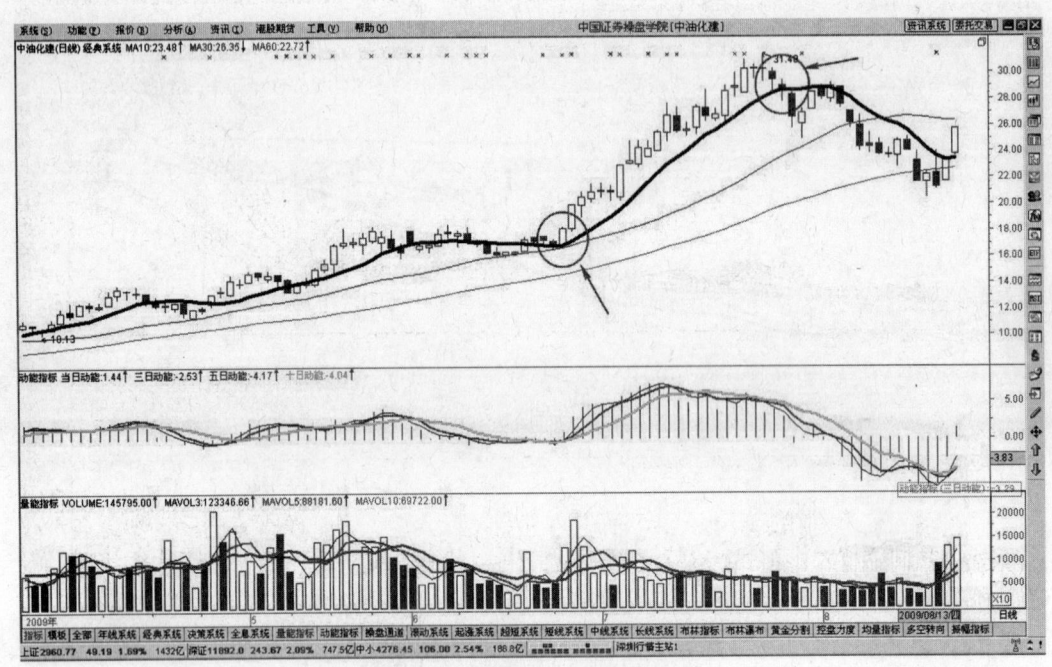

图【170】均线系统十日线示意图

口诀 22 要做超短线，就看滚动线

【技术特征】

第一，滚动线也叫 3 日均线，是最短的均线，适合于短线操作。如图【171】所示。

第二，超短线讲究的是强势操盘，一旦强势不再，就坚决换股操作。

第三，滚动线具有敏感、快捷、直观等特点，是超短线的首选操盘指标。

第四，在操作上，投资者可以紧扣滚动线，大胆操作，一旦滚动线拐头向下，立斩！

【实战图谱】

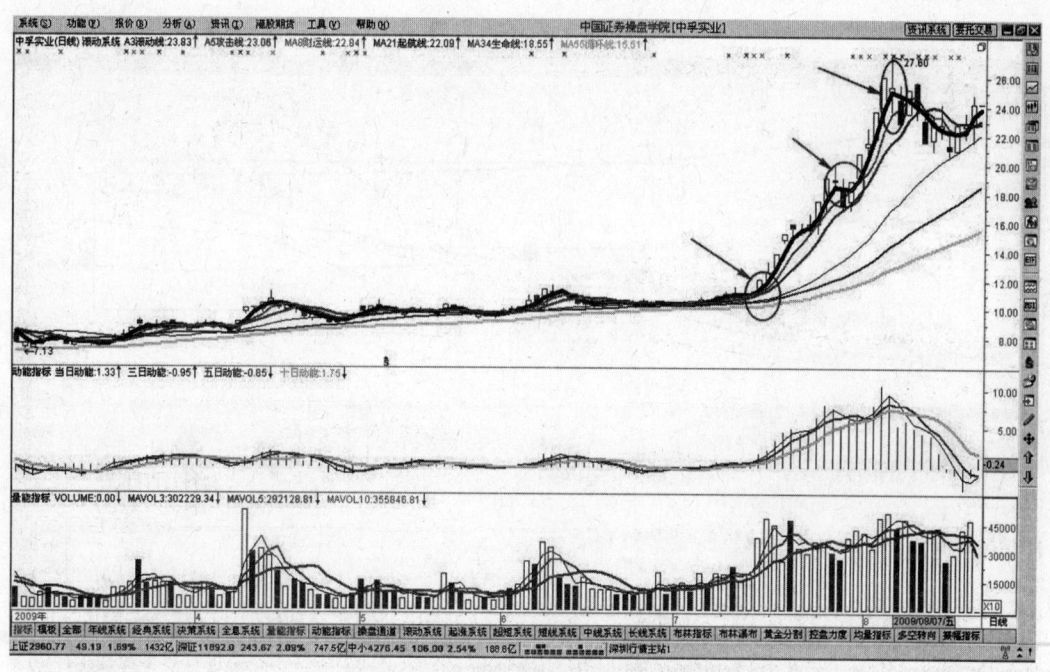

图【171】均线系统滚动线示意图

口诀23 牛熊线上翘，短线快有料

【技术特征】

第一，牛熊线是决定大趋势的均线，直接影响着大盘和个股的走势。如图【172】所示。

第二，牛熊线上翘，意味着多头已经悄悄进场，暗中收集筹码，酝酿发动行情。

第三，牛熊线走平后开始上翘，说明多头已经按耐不住，大级别行情一触即发。

第四，在操作上，投资者可以在年线附近逢低狙击，分批建仓，滚动操作。

【实战图谱】

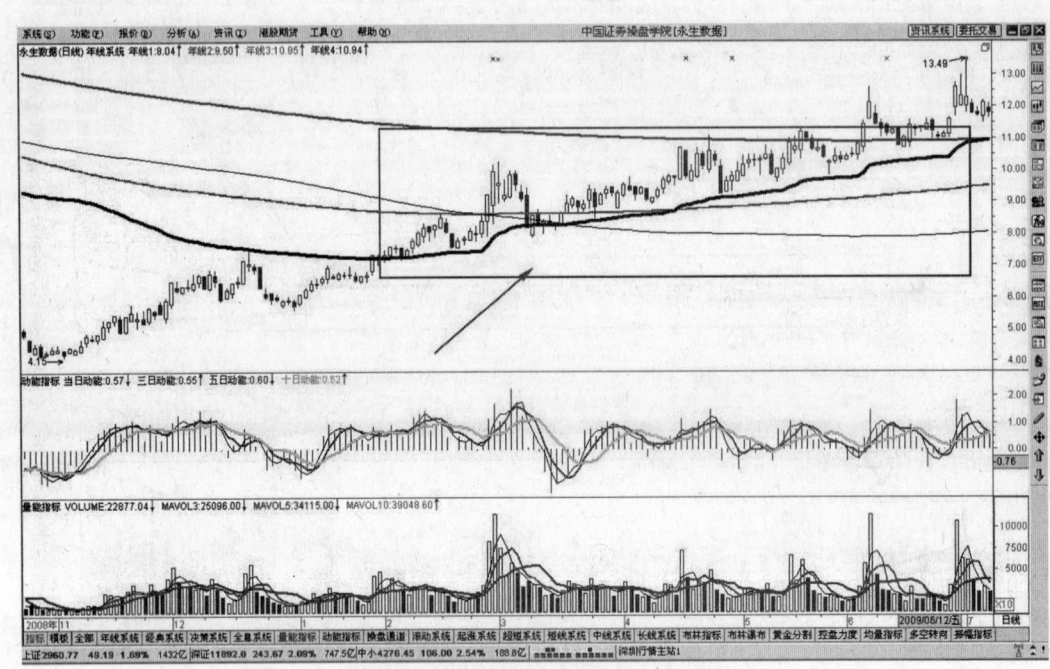

图【172】均线系统年线低位上翘示意图

口诀 24　低位做平台，一起来发财

【技术特征】

第一，低位架构平台，是长线主力进场慢慢建仓的结果。如图【173】所示。

第二，在低位平台里，K 线组合呈现为阴阳交错，阴线缩量，阳线放量。

第三，成交量呈现为规律性、间歇性放量，属于典型的建仓特征。

第四，在操作上，长线投资者可以跟随主力分批吸纳，滚动建仓，短线投资者则需要保持观望，耐心等待放量启动的信号出现。

【实战图谱】

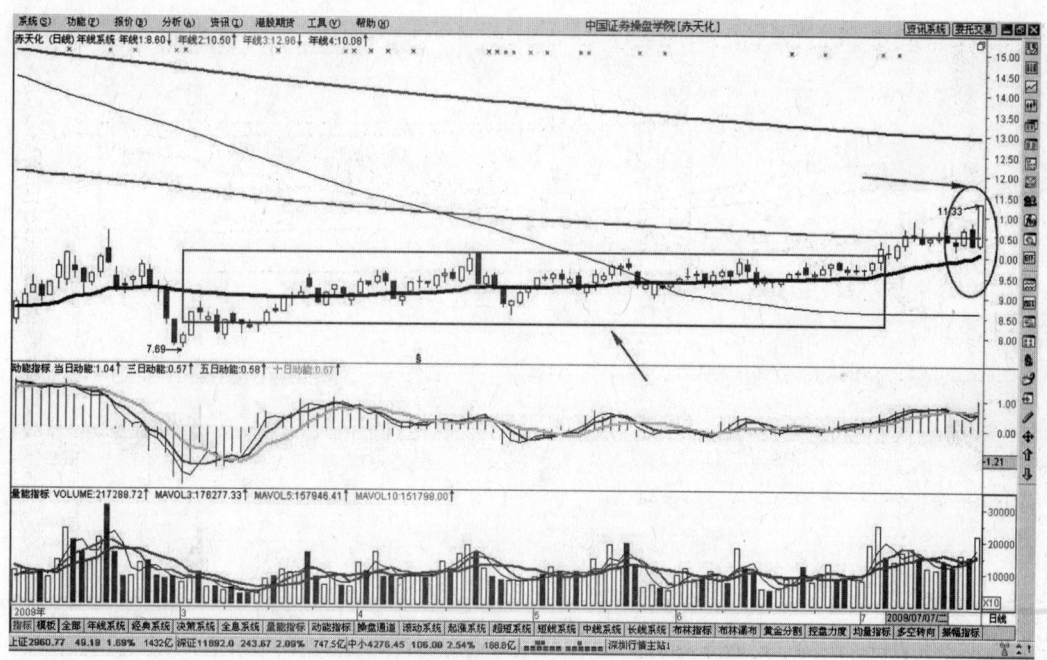

图【173】均线系统低位平台整理示意图